TOKAI

東海の異才・奇人列伝

編著 小松史生子

風媒社

プロローグ

小松史生子

風土を人間の自己了解の仕方ととらえ、個人的・社会的なる二重性格を持つ人間の自己了解運動である故に、風土はすぐれて歴史的現象であると規定したのは、和辻哲郎であった（和辻哲郎『風土――人間学的考察』一九三五年）。

本書に収められた東海地域の特異な異才・奇人たちの伝奇を読むと、人間を生み出す風土の存在が、逆説的な意味で立ち上がってくるようだ。広大で肥沃な濃尾平野、豊かな水量を湛えた木曽三川、伊勢湾に面する海の幸の恵み、伊吹と鈴鹿の美しい山並みが生んだ伊勢および熱田の聖地、などなどといった地形の構造もさることながら、東と西の巨大な文化圏の狭間にあって両極文化とのパイプを保有する有利さが、人材を育む母胎としての東海の風土となっている。本書の列伝に登場した人々の、何というスケールの大きさ、何という反骨精神、何という自由飄逸ぶり、何という発想のユニークさ……エトセトラエトセトラ。本書をひもとく読者は、まさしく異才・奇人と称す他はない異色多彩な人物たちの顔ぶれに圧倒される思いを抱くことだろう。

昔から東海地区出身の有名人は、東海との絆を売りにしない傾向があると評されてきた。本書におさめられた人々も、たしかに東海に縁のある人物たちではあるが、それ以上に、出身地など問題にもならないほどの偉大な（或いは奇天烈な）業績を残して全国的知名度を誇っている者が多数である。

こうした特徴はどこからくるのだろうか、まさに謎である。東海という地域は、歴史的事件が数々生じた場所であり、伝統が存在し、保守的傾向も強い。その一方、たとえば戦後復興において寺と墓地を切り離し、戦前の風景を払拭して近未来都市の景観をいちはやく達成してしまった名古屋の例に見られるように、やみくもに新しさへ突っ走る傾向も強いのだ。こうした特徴の依って来たる要因を説き明かすのは難しいだろう。しかし、こうした特徴を一言で表現することは、実はさほど難しくはない。

曰く、〈若い〉のだ。

本書の異才・奇人たちの生き様は多彩でこそあれ、一つの共通点として、その溌剌とした発想力・行動力・愚直に信じて実現する力が挙げられるだろう。それは時に異端となり、マイナーで滑稽に陥ることもあろうが、何ものにもとらわれない若々しい創造のエネルギーとして敬意に値するものである。そして、こうした彼らのエネルギーこそが、「芸どころ」「ものづくり文化」の風土を生みだし、同時に、世界に発信する現代の日本文化の基盤を支えているという確かな事実を、本書に収められた列伝がおのずから語ってくれることだろう。

ともあれ、本書を編んだ目論見は、「彼ら東海が生んだ異才・奇人たちの生涯は、なまじっかな小説の類よりも奇抜で面白い、是非紹介したい」ということに尽きる。本書に収められた、仰天するような人々の実話の数々を、存分に楽しんで、奇妙な風土・東海の魅力に触れていただきたい。

東海の異才・奇人列伝◉目次

II——異才・異能の人　89

東海の異才・奇人列伝 ［関連地図］

…静岡・長野・岐阜・愛知・三重…

01宝福寺〔唐人お吉記念館〕（静岡県下田市）＝本書 P37（以下、同）
02福沢桃介記念館・桃介橋（長野県南木曽町読書） 約 1㎞離れて「下出橋」がある。下出義雄の父親・民義（桃介の片腕＝副社長）の功績をたたえて桃介が建設したもの。今は老朽化で橋げたは撤去。川の中に中央の橋塔だけが残っている。＝ P120、208、224

01大須演芸場（中区大須２丁目） 古今亭志ん朝ほか、東西の芸人が定期的に出演。＝P238
02松坂屋（中区栄３丁目） 伊藤次郎左衛門祐民がつくった前身の「いとう呉服店」は、現在のスカイルのところ（中区栄３丁目）にあった。＝P214
03キャバレー赤玉跡（中区栄３丁目） 山田泰吉のこのお店は、富国生命館の地下にあった。現在は名古屋栄東急イン。＝P234
04-1 中部電力「でんきの科学館」（中区栄２丁目） 福沢桃介はじめ電気事業に関する資料の展示がある。＝P208
04-2 高力猿猴庵宅跡（中区栄１丁目）御園三蔵の交差点から南へ８軒目西側。名古屋城下の盛り場、門前町や橘町にほど近い武家地で、取材には絶好の場所。＝P90
05大惣貸本店跡（中区錦２丁目7-8） 現在ではビル群に埋もれている。＝P144
06永楽屋跡（中区三の丸１丁目） 現在の中日新聞本社北側駐車場北半分。＝P146
07東陽館跡（中区千代田１丁目） 1897年に山田才吉がつくった大遊園施設。1903年焼失。現在の堀留下水処理場の東あたり＝P108
08鈴木バイオリン製造株式会社（中川区広川町１丁目）＝P188
09明道町のお菓子問屋街（西区新道２丁目）＝P242
10敷島製パン株式会社（東区白壁５丁目）＝P190
11文化のみち二葉館（東区橦木町）＝P120、208
12徳川園・徳川美術館・名古屋市蓬左文庫（東区徳川町）＝P219
13建中寺（東区筒井１丁目）＝P20、26
14御下屋敷跡（東区葵） 徳川宗春、本寿院が幽閉された。＝P20、26
15今池市場（千種区今池） ここに熊沢寛道の経営する雑貨屋があった。＝P59
16日泰寺（千種区法王町１丁目）＝P32、208
17揚輝荘（千種区法王町２丁目） 現在NPO法人揚輝荘の会が保全・管理をおこない、市民にも開かれたまちづくりの拠点にもなっている。＝P214
18平和公園（千種区平和公園） 建中寺から移された徳川宗春の墓がある。＝P26
19東邦高等学校（名東区平和が丘３丁目） 移転前の東邦商業高校は東区葵３丁目にあった。隣接の愛知東邦大学には、下出文庫がある。＝P224
20吹上公園（昭和区吹上２丁目） 1962年に移転するまで、ここに名古屋刑務所があった。葉山嘉樹が入れられたところ。＝P71
21鶴舞公園（昭和区鶴舞町１丁目） 1910年、ここで第10回関西府県連合共進会が開催された。＝P162
22小酒井不木宅跡（昭和区鶴舞町４丁目）＝P77
23八事霊園（天白区天白町） 小酒井不木、亀山巌のお墓がある。P77，132

揚輝荘（提供：Ｊ．フロントリテイリング史料館）

下出義雄創業の下出書店が刊行した、F. T. マリネッティ『電気人形』（東邦学園下出文庫蔵）

名古屋市

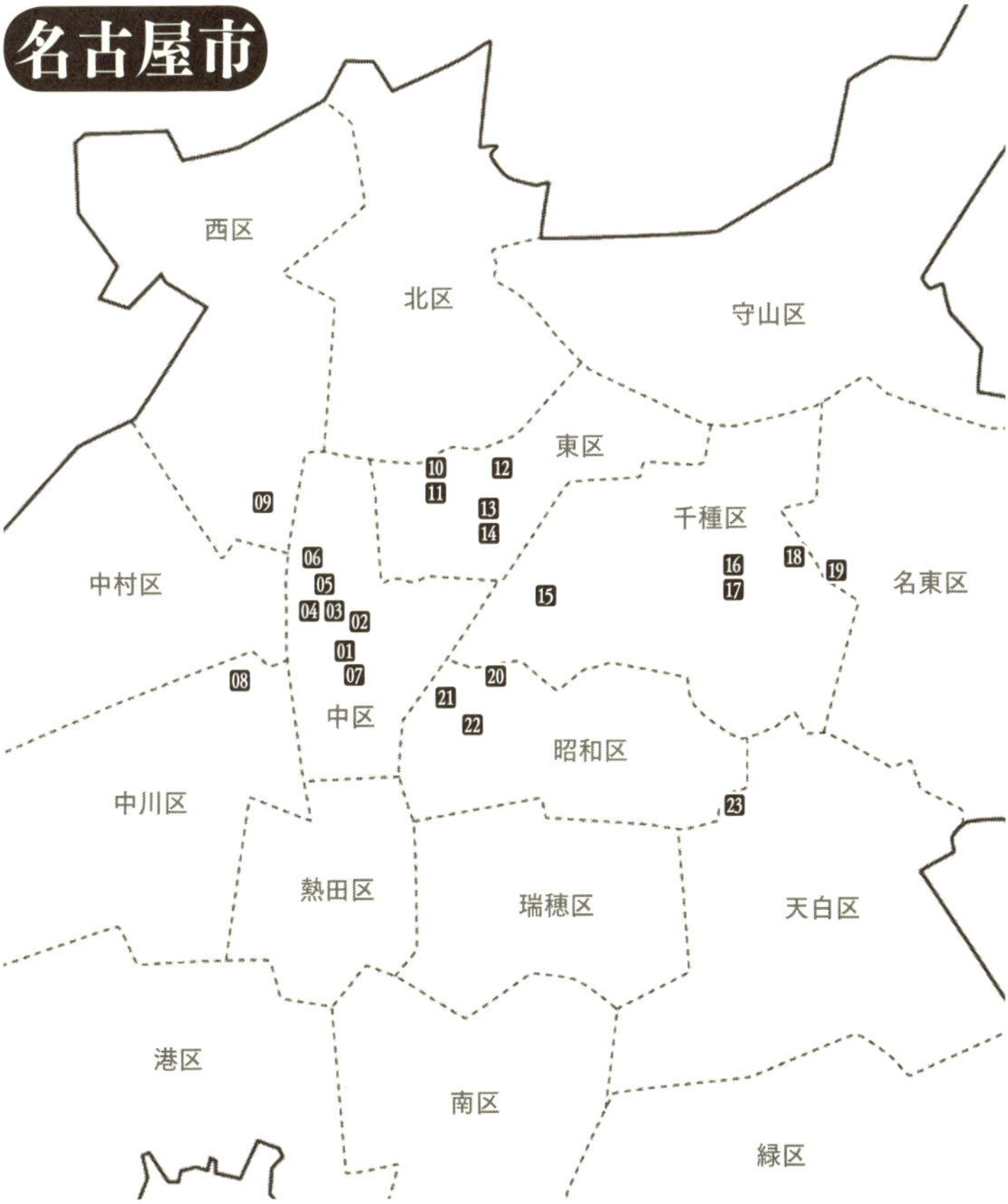

明治末期の名古屋
（提供：Ｊ．フロントリテイリング史料館）

01犬山城（犬山市犬山）　成瀬正勝（雅川滉）は犬山藩主成瀬家11代当主だった。城下を木曽川が流れる。岐阜県の美濃加茂から犬山にかけての木曽川沿岸は日本ラインと呼ばれ、美しい渓谷美で知られる。＝P85
02桃太郎神社（犬山市栗栖大平）　浅野祥雲の作品群がある＝P65
03日光橋 町の碑（津島市日光）　金子光晴がこの地で生まれたことが記してある＝P229
04蟹江町歴史民俗資料館（海部郡蟹江町）　蟹江町出身の探偵小説家である小酒井不木に関する資料を展示＝P77
05五色園（日進市五色園）　浅野祥雲の作品群がある＝P65
06トヨタ自動車株式会社本社（豊田市トヨタ町）＝P192
07聚楽園（東海市荒尾町）＝P108
08新美南吉記念館（半田市岩滑西町）　近くに南吉の母校である半田高校、岩滑小学校がある。＝P174
09株式会社ミツカングループ本社（半田市中村町）＝P194
10安城高校（＝旧安城高女、安城市赤松町）　新美南吉が教師として赴任し、29歳で亡くなるまで5年間教えた。＝P174
11西尾市岩瀬文庫（西尾市亀沢町）　1908年に西尾市の実業家・岩瀬弥助が創設した私立図書館。戦後に西尾市の施設となり、2003年に日本初の「古書の博物館」としてリニューアルした。＝P153
12河和小学校（知多郡美浜町）　新美南吉は、1937年4月にこの小学校の代用教員となった。＝P174
13豊橋市中央図書館（豊橋市羽根井町）　中村直吉の証明簿、著作物が保存されている＝P204

桃太郎神社
浅野祥雲ならではのカラフルなコンクリート像が境内を彩る桃太郎神社
（提供：大竹敏之）

聚楽園大仏

愛知県

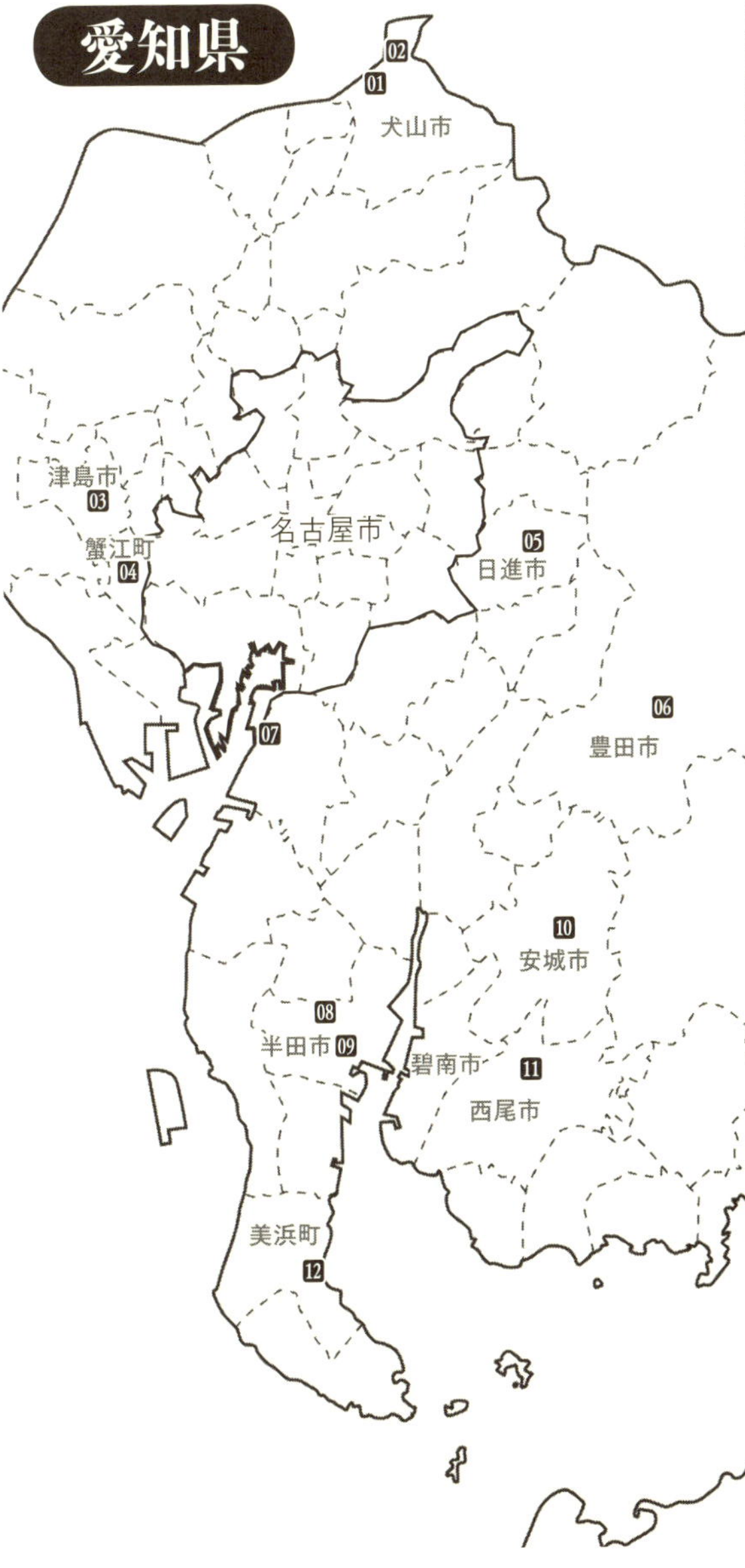

飛騨木曽川国定公園記念切手（1968年発行）

中村直吉とアンデス高原。キャプションには「墨国の日本村より寄贈されたる名馬」とある。

岐阜県

01熊谷守一記念館（中津川市付知町）＝P126
02早矢仕有的生誕地（山県市笹賀）＝P149
03-1花子が晩年を過ごした新駒屋（岐阜市西薗町）＝P43　妹たかをが営んでいた芸妓置屋
03-2名和昆虫博物館（記念昆虫館）（岐阜市大宮町）＝P114
04成田山貞照寺（各務原市鵜沼宝積寺町）川上貞奴によって建立された寺＝P120
05和田篤太郎生誕地（大垣市荒川町）＝P151
06関ケ原ウォーランド（不破郡関ケ原町）浅野祥雲の作品群がある＝P65

名和昆虫研究所（絵葉書）

三重県

松浦武四郎誕生地。伊勢神宮へ続く伊勢街道に沿って建つ。武四郎の旅の原点（提供：松浦武四郎記念館）

01 **松浦武四郎記念館**（松阪市小野江町）　重要文化財に指定された松浦武四郎関係資料1503点を収蔵＝P156
02 **世古恪太郎生誕地**（松阪市西町）＝P102
03 **小津安二郎青春館**（松阪市愛宕町）＝P168
04 **小津安二郎資料室**（松阪市飯高町）＝P168
05 **北園克衛生誕地**（伊勢市朝熊町）＝P181
06 **岩田準一生誕地**（鳥羽市大里）＝P83
07 **ミキモト真珠島**（鳥羽市鳥羽）＝P198
08 **江戸川乱歩生誕記念碑**（名張市新町）＝P162
09 **古畑種基生誕地**（紀宝町平尾井）＝P80

開島当初の真珠島（提供：ミキモト真珠島真珠博物館）

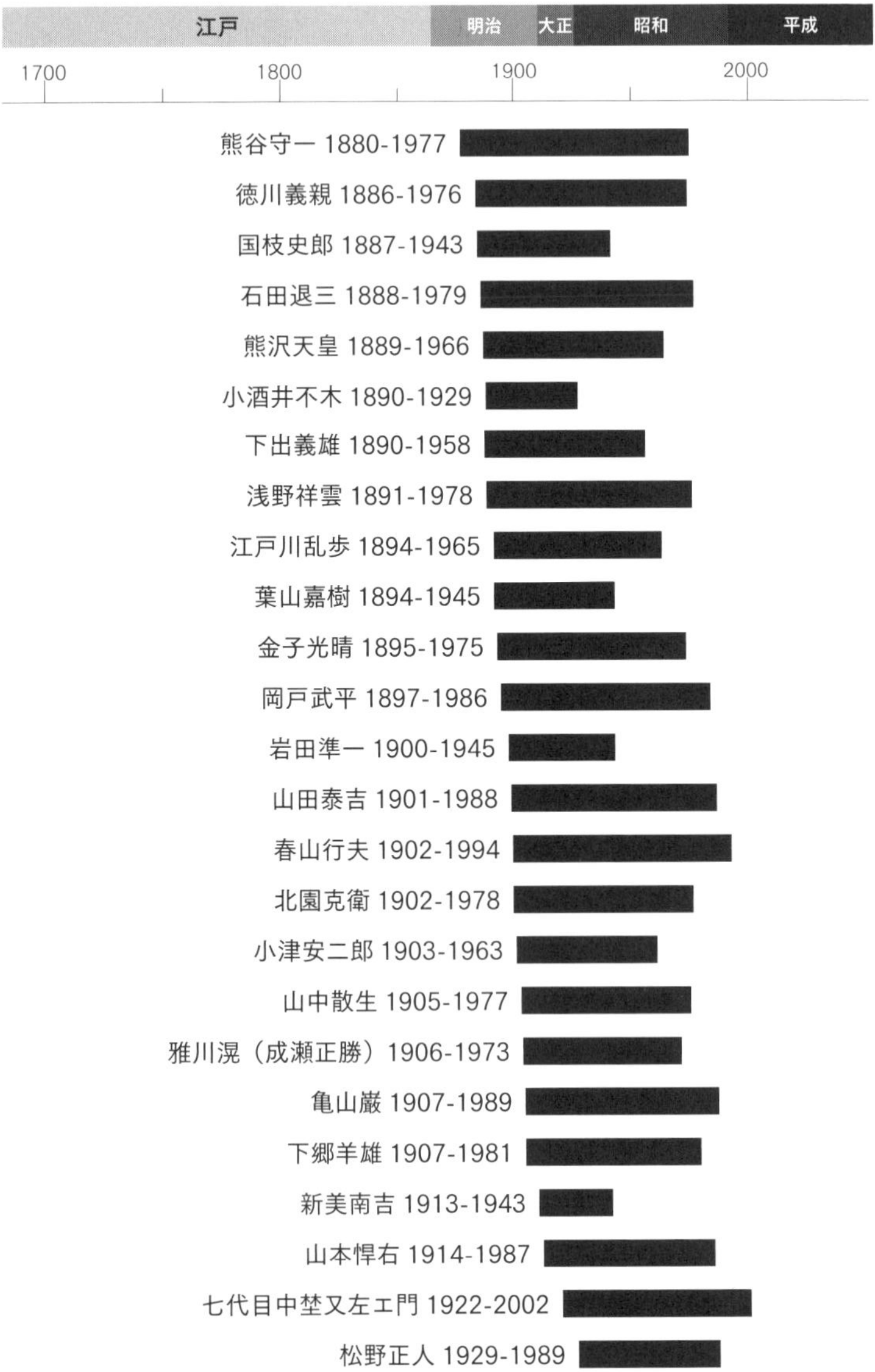
江戸
明治
大正
昭和
平成
1700
1800
1900
2000
熊谷守一 1880-1977
徳川義親 1886-1976
国枝史郎 1887-1943
石田退三 1888-1979
熊沢天皇 1889-1966
小酒井不木 1890-1929
下出義雄 1890-1958
浅野祥雲 1891-1978
江戸川乱歩 1894-1965
葉山嘉樹 1894-1945
金子光晴 1895-1975
岡戸武平 1897-1986
岩田準一 1900-1945
山田泰吉 1901-1988
春山行夫 1902-1994
北園克衛 1902-1978
小津安二郎 1903-1963
山中散生 1905-1977
雅川滉（成瀬正勝）1906-1973
亀山巌 1907-1989
下郷羊雄 1907-1981
新美南吉 1913-1943
山本悍右 1914-1987
七代目中埜又左エ門 1922-2002
松野正人 1929-1989

人物年表

＊高田金七は生没年不明

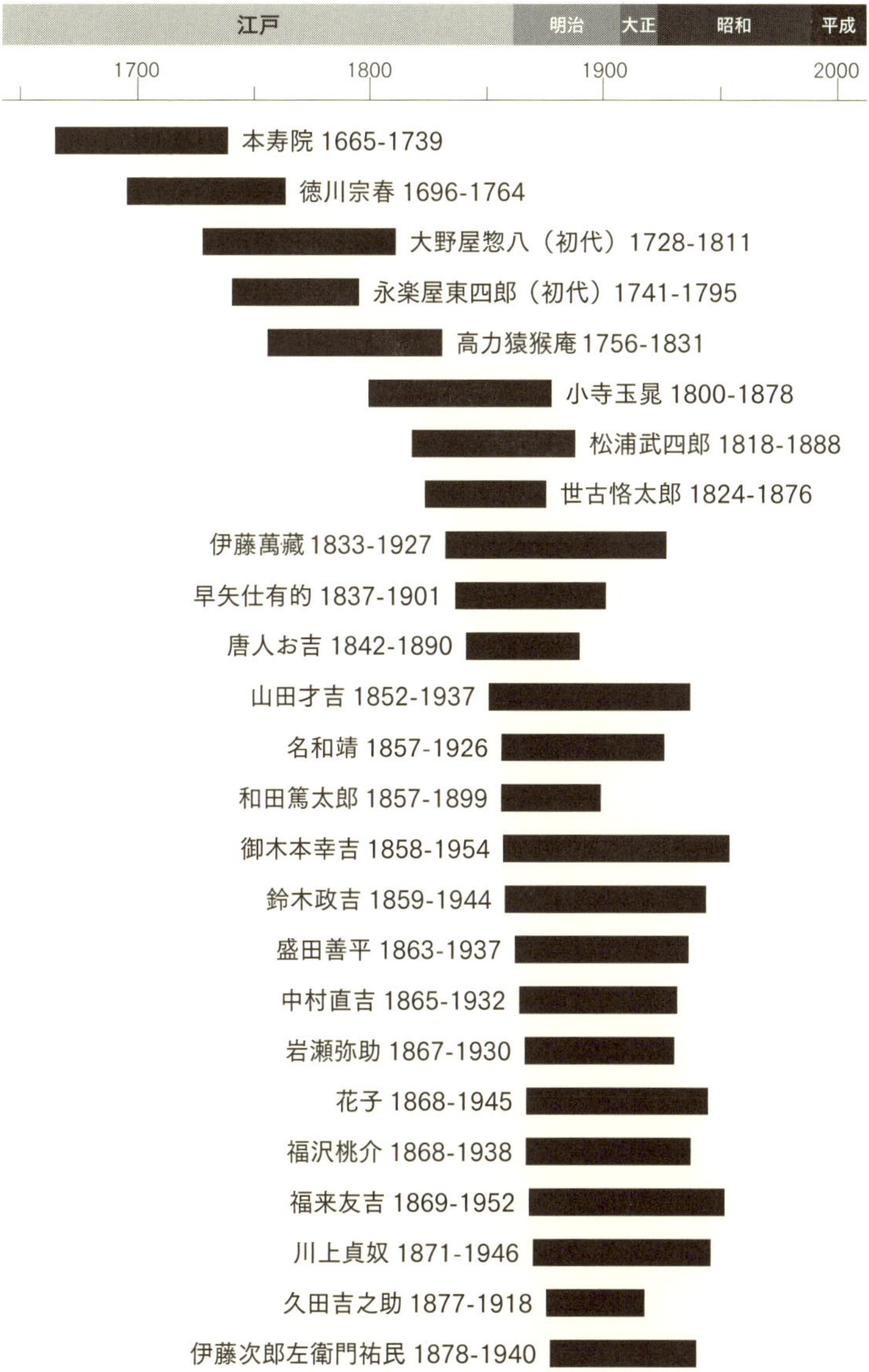
江戸
明治
大正
昭和
平成
1700
1800
1900
2000
本寿院 1665-1739
徳川宗春 1696-1764
大野屋惣八（初代）1728-1811
永楽屋東四郎（初代）1741-1795
高力猿猴庵 1756-1831
小寺玉晁 1800-1878
松浦武四郎 1818-1888
世古恪太郎 1824-1876
伊藤萬藏 1833-1927
早矢仕有的 1837-1901
唐人お吉 1842-1890
山田才吉 1852-1937
名和靖 1857-1926
和田篤太郎 1857-1899
御木本幸吉 1858-1954
鈴木政吉 1859-1944
盛田善平 1863-1937
中村直吉 1865-1932
岩瀬弥助 1867-1930
花子 1868-1945
福沢桃介 1868-1938
福来友吉 1869-1952
川上貞奴 1871-1946
久田吉之助 1877-1918
伊藤次郎左衛門祐民 1878-1940

I　逸脱こそ人生である

奔放な性に生きた藩主の生母

本寿院

（一六六五―一七三九）

尾張藩主の生母なのに、あまりの淫乱ぶりで屋敷に閉じ込められた女がいた

淫乱伝説

高貴な女性が実は淫乱を極め……などと、女性に好奇の目を向けたうわさ話は、男性社会では尾ひれを付けて広がりやすい。時には「伝説」に昇華する場合もあるだろう。しかし、うわさ話も伝説も、往々にして事実とは異なる。徳川家康の孫で、大坂城の豊臣秀頼に嫁入りした千姫が、後に仏門に入り、天樹院となってから、美男子とみれば御殿に引き入れて弄《もてあそ》び、好色ぶりを発揮したという「千姫伝説」も、どうやらその類のようだ。

千姫は二代将軍徳川秀忠の長女。一六一五年（慶長二十）、大坂夏の陣で落城する大坂城から救出され、その翌年には、後に姫路城主となる本多忠政の嫡男忠刻と結婚した。しかし、忠刻の病死で結婚生活は十年で終わる。二度の結婚とも幸せというにはあまりに短かった。千姫は江戸に戻り、竹橋御殿に住む。歴史家は、徳川宗家の最年長者の自覚とともに、弟の三代将軍・家光をよく支えたという。

「吉田通れば二階から招く　しかも鹿の子の振り袖が」というはやり歌がある。東海道の吉田宿（現 豊橋市）は旅籠に多くの飯盛女を抱えていることが有名で、そのことを歌ったのに、いつの間

にか、吉田御殿の異名を持つ竹橋御殿の主、天樹院こと千姫の行状に転じた。おそらくは小さな悪意で始まったうわさ話が、雪だるまのように膨れていったのだろう。

しかし、本編の主人公は、まごうことなき淫乱好色な女性だった。尾張藩三代藩主徳川綱誠《つななり》の側室で四代藩主・吉通《よしみち》の生母、落飾して尼となった本寿院《ほんじゅいん》のことである。微に入り細にわたる記録が残っている。

藩主の生母の悪口を記すとなると命がけで、本来ならありえないことだ。にもかかわらず、尾張藩士で御畳奉行も務めた朝日文左衛門（一六七四―一七一八）は、その日記『鸚鵡籠中記《おうむろうちゅうき》』に、藩、はては幕府まで巻き込んだ彼女の生態を書き留めた。

他人に見せる予定がないから、好きなことを書いたわけではない。死後でも日記の存在を知られれば、朝日家の命運を左右しかねない代物だ。それでもなお彼は何でも書いた。自らの卑小さも正直に記している。タブーなきリアリストであったのだ。

貪淫絶倫也！

さて本寿院という女性は、下級藩士の坂崎勘左衛門の二女として一六六五年（寛文五）に生まれた。母は五味氏。本名はお福で、側室時代は下総の方と呼ばれた。

娘時代に隣家の田島新兵衛と愛を交わし、駆け落ちしているが、結局、家に舞い戻っている。家人に閉じ込められても、身を慎む気配はない。欄間越しに、まるで遊女のように猫なで声を出したり、文を投げたりして、道行く男を誘っている。多情な女だった。

そんなお福が、綱誠といつ、どのように出会い、見初められたのかはわかっていない。しかし、彼もまた多情で知られる。正室は祖父で初代尾張藩主・義直の娘、絲姫が公家の広幡忠幸との間に産んだ新君。側室は本寿院を含め十数人にのぼる。男二十一人、女十七人の子宝に恵まれた。十一代将軍・家斉の男二十五人、女二十九人には負けるが、精力にあふれた殿様だった。それでも男で成人したのは五人に限られる。「尾張徳川家存続のため」と思えば、ご苦労様というべきか。

お福（本寿院）（一六六五—一七三九）
＝＝
綱誠（一六五二—一六九九）

- 七女　蔦姫（一六八八）
- 九男　吉道（一六八九—一七一三）
- 十女　立姫（一六九一—一六九五）
- 十四男　岩之丞（一六九四—一七〇五）

表１　徳川綱誠とお福（本寿院）の子

本寿院は一六八八年（元禄元）に第一子の蔦姫を産んでいるから、それ以前に側室となっていたことになる。本寿院は女性の扱いに慣れた綱誠でさえ籠絡する術にもたけていたのだろう。多くの側室の中でも寵愛を受け、二男二女をもうけた（表1）。

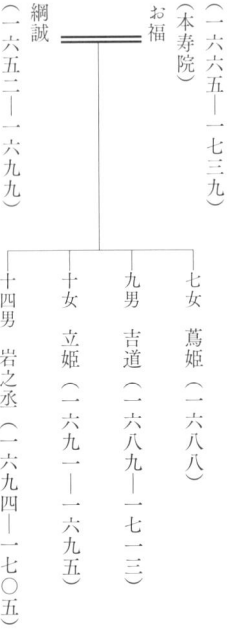

彼女にとって幸運だったのは、一六九三年（元禄六）に二代藩主の光友が隠居して、綱誠が無事、三代目の藩主になったこと、そして蔦姫に続いて恵まれた男児の五郎太、後の吉通が、九男だったにもかかわらず、兄たちはみな早世してしまっていたことだ。

朝日文左衛門に話を戻そう。一六九一年（元禄四）から書き始めた『鸚鵡籠中記』に初めて本寿院が登場するのは、一六九九年（元禄十二）六月に綱誠が逝去し、尾張藩の菩提寺、建中寺で四十二日の法事が営まれた場面である。すでに吉通は四代藩主に就いていた。綱誠の正室は早くに亡くなっており、側室たちの取りまとめ役だった梅昌院と藩主の生母である本寿院の二人だけ名前が出てくる。

未亡人としては落飾して亡き夫の霊を弔うのが務めである。しかし、本寿院が生来の欲深く、奔放な性格を発揮するのはここからだ。このとき三十五歳の熟女でもあった。

文左衛門が初めて本寿院への非難をにじませるのは一七〇二年（元禄十五）一月六日の日記だった。吉通の弟、岩之丞を尾張藩の分家、四谷松平家の養子にしようと画策するが、当主の松平義行に反対され、同じ綱誠の側室だった唐橋の子、万三郎に決定する。それに根をもって本寿院は万三郎に露骨ないやがらせをしている。

同年十月二日の日記は、さらに驚くべき事態を記す。市谷の尾張藩上屋敷に住む本寿院のもとへ町人が何はばかることなく出入りする。歌舞伎役者も呼び寄せる。気に入れば、誰でもかまわず寝室に招き入れて、セックスにふける。あるいは寺へ出かけて泊まり込み、僧職とのセックスを楽しむ。本寿院の性生活を文左衛門は「貪淫絶倫也」の五文字で総括した。

尾張藩にとっておそろしいのは、幕府の老中が藩の重役、鈴木伊予守を呼びつけて、このような事実を指摘し、「このままでは尾張家のため、汝ら自身のためにならない」と警告したことだ。本寿院の行状に関するうわさは、すでに江戸城内にまで達していた。

文左衛門は名古屋に住んでいるから、日記の記述はあくまで伝聞という限界がある。約百年後の寛政年間、安井謀という尾張藩士の編さんした『趨庭雑話《すうていざつわ》』には、言い伝えられてきた事実として、本寿院のより具体的な淫乱ぶりが登場する。参勤交代で江戸へ来た新顔の若い藩士を屋敷に集め、湯殿で裸にして、そのイチモツの大小を比べる。そして気に入った藩士とセックスしたというのだ。

藩主の生母の立場を利用したセクハラ以外の何ものでもない。

　幕府の警告にもかかわらず、尾張藩は動かなかった。吉通が許さなかったのかもしれない。本寿院の行状に変化がないことを、文左衛門の筆が伝えている。夜のお相手に、相撲取りを抱えたり、針医者を呼び寄せたりと反省や自粛の気配はない。相手には金も与えている。出世もちらつかせた。そんな本寿院になびく者ばかりではない。硬骨漢もいた。茶道方の山本道伝は、江戸詰めの期間中、本寿院のラブレター攻勢にほとほと嫌気がさし、次の参勤交代のおりは、江戸行きを拒絶した。

かごの鳥

　尾張藩がようやく動いたのは一七〇五年（宝永二）六月で、「転居」を名目に、市谷から四谷の屋敷へ移らせ、本寿院一行が屋敷に入ると同時に門を閉ざした。「蟄居謹慎」だった。不審を抱かれないよう、途中まで二男の岩之丞を同行させる念の入れようだった。人の出入りの途絶えた屋敷で、本寿院は体のほてりを冷ますのに苦労したことだろう。

　一七一三年（正徳三）七月、自ら定めた規則を破り、吉通が母の元を尋ねている。そこで酒を飲み、さらに寵愛する側室の屋敷でも盃を重ねた吉通は、直後に体調を崩し急死する。まんじゅうの食中りとも、大酒で内臓を傷め出血したからともいわれ、死因は不明なままだ。

　その二年後、依然として謹慎中の四谷の屋敷で、本寿院は花見の酒が足りないといってふて寝したかと思えば、髪を振り乱して屋敷内のモミの木に登る奇行を見せている。文左衛門が日記を書き続けた一七一七年（享保二）十二月までに、ついに夫や息子の霊を弔う穏やかな心境に達した本寿院の姿は登場しなかった。

その後、本寿院は一七二四年（享保九）に名古屋に移され、城下の御下屋敷で謹慎を続けた。貞女を求める時代に逆らって、自らの性欲に正直に生きた一代の奇女が亡くなったのは一七三九年（元文四）二月十四日。七十五歳だった。奇人といわれた七代藩主・宗春が幕府の怒りを買い、蟄居させられた直後である。

彼女が淫乱だから、文左衛門の筆が厳しいのではない。彼は浄瑠璃が大好きで、心中ものに涙を流す。自身も自宅の女中と何度も浮気し、妻にばれて、右往左往した経験がある。数多くの不義密通を日記に取り上げている。男と女の間の不条理に決して無理解ではない。性に愚かな人間を愛してもいた。しかし、本寿院は権力と金で性を享受した。男女間の切ない恋情を欠く性を、文左衛門は許すことができなかっただけなのだ。（千田龍彦）

規制緩和で尾張なごやを盛り上げた第七代藩主

徳川宗春

（一六九六―一七六四）

日本一元気な名古屋、芸どころ名古屋のルーツはこの人にあり！

吉宗のライバル

　テレビ番組の「暴れん坊将軍」や「大岡越前」には、八代将軍の徳川吉宗《よしむね》がヒーローや重要な脇役として登場する。本編の主人公・徳川宗春《むねはる》は、これらのドラマで「吉宗のライバル」や「敵役」だったと説明すると、それだけで嫌われてしまいそうだ。

　宗春が第三代尾張藩主徳川綱誠《つななり》の二十男として誕生したのは一六九六年（元禄九）。吉宗より一回り若い。成人した兄弟は五人だけで、藩主となった二人の兄は若くして亡くなった。後継ぎの幼子も早死にしたり、後継ぎがいなかったりで、「享保の改革」最中の一七三〇年（享保十五）十一月、宗春のもとに第七代尾張藩主の座がころがりこんできた。

宗春がモデルとされる役者絵
（藤園堂蔵）

　その一年前、宗春は福島県の北端に位置する梁川藩三万石の藩主におさまっている。尾張徳川家の分家で、同藩を治めていた松平家の血脈が途絶えたため、終生部屋住みを覚悟していた宗春に白羽の矢が立った。ちなみにこの時の名前は通春《みちはる》だった。それが一挙に六十二万石の大藩、しかも御三家筆頭の尾張藩である。吉宗から名前の一字をもらって宗春となると、世間の注目が違った。

結論から書こう。一七三九年（元文四）一月十二日、宗春は吉宗から蟄居謹慎を命じられ、実質わずか八年で、華やかな政治の舞台から引き摺り下ろされた。幽閉は一七六四年（明和元）に亡くなる直前まで解かれることはなかった。

大名の謹慎や藩の取り潰しはままあることだ。幕末には御三家水戸藩の前藩主だった徳川斉昭が安政の大獄に連なった。厳しい政治対立の時代だったから、処分もまた苛烈だった。しかし、宗春より前に、御三家にこのような処分が下された例はない。処分当日、尾張藩はもちろん、御三家の紀州藩、水戸藩もまた江戸藩邸の門を固く閉ざし、諸大名や旗本は総登城した。町を覆う緊張感に、武家も庶民も肝をつぶした。先例の無い処分の断行は、宗春が時代の枠を超えていたからだ。

「温知政要」に託した思い

宗春の肖像画は一枚も残されていない。敗者の常である。しかし、今日、私たちは彼が理想とした政治、吉宗に排除された理由を知ることができる。自ら書き上げ、出版した二十一か条の「温知政要」を読めばいい。

宗春は藩主となって初のお国入りの一七三一年（享保十六）四月、同書を知行百五十石以上の藩士すべてに配布した。こんなことは初めてで、藩士たちは「今度の殿様は違うぞ」と感じたことだろう。その序で宗春は、「国を治め、民を安らかにする道理は仁につきる」と仁政を掲げ、執筆の意図を記している。

思うことをそのままに、漢字ではなく仮名交じりで書いて、一巻の書として家臣に与える。

これは自分の本意を広く人に知らせ、時間がかかっても成し遂げる誓約の証本である。「誓約の証本」とは今流に言えば政権公約、マニフェストのことだ。しかも、お堅い漢文調ではなく、平仮名交じりの文章である。おそらく宗春は一年前に梁川藩主となった時点で、マニフェストを書き始めた。参勤交代のない江戸常府の藩であったから、自分の思いを正確に伝える方法として、冊子を想定したに違いない。少人数の役人だけでなく、庄屋たちへの浸透も望めば、平易な文章を選ぶことになる。もちろん、内容の革新はスタイルの変更をともなうべきことを、宗春は本能的に知っていた。

本文の第一条では仁政の中身が「慈」と「忍」の二文字に象徴されると説明し、具体的な方法に言及する。

「慈」と「忍」の二文字を二幅の掛け軸にして、「慈」の上には日の丸を描かせた。「慈」は心のうちに隠れていては効果がなく、太陽の徳のように、隅々まで照らさなければならない。「忍」の上には月を描かせた。耐え忍ぶことは、心の中にあって、外へ出すものではない。

宗春は名古屋城二之丸御殿の中に「慈忍の間」をつくった。宗春の駕籠をかつぐ者たちの衣服には「仁」のマークを入れさせた。ここでもスタイルから入っている。以下、特徴的な条文を紹介しよう。第三条では「誤審」の可能性にふれている。

千万人のうちに一人でも誤って死刑にしたら、天理に背き、大名として恥辱である。

宗春は藩主時代、ひとりも処刑しなかった。第八条では、多くの法令で規制をかける吉宗の法令主義に反対する。

法令や規制が年々多くなるにしたがい、これに背く者が多くなり、ますます法令が増えてわずらわしいことになる。（中略）法令や規制を少なくすれば、何をするにも楽になり、背く者も少なく、心もやさしくなる。

宗春の反骨心がにじみ出ているると同時に、この条文の精神が、宗春の規制緩和政策へとつながっていく。続く第九条は倹約への反論だ。倹約を経済政策の要とした吉宗へのより明瞭なアンチテーゼとなっている。

道理をわきまえず、やたら節約するばかりでは、慈悲の心が薄れ、仁を欠く政治となり、人々がたいへん苦しみ、かえって出費を招くこともある。

第十七条では、倹約・緊縮政策による人員削減が消防分野にまで及べば人命にかかわると警鐘を鳴らした。

たとえ千金を溶かした物でも、軽い人間一人の命には代えられない。

江戸時代にこのような人命尊重思想が語られたことは感動的でさえある。「温知政要」が享保の改革への異議申し立てだとしても、政治的な言葉の羅列だったら、幕府も無視できた。それを許さなかったのは、人を感動させ、動かす言葉の力である。やがて宗春の展開する政治そのものに、幕府はその根底を揺るがされる危険を感じとっていく。

元気な名古屋のルーツ

肖像画のない宗春の姿を伝えるのが、宗春をモデルにした歌舞伎「傾城《けいせい》夫恋桜《つまこいざくら》」の役者絵だ。城下に出かける際は、絵の通りに度派手な服装で牛にまたがり、つば広の帽子をかぶって、二メートル近い煙管を手にしていた。倹約令やぜいたく禁止令に慣れていた城下の人々は目をむいた。しかし、「何の制約もしないから、思うがままにせよ」とのメッセージをしっかりと受け取ったに違いない。宗春の奇抜なスタイルが、新しい時代を象徴していた。

宗春の政策を特徴づけるのは許可や規制緩和だ。藩士に芝居見物を許可し、名古屋の町に遊郭を造ることを認めた。商売の新規参入を歓迎し、祭りの規模を縮小させた規制を撤廃した。江戸藩邸でも庶民の出入りを自由にし、嫡子の五月の節句をにぎやかに祝った。ここには、性善説に立ち、支配者は「無為」、つまりなるように任せておけばいいとの思想がある。古代中国の思想家、老子の影響を指摘する研究者もいる。なるほど、牛にまたがった宗春は、まさに老子の姿をほうふつとさせる。

享楽の元禄時代を経て、消費が膨らみ、幕府も各藩も赤字財政の立て直しに懸命で、倹約や節約を競い、必死に支出抑制に努めていた。しかし、経済の縮小を招き、沈滞ムードが全国を覆っていた。そこへ不夜城のような名古屋が登場した。取り締まりが厳しい江戸や上方の遊郭から七百人を超える遊女が名古屋に流れ込んだという。年間数本だった芝居興行が百本余にもなった。

一七三二年（享保十七）五月、吉宗は近臣を尾張藩邸に派遣し、派手な物見遊山、庶民との無秩序な交流など三項目を挙げ、直接、宗春を詰問した。吉宗の警告だった。最初、宗春は平伏して聞いていている。その後、場所を変えて私的な懇談となるや、使者に反論し、「ぜいたくこそ経済を活性化させる」との持論も交えて、ことごとく論破した。

政治家としてまだ新米の宗春が、どこでこのようなディベート（討論）術を手に入れたのか。部屋住み時代は遊郭通いの遊び人だった。機転をきかし、相手の揚げ足を取って言い負かす、郭での言葉遊びに鍛えられたのではないか。

遊び上手は宗春の長所であり、欠点ともなった。遊郭の設置許可の際、自らの経験に照らして、気晴らしが翌日の活力になるとしているが、実際は遊女に入れあげる武士が続出し、質実剛健な尾張藩の気風まで変わってしまった。一七三六年（元文元）には遊郭の縮小、新規芝居小屋の取り壊しなどの規制強化に追い込まれた。

確かに名古屋のにぎわいは、江戸、大坂、京の三都に次ぐほどになった。しかし、その繁栄を新たな財源とするまでの才覚はなかった。華美、ぜいたくで出費ばかりが重なり、前藩主の継友《つぐとも》時代にようやく黒字とした藩財政は、すぐに赤字に転落し、その額は最終的に約十五万両にまで膨らんだ。このことも藩の重臣たちの宗春離れを加速した。宗春にレッドカードを突きつけるために幕府が待っていたのはこの孤立だった。

蟄居した宗春はやがて名古屋に戻され、三の丸の屋敷、後には城下の御下屋敷で、六十九歳で亡くなる直前まで幽閉が続いた。死後も罪は許されず、建中寺の墓には金網までかけられた。名誉回復は死去から七十五年後、一八三九年（天保十）まで待つことになる。

日本一元気な名古屋、芸どころ名古屋のルーツは宗春時代にありと、宗春再評価の動きがある。その一方で、宗春の改革の頓挫が、その後の名古屋人を慎重にし、よそ者をなかなか受け入れない閉鎖主義にもつながったとされる。東京、大阪に次ぐ第三の都市となりながら、ご当地ソングのひとつもない。宗春がもっとタフに、もっと巧妙に名古屋の改革に取り組んでいたら、別の名古屋が誕生していたのではないだろうか。（千田龍彦）

ひたすら石造物寄進の生涯

伊藤萬藏

（一八三三―一九二七）

信仰の証は神社寺院に石造物を寄進することだった

伊藤萬藏翁

途切れることなき寄進

伊藤萬藏《まんぞう》は自身の名前萬藏にちなみ、一万の石造物を神社仏閣に寄進したいと発願した人である。

尾張国稲木庄平島村（現一宮市平島）に一八三三年（天保四）正月、父治左ヱ門・母りかの長男として出生した。長じて名古屋城下に丁稚として住み込んだ。奉公先は米の先物取引をする延米商である。米の投機という生臭い経済の仕組みを叩き込まれて、年季奉公を勤め上げ、許されて塩町（現名古屋市西区那古野）に自身の店「平野屋」を持った。

このような話が伝えられている。

「三十歳という一介の相場師に天下の三井が十三万円を放り出して『萬藏さん、勝手に使ってご覧』と買って出られた男一匹その器量、その手腕もって知るべし」（「名古屋新聞」）。才覚のほどが知られる逸話である。

独立し延米商で蓄積した財産を運用するまたとない機会となったのが、明治維新による武家社会の崩壊であった。蓄積した財力で、武家屋敷を次々と手に入れ、借家を何百軒と建て収入源としていく。延米商で培った先見性が発揮されていった。

名古屋米穀取引所の創立発起人にもなったが、土地取得と借家建設に資金を運用し、次第に金融業へ進むことになった。

財政基盤が確立されて、自身の弘法大師信仰から神社仏閣への寄進が始まったと考えられる。

初めての寄進は宗像神社にある一対の狛犬である。三人による共同寄進が一八六一年（文久元）、二十九歳の時になされた。

次いで、実家の菩提寺である常保寺（一宮市浅野）に一対の灯籠を、一八六七年（慶応三）には単独で寄進した。

その後、一八八〇年（明治十三）に熱田神宮・津島神社・国府宮・甚目寺観音をはじめ、他四カ所に灯籠を単独で寄進する。この翌年から途切れることなく社寺に寄進を続けることになる。

熱田神宮
灯籠・明治 13 年寄進

知多四国八十八ヶ所
第 39 番　医徳院
線香立・明治 33 年寄進

日泰寺
標石・大正３年寄進

特記すべきは、一九〇〇年（明治三十三）の寄進である。弘法大師を祀る知多四国八十八ヶ所と三河三弘法に、線香立を一括して寄進したことである。現在これらの寺院に一九〇〇年寄進の線香立が六九基ほど確認できる。同じ年にこれだけまとめて寄進できた財力は計り知れないものがある。並々ならぬ弘法大師信仰の証である。

　この先、尾張を中心に明治後半から大正期に精力的に寄進を続け、さらに四国八十八ヶ所・西国三十三所寺院に寄進をしていく。

　寄進に際し、自身ですべて出かけたのか、先達などにお願いしたのか不明なところも多いが、自宅に寄進願いの世話方が訪ね、依頼をすると「それはええこった」と二つ返事で引き受けたと伝えられている。

　各地への寄進は先祖への供養も兼ねたもので、石造物に身内の戒名を刻むこともしばしばおこなわれた。

　寄進には当時の世相を反映した寄進もある。名古屋城の堀に身投げ心中し、話題になった二人を弔う「比翼塚」標石。また、父と四人の子どもの心中事件で建設された「親子地蔵尊」の案内標石など、その時々の話題にも敏感に反応した寄進である。

　風説によれば「北海道を除く全国にある」とさえ伝えられている。現在では東は新潟県から西は福岡県までの二府二十県に渡り、その寄進物が確認されている。

石造物の寄進だけでなく、ご接待として多くの施しをした。その一つが掌に乗るほどの常滑焼きの弘法大師像だった。これも自身の名前にちなみ、一万体の施しがなされたと伝わっている。

日泰寺境内の新四国八十八ヶ所巡りは山下圓救師が発願し、萬藏が筆頭発起人となって開創されたものだ。率先して第一番札所を寄進し、納経所で自ら弘法大師像を参拝する一人ひとりに施した。いかに弘法大師を信仰していたかを物語る証がある。高野山は空海がこの地で入寂した霊山で、諸人の信仰を集めている。この山内に標石・道標・灯籠・線香立・花立など一〇基も寄進している。その他にも身内などの戒名を刻んだ供養塔を二基造立している。弘法大師信仰の思い入れのほどが知られる。

こんな太っ腹な寄進がある。

岐阜県可児市兼山町に濃尾地震で堂宇が廃滅した寺があった。この寺を岐阜、愛知両県の許可を得て名古屋市内に移転させた。その際、境内地と本堂・庫裡の二棟を寄付し、基本財産に貸家一〇軒を付けて移転建立願いを出し、丸ごと一寺を寄付してしまった。

このような寄進だけでなく、一八九一年（明治二十四）の濃尾地震の際には「新愛知」新聞が「震災被害者救恤義捐金」を募ったとき、率先して高額を寄付している。さらに一九一二年（明治四十五）の大阪難波新地の「大阪大火災義捐金」にも多額を寄付している。

生活は質素、世間のおかげと感謝の日々

萬藏さんの寄進した石造物は自筆文字によりほとんどが彫られた。江戸時代に生まれた人だけに、毛筆で書くのが得意であった。肉太の力強い書体で、晩年に書かれた書が現存する。

西国三十三観音
第三十三番　華厳寺
標石・昭和２年

「堪忍を守る其身は
いき如来
佛といふは
腹たゝぬ人」

このお気に入りの書を縁ある人々に施した。

明治・大正と寄進を連綿として続けたが、愛知県下で最後となる寄進は一九二六年（大正十五）九月の玉泉寺（知多四国第五十九番）標石である。このほかにこれが最後という寄進がある。

西国三十三所結願の谷汲山華厳寺（岐阜県揖斐郡揖斐川町）の標石で、一九二七年（昭和二）三月の共同寄進である。生前に寄進が計画されたが、開眼供養前に萬藏さんが亡くなり、没後の寄進になった。

これほど社寺に数々の寄進をしながら、忘れられてしまった人はいない。社寺にとって氏子でも檀家でもない信者の寄進は記録に留められることがなく一過性で終わったためであろうか。

多くの社寺に寄進し続けたが、日常生活では酒、煙草を嗜まず、一粒の米、一椀の汁も神仏のおかげ、世間のおかげと感謝の日々であった。

天保に生まれ弘化・嘉永・安政・万延・元治・慶応・明治・大正・昭和と生き永らえ、一九二七年（昭和二）一月二十八日に生涯を終えた。享年九十五歳、戒名「寿照院観空徳山居士」。誓願寺（名古屋市昭和区滝川町）に自ら造立した墓碑に眠る。（市江政之）

唐人お吉

（一八四二―一八九〇）

小説や映画で図らずも国民的物語の主人公となった女性の虚と実

一八九〇年（明治二十三）三月二十七日、一人の女が稲生沢川門栗ヶ淵に身投げをして死んだ。あるいは、事故だったとも。享年五十、まだひと花咲かせられる年齢だった。それが後に「唐人《とうじん》お吉《きち》」として知られることになる斉藤きちの最期だった。

伊豆下田の人々は死後もお吉に冷たく、その身体に触れると腐るなどとして菩提寺は埋葬を拒否したので、哀れに思った下田宝福寺の住職が境内の一角に葬った。それから約四十年後、お吉の存在は、一九二八年（昭和三）に十一谷義三郎が発表した小説『唐人お吉』（万里閣書房）などによって世に広く知られることとなる。

16歳のお吉とされる写真

その生涯は運命に弄ばれ、常に洋妾（らしゃめん）との噂がつきまとい、ついにそこから自由になることはなかったとされる。それは、太平の眠りを覚ますたった四杯の上喜撰（蒸気船）から始まる、鎖国の終焉、異国との新しい交渉の過程で起こったひとつの悲しいエピソードである。

一枚の写真が残されている。十六歳のお吉と伝えられているもので、若く理知的で意志の強そうな面構えである。モダンでさえある。しかし、この写真さえ、撮影者（不明。横浜で下岡蓮杖から写真を学んだ水野半兵衛所持）の経歴を追うと、年代的に疑義が生じてくる。アメリカ総領事ハリスに仕え、身体の弱いハリスのために牛乳を手配し、あまつさえ暴徒から身を挺して救ったというエピソードがある。あろうことか、京都で勤王の志士、坂本龍馬と日本の将来を語ったという話も。大部分は、この小説の後に出て来た、新説、珍説で、この女性の真の生涯はこれらの向こう側に消えて見えない。それでは、この数奇な運命を生きた女性の人生とは何だったのか。

異人ハリスの侍妾として

斉藤きちは、一八四二年（天保十二）十一月十日（新暦十二月二十二日）、南知多町内海に、父船大工市兵衛と母きはの子どもとして生まれたとされる。不詳。四歳のときに一家で伊豆下田へ移住し、やがて父と死別。七歳で、村山家の養子となり、養母に育てられる。その後は母と、漁師や船頭たちの汚れ物の洗濯、繕い物などをして生計をたてる。生まれつき瓜実顔で、漁村の女にしては垢抜けて美貌といえ、一七一センチの長身であったとさえ言われている。また美声でもあったことから、網元の家での宴会や料亭などの宴席にも侍り、黒船騒ぎ以降は奉行所の侍の相手をすることもあったという。すでにここで虚実が取り混ぜになっていて、判然としない。

一八五三年（嘉永六）のペリー提督の黒船騒動の翌年の一八五四年（安政元）、日米の合意に基づいて再びアメリカの艦船が日本を訪問し、神奈川条約（通商条約）が締結され、下田・函館の二港開港が決まった。その停泊港伊豆の下田に一八五六年（安政三）、初代アメリカ総領事タウンゼント・ハリス（Townsend Harris, 1804-1878）が、日本の意に反して赴任してきたのである。

この病弱なハリスの看護人として召し出されたのが、「唐人お吉」である。その頃、すでに十六歳にしてお吉には、鶴松（幼名）という恋仲の男がいたのだが、お国のためであるという組頭の説得に負けて、奉仕することになったのである。

お吉が初めて玉泉寺のハリスの許に、駕篭に担がれ、護衛を伴って連れて行かれたのは一八五七年（安政四）五月二十二日のこと。その大仰な準備金（二十五両）と給金（月額十両）を考えると、単なる「看護人」という名目は俄には信じ難い。また、同時期に通訳ヒュースケン（Henry C. J. Heusken, 1832-61）に付いた女性お福は、準備金二十両、給金月額七両二分（同じ頃に雇われた二人の男性料理人の給与は、月一両二分。支度金二十五両は、大工日当一年分に相当）。

しかし、実際、ハリスは病身であり、一時は重篤であった。一八五六年（安政三）には丹毒のため体重を四十ポンド（約十七キロ）も落とし、翌年には、大量の鮮血を吐いている（胃からの吐血か）。さらにハリスは厳格なキリスト教徒で、生涯酒もタバコもやらず、また独身を通した人物なのである。

さて、しかし、お吉はハリスの許にたった三日しか通っていない。そのことは、母とその倅との嘆願書に次のように見られる。

「きち儀はそのころ腫物出来おり、わずかに三夜にて宅養生申し付け、その後腫物全快にあいなり候に、その段、御届け申し上げ奉り候処、その節官吏病気の趣を以て、暫らく差し控え申すべき旨仰渡され候」ということで、身にできた腫れ物のため、わずか三日でお暇を頂戴した。それがどのような種類の、どこにできた腫物か定かではないが、当時の日本が梅毒流行の土地であれば、当然、ハリスは注意していたことであろう（杉田玄白が随筆『形影夜話』（一八一〇年）で書いているように、彼の患者の七〜八割が梅毒患者。一八六〇年には長崎稲佐で日本最初の梅毒検査がロシア人水兵相手の遊女におこなわれ、また一八六八年には、横浜で英国海軍軍医ニュートンによる最初の梅毒病院が開設）。

とにもかくにもお吉が洋人の家に入った事実は消えない。ヒュースケンは、女看護人お福と親しんでいる。その事情を鑑みるに、下田には公娼制度がなかっただけに、事態が都合良く推移することを願って、下田奉行の配下の者が手配した侍妾である。当初、宿泊は許されず、また吏人は懐妊を恐れていた（混血児出生への恐れ）。

国体維持の捨て駒として

ここで、その想像を絶する金子とは別に、幕府との交渉の経緯、また異国に来た男性がどのような日常を送っていたかの両面を探る必要がある。

第一に、幕府の役人との交渉の顛末。ハリスはかねてより、自分の病身を身近で看護してくれる女人の斡旋を頼んでいたのだが、幕府は言を右往左往して放置しておいた。しかるに、調役並勤方森山多吉郎に、このような不誠実な扱いではとうてい今後の交渉はできないと突っぱね、驚愕した森山は、ハリスの要求が男女関係であると想定したものと思われる。

ハリスの日記には、この「女両人」の記述は皆無である。女中などを記録に残すはずもなく、また、侍妾であればなおさら書かないであろう。彼の伝記の中でも一行も触れられていない。お吉は、アメリカ人の目には存在しないのである。

ハリスがヒュースケンを通じてお吉に出入りを禁じた一八五七年（安政四）五月二十六日、九カ条からなる日米約定、いわゆる下田協約が結ばれる。

唐人お吉は、後世の人が作り上げた、新しい時代の悲劇のヒロインではなかったのか。それは、二百年以上にわたる鎖国政策で、異国を知らない絶海の孤島の住人が、いきなり突きつけられた西洋文明の圧倒的優位の前に跪きつつ、なんとか国体の維持と体面を保とうとした方策の中で、泡のように浮かんで消えた捨て駒だった。

その意図は、ハリスを懐柔することだった。ハリスは、看護人と称する者を、お吉の後は江戸滞在中にはおりんという娘を、また下田に戻ってからはおさよを侍らせている（都合、ハリス三人、ヒュースケン四人、合計七人、単なる野蛮国での下婢扱いか）。

しかし、いったん西洋人と行動を共にしたお吉は、もはや「唐人」であり、「洋妾（らしゃめん）」であった、というのは今日の解釈。他の六人は誰一人らしゃめんとは呼ばれていない。それどころか、実家に戻り幸せな結婚をしている者も多い。

幼馴染・鶴松との恋は本当か

お吉は、その後どうしたか。六月に五両、七月に七両の給金を得ているから、あるいは最長三カ月通ったことになる。

しかし、その後のお吉に対する世間の目は、冷たく非情だった。船頭たちからの洗濯の仕事もお吉一家には回ってこなくなり、網元の家で宴席に侍る仕事も減った。いわゆる村八分、いじめである。やがて生活に困窮し、七月には母と姉婿の連署で、世間からのけ者にされて生活にも困っているという事情を連綿と綴った嘆願書を奉行所宛に差し出した。翌月、奉行所から手切れ金として三十両が下賜されている。

しかし、お吉の話の中で、恋仲の船大工鶴松の話は出てくるのだが、その影は薄い。そもそも、一八五四年（安政元）十一月四日の大地震で、下田が大津波に襲われ町が壊滅した際に、お吉は近くの山に母と難を逃れ、そこで幼馴染の鶴松に再会し、二人の間に恋心が芽生えたというのだが、本当のことなのだろうか。

鶴松が、眼前の大金に目が眩み、お吉を売り飛ばすようにハリスの許に送った可能性はないのだろうか。恋仲を引き裂かれて、異人ハリスに差し出された可哀想な犠牲者という役回りか。また、お吉がハリスの許から戻った後、二人はよりを戻し、横浜で一緒に暮らしたのは、愛のゆえか。二人は最後に離別し、間もなく鶴松は死んでいる。その墓は同じ下田の稲田寺にあり、その骨壷には「俗名大工川井又五郎明治九年六月六日没」、と記されているという。

その後、お吉は三島で（さらに京都でも）芸者をして稼ぎ、懐かしい下田に戻ってきた。そこで最初は髪結いを、やがて「安直楼」という、いかにも世を拗ねたような名前の小料理屋を営んだ。そこで、時にお吉は泥酔し、「きすぐれ」（泥酔者）との綽名を頂戴している。これではまともな商売はできず、間もなくこの小料理屋を廃業し、やがて乞食の群れに加わって生活するようになったという。落魄の身と成り果てたのである。

その投身した終焉の地は、今では「お吉ケ淵」とよばれている。

その後、何本もの小説や映画となって、人々に深い印象を残し、聖徳太子の豊聡耳、義経の判官《ほうがん》贔屓《びいき》、加藤清正の虎退治、忠臣蔵仇討ち、新撰組討ち入りなどと共に、国民的物語となったのである。またその悲劇的終末が、多くの人の共感を呼んだのである。（福田眞人）

ヨーロッパで活躍した〈日本女優〉

花子

（一八六八—一九四五）

ロダンのモデルを務めた型破りな女性

花子
（澤田助太郎『ロダンと花子』から）

少し古いハリウッド映画などを見ていると、チョンマゲやキモノの謎の人物が登場したり、フジヤマ、ゲイシャということばで日本文化が片付けられていて困惑させられることがある。リアルな同時代の「日本」が知られていなかったためであろうか。現代では、ハリウッドで活躍する日本人俳優も増えた。また、オリンピックやサッカーや野球などスポーツで世界的に活躍する日本人も増えてきた。さらにアニメーションなどの日本文化も「クール・ジャパン」として世界的に受け入れられている。では現代においては、外国人が持つ日本人イメージと、日本人の持つ日本人イメージとのズレは減ってきたと言えるのだろうか？

実は、やはりニンジャやサムライ的な存在が外国人受けするのは変わっていないらしいのである。こうした外国人受けする日本人イメージが、日本国内にいる日本人に居心地の悪い思いをさせてしまうのは、案外今も昔もありがちなことと言えよう。

そのイメージのギャップから生じる違和感を引き受けながら、そこに活躍の場を見出したのが、花《はな》子《こ》（太田ひさ）という一人の女性である。花子は女優として西洋諸国を廻り、日本の芝居を見せることで高い評価を得ていた。そしてその活躍は、フランスの彫刻家オーギュスト・ロダンの心を動かし、彼は彼女をモデルにして名作「死の首」を生み出した。彼女は何が外国人受けするのかを探りつつ、自分自身の女優としての、女性としての可能性を花開かせていったのである。

花子の存在は実はあまり知られていなかったのだが、再発見の経緯がまたおもしろい。彼女は二十世紀初頭、日本文化の担い手として西洋で有名人となったのだが、そのことは日本には伝えられていなかった。忘れられた存在、いや、ほとんど未発見の存在だった彼女はいかにして見出されたのだろうか。澤田助太郎『ロダンと花子』出版の経緯に触れた、生田良雄「ロダンと花子」（『吐露為版元』中日新聞社、二〇〇六年）に詳しい説明がある。彼女がロダンのモデルになったという事実をもとにした、森鷗外の「花子」（「三田文学」一九一〇年七月）という短篇があり、そのモデルを探していたドナルド・キーンと、花子の孫にして英文学者の澤田助太郎とが出会い、それによってあらためて、彼女が実在の人物であること、そして西洋では有名な女優であったという事実が明らかになったというのだ。それまでこの小さなおばあさんの生涯の全貌は家族にも知られていなかったという。

ではその花子の孫である澤田助太郎氏が詳細な調査によって著した『ロダンと花子』（中日出版社、一九九六年）によって、花子の経歴をまとめておこう。

花子、本名太田ひさは、一八六八年（明治元）、愛知県生まれ。生家は裕福で、幼少期から踊りなどの芸事をたしなむ。しかし、家庭の事情（おそらくは両親の不和？）により養子に出される。養父母ははじめはかわいがっていたが、養父が仕事に失敗して出奔してしまい、稼ぐために芸を活かして巡業の子役となる。このときの経験がその後の人生に活かされるのだが、しかし、本人にとっては十分に学校に通うこともできないつらい生活であったらしい。その後、結局は金のために芸者に売られてしまう羽目になるのだ。花柳界でも持ち前の人間的魅力を発揮し、二十歳も年上の土木工事請負師に身請けされることとなった。しかし彼女の流転の人生はそこでは終らない。まだ若いひさにとっては二人の成人した息子のいる家での、芸者上がりの後妻としての生活はやはり苦しかったようで、恋人を作って家出をしてしまうのである。ところがさらに、その恋人も頼りにはならず、彼女は逃げてきた横浜で一人にされてしまう…。このとき彼女は三十三歳になっていた。

ここまででも充分、浮き沈みの多い人生、逸脱の繰り返しと言えようが、この横浜で太田ひさは「ハナコ＝花子」に転身するきっかけを得るのである。なんと彼女は海外に渡航して日本の歌や踊りなど芸事を見せる仕事に、三十路半ばで応じる決意をするのだ。これは当時の日本女性としては破格の勇気を必要としただろう。逆に言えば、日本を出て行くしかないほど追い詰められていたということかもしれない。実家は自分が養子に出された後、芸者に売られるまでになっても助けてはくれなかったほどであり、養家は自分を芸者に売り飛ばしたほどである。恋人をつくって逃げ出した以上、もちろん請け出された先の家に帰れるわけもない。三十過ぎた独り身の女が居られる場所はもう日本にはなかったのである。そのとき、彼女は、幼い頃自分がそれで身を立てた仕事に賭けたのだ。

渡欧ののち、初めは演劇一座の一人に過ぎなかったが、その芸達者振りと精神的なタフさから、彼女は興行師のロイ・フラーに見出され、花子として座長を務めるようになる。とくに話題になったのは切腹などを含むややホラーめいた芝居と、花子の死の表現（西洋演劇にはない、誇張された死の表現）であった。こうして、サヴォイ劇場に出演するなど、西洋各国の演劇界を席巻するのである。

彼女がオーギュスト・ロダンと出会ったのは一九〇六年のマルセイユ植民地博覧会で、そのとき演じていたのは「芸者の仇討ち」という演目であった。花子が殺されるときの顔にロダンは心を惹かれたという。

このような死の演技について、先の花子のインタビューには次のように語られている。

私の女の腹切りの血潮がサット迸出《ほとばし》つて、土間の前側の列の燕尾服の見物人の胸にかゝつたのを新聞が書立てるなどして大入大繁昌でしたが、私は巴里には日本の美術家の留学生の方も大勢被入《いらつしや》るし、こんな芸を見せてはと、初めは可なりフウラアさんと争つたのですが、此の大入を見て為方がないと諦めて毎晩続け打ちました。（ルビは引用者）

花子自身は切腹する女を演じることを望まなかった。しかし商売のためには外国人受けする日本人を演じなくてはならなかった。しかも花子が演じたのはそれだけではない。澤田助太郎氏によれば、花子には「団十郎の姪」という肩書きがつけられていたという。花子は舞台の外でも「日本の女優」を演じていたのだ。

花子が五十歳を過ぎて西洋から帰国してのちに、「芸者で洋行し女優で帰る迄の廿年」（「新日本」一九一七年一月）というインタビュー記事が掲載されている。このタイトルは花子の半生をよく表している。太田ひさの時代には子役をしていただけで、「女優」ではなかった。洋行して花子になってから「女優」という存在になったのだ。おそらく彼女は帰国してからは舞台には立っていない。ならば花子が「女優」だったのはヨーロッパにいた十数年間だけだった。花子はいわばヨーロッパで「日本の女優」を演じていたのである。

帰国後の花子に注目した者は少なかった。晩年は岐阜の親族のもとに身を寄せ、小さいおばあさんとして穏やかに生きたという。こんなふうに花子は長いこと見過ごされてきた。現代人に見過ごされてきた、というばかりでなく、同時代人にも見過ごされてきたのだ。それは彼女があまりにも、日本人にとっての女優の枠におさまりきらないような〈女優〉だったからだろう。

鷗外は「俳優渡英の儀」（「歌舞伎」一九〇九年九月）という談話で、西洋への日本演劇の紹介について語り、花子の評判に否定的に言及している。外国人受けを狙ったショッキングな芝居を見せる花子は、鷗外のように外国経験のある日本人にとっては見たくないものを見せられるような気がしたのだろう。

しかし、翌年、その鷗外は短篇「花子」では彼女をヒロインとし、ロダンに感銘を与える存在として描いている。これはロダンと花子の最初の会見の様子を虚構を交えて描いたもので、裸体モデルになって欲しいと頼むロダン、そこにためらいを覚える日本人通訳、「わたしなりますわ」とさっぱり衣服を脱いでみせる花子、その三者の関係が興味深い作品である。最後に鷗外はロダンに「マドモアセユは実に美しい体を持つてゐます」「強さの美ですね」と花子の身体を説明させている。

演劇改良派の鷗外にとっては、スキャンダラスな芝居を外国で見せる花子は好ましくなかったかもしれない。しかし、文学的ヒロインとしては、とても興味深い存在だった。彼女の存在、彼女のしたことは日本人にとって違和感を与えるばかりではなかった。むしろ違和感を生きたことこそが、彼女を文学的存在（ヒロイン）たらしめたのである。小説の中の彼女と、現実の彼女の活躍ぶり、その自由さと真剣さに、狭間を生きることの可能性を教えられる気がする。（古川裕佳）

不屈の変態心理学者

福来友吉 （一八六九―一九五二）

透視と念写の実在を主張し、自らが超常能力を得るために修行生活

福来友吉

『リング』のモデル

九〇年代を代表するホラー小説の金字塔、鈴木光司の『リング』。テレビ画面から這い出してくる貞子の姿は、新しい「幽霊」像として定着するに至った。この貞子の父、猪熊平八郎のモデルになったのが、福来友吉《ふくらいともきち》である。

『リング』における猪熊はT大精神科助教授として、催眠現象の科学的解明に取り組んでいた。しかし貞子の母、山村志津子に出会い、彼女の透視能力に衝撃を受ける。以後猪熊は志津子を被験者として超能力の研究に没頭し、一九五〇年代にマスコミで注目を集めた。しかし五五年、公開実験会が失敗し、マスコミから徹底的に叩かれた結果、猪熊はT大を辞職する。その後彼は自ら超能力を得るため、山に籠り滝に打たれるなど修行を続けるものの、肺結核となり、箱根の療養所に入院、やがて世間から忘れ去られた。また志津子は故郷の伊豆大島に戻り、五六年、三原山の火口に身を投げた。

『リング』に描かれたこの一連の悲劇は、かなり忠実に福来の身に起きた事件をなぞっている。し

かし、決定的な相異もある。それは、福来が不屈の変態心理学者として、野に追われた後も終生を賭けて心霊の謎を追い求めた点である。

催眠心理学の第一人者として

福来友吉は一八六九（明治二）年十一月三日、岐阜県大野郡高山町（現 高山市）に、呉服商の福来喜兵衛、ようの次男として生まれた。福来家は高山でも屈指の資産家として知られていたという。六歳のとき、市内の松本家へ養子に出されたが、彼は商家の仕事にはまったく関心を示さず読書に熱中、福来家に戻された。

一八九〇年、斐太尋常中学校を卒業後、母校の代用教員などをして学費を貯め、九三年に京都の第三高等中学校に入学、翌九四年、仙台の第二高等学校に転学、九六年に東京帝国大学文科大学に進んだ。ケーベルの教えを受け、ショーペンハウエルに関心を抱くとともに、元良勇次郎の影響で心理学を専攻、九九年に大学院に進学し、一九〇六年、修了した。学位取得の主論文は「催眠の心理学的研究」。また大学院在籍中に『ゼームス氏心理学』（育成会、明治三十三年）、ウィリアム・ゼームス著、福来訳『心理学精義』（同文館、明治三十五年）、『催眠心理学概論』（成美堂書店、明治三十八年）をまとめている。前二著はウィリアム・ジェームズの心理学における業績を最初期に紹介した書物として、『催眠心理学概論』は催眠術が一大ブームを迎えていた明治三十年代後半にあって、欧米の研究成果を豊富に引用し、多くの実験例も示した学術研究書として、ともに異彩を放っていた。

大学院時代に催眠研究に没頭した福来は、大学院を修了するとすぐ、東京帝国大学文科大学講師に着任、二年後の一九〇八年九月には同助教授へ昇任し、学者としてのキャリアを順調に重ねていた。この間、さらに催眠の研究を進め『催眠心理学』（明治三十九年三月、成美堂書店）を刊行する。同書の序文に、福来の師である元良は「純然たる科学的方面より斯術の心理学的意義を知らんとするものの為めには無二の好著たることを断言するに躊躇せず」と記した。『催眠心理学』は戦前に至るまで、日本唯一の催眠の体系的な研究書だったと評価されている。こうして福来は、日本における催眠心理学の第一人者としての地歩を固めた。

しかし福来には、懸案が残っていた。『催眠心理学』で「神怪不思議のものとして学者の研究範囲外に放擲されたりし催眠現象に合理的新説明を与え、以て斯術をして堅実なる科学的基礎の上に立たしめん」と語っていた彼だったが、催眠状態にある被験者の示す超常現象については、いまだ謎のまま放置されていた。その福来に、催眠術によって透視能力に目覚めたという女性が紹介される。熊本在住の、御船千鶴子である。

一九一〇年二月、福来は御船のもとに複数の封筒を送り、封筒に収めた紙片の透視を依頼した。結果はきわめて良好だった。同年四月、福来は京都帝国大学の今村新吉とともに熊本を訪れ、都合十七回にわたる実験をおこなう。このとき彼は、透視の実在を確信した。同年九月、福来は御船を東京へ招き、学者立ち会いの下での実験会を開いた。物理学の山川健次郎、生物学の丘浅次郎、地球物理学の田中館愛橘《たなかだてあいきつ》、精神医学の呉秀三、哲学の井上哲次郎など、多分野にわたる錚々たる研究者たちが参集した。この実験結果はマスコミに広く取り上げられ、千里眼婦人御船千鶴子は、一躍時の人となった。

御船の名前が知られるにつれ、全国に彼女と同じ能力をもつという人々が現れた。彼らは地元の新聞でトピックとなり、それらの報道が、また新たな能力者の出現を促した。あっという間に「千里眼」は、流行語となった。福来は、有望な能力者の発見に力を尽した。時には彼らの下へ赴きさえした。そうしたなか見いだされたのが、四国丸亀在住の長尾郁子である。福来をして「御船以上の能力者」と評価された長尾は、透視のみならず、乾板（写真のフィルムに該当する）に自分の思念を焼き付ける、いわゆる念写をも扱った。長尾の出現は、超常能力の実在を世間に強く印象づけるものだった。

アカデミズムを去り、独自の超常能力探究へ

だが、やがて状況は一変する。一九一一年一月、山川健次郎を中心とした東京帝国大学物理学グループによる長尾の実験が不首尾に終わった時、世間の評価は逆転した。同月、御船が自殺、二月に長尾が病死するに及んで、千里眼をめぐる騒動は終焉した。いわゆる、千里眼事件である。

この一連の騒動にあって、福来は終始千里眼肯定の立場を崩さなかった。そして一九一三年八月、満を持して『透視と念写』（宝文館）を刊行する。彼は透視と念写の実在を主張し、物理学者に向かって再度の実験を要求した（なお、この時福来が見いだした新たな能力者は、高橋「貞子」という）。しかし、彼の挑戦に応じる物理学者は皆無だった。同年十月、福来に東京帝大休職の辞令が下った。一九一五年、福来は大学を去った。

ただし、この事件によって福来がアカデミズムから排斥されたという訳ではない。大正期を通じて、彼は三田光一の念写に関する論考などを「心理研究」や「変態心理」に寄稿している。しかし日本の心理学アカデミズムの主流は、実験心理学へ急速に傾斜し、変態心理学はアカデミズムの表

舞台から姿を消しつつあった。そして福来もまた、独自の歩みを進めていた。彼は一時期高野山の奥の院に籠り、自らが超常能力を得るために修行生活を送っている。彼の頭の中には、もうすでに学界という発想はない。彼はあくまで自らの研究テーマを明らかにするために、もっとも効率の良い方法を選択したとも言える。

一九二一年、福来は私立宣真高等女学校（現 宣真高等学校）の創立にあたって校長として招かれ、赴任した。その後、二六年に高野山大学教授となり、四〇年まで同職にあった。この間、二三年には四国巡礼の旅に出ており、また二八年にはロンドンへ渡り、国際スピリチュアリスト連盟第三回大会に浅野和三郎とともに出席、透視と念写に関する講演をおこなった。また同じ年には、不動貯金銀行創業者で「貯金王」と呼ばれた牧野元次郎の支援を受け、財団法人大日本心霊研究所（四一年に敬神崇祖協会へ、また四六年にはむすび協会へ名称変更）を設立している。

高野山大学教授を辞したとき、福来は七十一歳だった。高野山での修行で縁が生じたのか、彼は真言密教に深い関心を示した。『心霊と神秘世界』（人文書院、昭和七年）で福来は、仏教の立場から「霊は一切の法相を現出すべき無盡の能力を具えて居るのである」と主張している。

さて、大阪に居を構えていた福来は、一九四五年、戦火を避けて仙台に転居した。この地で彼は土井晩翠、志賀潔、白川勇記、黒田正典らと東北心霊科学研究会を結成、多くの後進を育てた。一九五二年三月十三日、永眠。享年八十二歳であった。福来の東大休職は、日本における臨床心理学の発展を五十年遅らせたと言われる。しかし彼のたゆまぬ探求は、生命の深みにまで届こうとしていた。

福来の遺志は、一九六〇年に設立された福来心理学研究所に受け継がれている。（一柳廣孝）

久田吉之助

帝国ホテルのスダレ煉瓦製造に道筋をつけた建築陶器先駆者の破天荒な人生

（一八七七―一九一八）

若い時から相当の暴れ者

久田吉之助《ひさだきちのすけ》は、一八七七年（明治十）に現在の常滑市である愛知県知多郡枳豆志村で、久田吉蔵、ふく夫婦の長男として生まれた。吉之助に関する資料は少なく、『帝国ホテルのスダレ煉瓦』（世界のタイル博物館、以下、帝国ホテルのスダレ）が唯一、彼の動静を伝えているのでこれを参考した。記述したのは、帝国ホテル衣糧部主任だった牧口銀司郎だが、久田とはスダレ煉瓦を作る確執から久田が悪者扱いになっていることを割引する必要があろう。

さて久田家は、大地主であるとともに廻船業も営んでいたようだ。本来ならば、御曹司として家業を継ぐところだろうが、若いときから相当な暴れ者であったらしい。

『帝国ホテルのスダレ』によれば、彼が若かった時の秋に久田家所有の田畑から数百俵の小作米があがってきた。父親は、この米を持ち船で名古屋・納屋橋筋の米問屋へ売りに行くように吉之助に頼んだ。彼は、なじみの米問屋に船ごと米を売ってしまい大金を懐に大洲（現在の大須）の観音堂の裏にあった一番手の遊郭、本家長寿楼に飛び込んだ。彼は、「今夜はお前のところの女郎衆をみんな買占め総あげにするんだ。客どめにしろ」と大見得をきった。当然の成り行きながら接待役の女性が、総がかりでご機嫌を取り飲めや歌えの大騒ぎになった。

　そのうち酔っぱらったついでに目の前に並んだお膳や椀、皿、小鉢類をかたっぱしから叩きまわって壊してしまう乱暴振りだった。これらの什器は、いずれも二〇人前揃いの逸品ばかりだった。翌朝、目が覚めると勘定は、船ごと売った米代金の全部と引き換えになりすっからかんで家に戻った。父親は、米代金で暮れに小作人に支払いをせねばならず首を長くして待っていた。ところが、息子は、金は一文持っていない。そこで一部始終を聞くと「それでも貴様は正気か、もう我慢できぬ、叩ききってやるからそう思え」と腹をたていきなり床の間に置いてあった日本刀を振り上げて彼の右腕を切り落してしまった。彼は、片目、片腕、片肺の異様な風貌だったと『帝国ホテルのスダレ』にあるが、目は腕を切られた時にやられたかもしれない。だが片肺は、真偽を含めどういう理由でそうなったかも不明である。

新しいテラコッタ平瓦など建築資材に挑戦

　こうした理由から家を出た吉之助は、新しい建築資材の開発に乗り出すのだが、その経緯は明らかでない。常滑地区は、古くから土管、甕《かめ》など窯業の地であったが　そこで将来の建築の洋風化を予測させる何かのきっかけか出会いがあったのかも知れない。その後、吉之助は、自宅の庭に小窯を作り日夜、寝食を忘れて二年余にわたり新しい煉瓦や平瓦の開発に精を出したようだ。こうした努力が報われて彼は、一九〇四年に被覆煉瓦の特許第七三三一を取得している。これは、わが国のタイル特許としては最も早いものである。また平瓦の特許、第八七六六も得ている。さらに一九一四（大正三）に久田式木摺り煉瓦で特許第二六七七三も取得している。

名和昆虫記念館の鬼瓦

一九〇七年、岐阜市大宮町に武田五一の設計による二階建ての名和昆虫研究所特別昆虫標本室が完成する。この建物は、昆虫学者の名和靖が、集めた大量の標本や研究用の資料を保存する目的で建築したものである。INAX《イナックス》刊行の『水と風と光のタイル』に所収の「スクラッチタイルを作り損ねた男、久田吉之助」（佐野由佳）によれば、現在は、屋根がトタン葺きに変わっているが、テラコッタ平瓦は「久田吉之助工場」製のものであった。テラコッタは、彫刻や模様を施して建築の装飾部分に用いられる。彫刻の技術を生かした型を基に制作されるが、久田の場合は原料陶土は知多半島南部の陶土に木節粘土を混ぜたものである。いまは昆虫記念館になっているこの建物の鬼瓦にあたる部分や屋根の端に使われた平瓦には、蝶が彫られている。一方、外壁は、煉瓦を積んだ構造物の上から無釉湿式淡黄色タイルを貼った方式である。外壁にタイルを貼った建物としては日本で最も古いと言われており岐阜県の重要文化財に指定されている。

京都市東山区祇園円山公園内に現存する長楽館は、明治時代にタバコ王として知られた村井吉兵衛（一八六四―一九二六）の別荘である。一九〇九年に完成しているが、外壁の無釉湿式淡黄色タイルは、「久田吉之助工場」製のものである。一九一七年に米国の建築家、フランク・ロイド・ライトが帝国ホテルの設計のため来日、外壁に黄色い煉瓦を指定した。村井吉兵衛は当時、帝国ホテルの重役をしており、後述するように重役会で自分の別荘に使われている黄色い煉瓦を思い出した。ここで久田吉之助と帝国ホテル、フランク・ロイド・ライトとの接点が生まれるのである。

同じく京都市左京区岡崎成勝寺町に煉瓦づくり三階建ての京都府

立図書館があり、現在は建物前面（ファサード）のみ生かして四階建の新しい建物に代わっている。完工は、一九〇九年で当時の名称は京都市岡崎図書館といった。この図書館の正面入口の上部には、吉之助が製作したテラコッタが飾られている。このほかに吉之助が作ったタイルは、名古屋医科大学校、京都医科大学校、名古屋商品陳列館などに納入されており、先駆的な数々の業績を残している。

帝国ホテルのスダレ煉瓦

さて話は、帝国ホテル新本館の建設に移る。一九一六年三月十七日、シカゴにおいて帝国ホテル常務兼支配人の林愛作とライトとの間で契約の覚書が交わされる。翌年の春にライトが来日し設計にかかった。ライトによれば建物の外側は、彫刻した白目の大谷石とスダレ模様の煉瓦、内部は地盤が弱いため普通煉瓦の三分の一しか重量のかからない特殊形の穴抜（空洞）煉瓦を使う意向だった。ただしスダレ模様の煉瓦の色は黄色と指定された。当時、黄色に仕上がる煉瓦は、わが国にはなく帝国ホテルの重役会では話が行き詰まった。その時、出席者の一人の村井吉兵衛が「先年、京都に建てた私の別荘に同じような色のタイルが貼られている」と発言し後日、納めたのは久田吉之助とわかったのである。

早速、支配人の林は、吉之助あてに電報をうち呼び寄せて、①総数は二五〇万丁、②納期は発注後一カ年、③単価は一丁六円とするなどで話がまとまり、吉之助は「来月中旬には製品をお目にかけます」と約束した。

久田の工場は、二〇〇坪（六六〇平方メートル）に一〇〇坪ほどのバラック小屋で窯も小さなものが二基だけ。そこでホテル側は、元常滑陶器学校長の寺内信一に生産指導を任せた。彼は、敷地二千坪、建物千坪、二基の大きな焼き窯のある沢田忠吉の土管工場を借りて生産を軌道に乗せようとした。これがおもしろくない久田は、寺内に警察沙汰になるような暴力沙汰を含め妨害行為を繰り返した。この後、寺内は、突然、辞職してしまう。これに業を煮やした林愛作は、一九一七年九月十一日、ホテルのクリーニング部主任の牧口銀司郎を会計主任として送り込んだ。沢田工場が、帝国ホテル煉瓦製作所に替わり一九一八年二月、後任の牧口は、黄色い煉瓦の製作に成功する。

これには、次のような顛末がある。『帝国ホテルのスダレ』によれば「或日久田の工場にいた職人のひとりが私のところへ参り、寺内さんは焼上ると直ちに煙道のダンバを堅く閉鎖し蒸焼にされるようであるが、久田はそのようなお考えの寺内さんを何とか失敗させ困らせてやろうと折角閉鎖されたダンパを直ちに開放し、時には出入口の土留めをさえ破壊し急ざましに依り全部の製品を疵物にしようと企み、随分乱暴なことをされたので有ったが、意外にもそのような際には返って黄色に焼上った物が多かったと話してくれた」。

牧口は、これに示唆を受けて専門家が「窯が壊れてしまう」と反対したのを押し切って窯の煙道を開き、空気を十分入れて酸化焼成することで黄色の煉瓦が生まれた。後日、牧口は、「理外の理とは全く此様な事をいうのか、曽て寺内さんを失敗せしめ困らせてやろうとしてやった無茶苦茶なる妨害が、返って憎い憎い相手方の成功に最善のヒントを与え得る結果になろうとはさすがの久田も気づかなかった事であろう。此の意味に於いて彼は私の身にとり誠にありがたい大恩人である。私は、毎朝今は亡き彼の霊位に対し回向しつづけております」と記述している。『水と風と光のタイル』で佐野由佳は、「もしかしたら、久田は黄色い煉瓦の焼き方を、少し乱暴な方法で教えてやろうとしていたのかもしれない」と書いているが、的を得た指摘と受け止めたい。

技術顧問を務めた伊奈初之烝と長三郎親子は、既存の工場に加え、煉瓦製作所が役割を終えた後に製作所の従業員と設備を譲り受け、三年後に伊奈製陶株式会社の創業者となった。

久田は、一体、帝国ホテルの煉瓦製造に関して何故このような不可解な行動を繰り返したのであろうか？　彼は、長年にわたる開発で多額の借財を重ねていた。そこへ降って湧いたように舞い込んだのが帝国ホテルのスダレ煉瓦の話である。ところが、彼の工場の規模からすれば最初から契約通り製作することは、無理だとわかっていたはずだ。なんとか約束を引き伸ばしながら生産規模を拡張し乗り切る算段をしていたのではないか。そこへ現れた寺内や牧口に対して横取りされたと思い込み異常なまでの敵愾心を持ち向かっていったのではなかろうか。結果的に彼は、帝国ホテル向けの黄色のスダレ煉瓦を一枚も焼くことなく一九一八年十二月に病没する。享年四十二歳であった。

（安保邦彦）

「本当の天皇」を自称した零細商店主

熊沢天皇

（一八八九－一九六六）

前代未聞の事態、天皇が天皇を訴えた！

名古屋今池の〝天皇〟

闇市で活気づく名古屋の今池市場に、米英メディアの四人の記者たちが米軍のジープで乗り付けたのは、一九四五年十二月末であった。四人を迎え入れたのは、市場の一角で小さな雑貨店を営む五十七歳の店主だったが、その姿恰好はこの街の猥雑な雰囲気からは、あきらかに浮き上がってみえるものだった。正装した彼の黒い羽織

熊沢天皇

には、天皇を象徴する十六弁の菊花紋が染め抜かれていたのである。

店主の名は熊沢寛道《ひろみち》。かねてから南朝直系の子孫であると自称し、皇位回復を目指し運動を続けていた。今回の記者たちの来訪は、彼が終戦直後にマッカーサー元帥に宛てた請願書が、たまたま「Life」誌の特派員の目に留まったことがきっかけであった。GHQの担当官がバカバカしい訴えとみて捨てておいたこの請願書に、特派員はスクープのにおいを嗅ぎ取ったのである。取材の内容は、翌年一月の「Pacific stars and stripes」紙や「Life」誌に、歴史の闇に隠されてきた「本当の天皇」が発見されたというセンセーショナルな記事として発表され、以降国内外のさまざまなメディ

アへと転載された。これにより寛道は〝熊沢天皇〟という呼称とともに、名古屋の零細商店の一店主から、一挙に世に知られる人物へと成り上がってゆく。

その人気はある種のブームといえるものだった。同年四月に、「熊沢天皇真相発表大演説会」と題した講演会を東京で開いたところ、会場は満員御礼状態。あまりの人出に、占領軍のMPが警護についたという。注目度の高まりに並行するように、寛道のまわりには様々な人間たちが近づいてきていた。スポンサーも多かった。京都での講演会ののちには、当地のスポンサーの金で料亭を開放し、四斗樽を何本もぶちぬいたという。また、南朝遺臣の子孫を称する人々が続々と現れ、寛道を盟主として南朝奉戴国民同盟が結成された。こうして寛道を中心に集まってくるヒトとカネは、さらにはそのおこぼれにあずかろうとする「南朝ゴロ」と呼ばれるような有象無象までをも惹き付けながら、奇妙な熱気を生み出していった。

南朝という〝錦の御旗〟

寛道とそれを取り巻く多くの人々をここまで駆り立てた〈南朝〉とは、一体何なのだろうか。

南朝の歴史は、足利尊氏が擁立した光明天皇が践祚し、それをよしとしない後醍醐天皇が吉野に出奔した一三三六年に遡る。こうして始まった南北朝時代は、一般的には、足利義満の斡旋によって南朝の後亀山天皇から北朝の後小松天皇に三種の神器が譲渡され、南北合体が成し遂げられた一三九二年に終わりを遂げたとされる。

だが、実際の歴史はもう少し複雑な展開をみせている。南朝が講和を受け入れる条件とした、北朝系と南朝系の両統迭立の約束が破られ、北朝が皇位を独占し続けたことが問題をややこしくした。

当然、旧南朝側は北朝と幕府への反発を強め、一部はその時々の反幕府勢力と結びつきながら抵抗運動を続けてゆくこととなった。

こうした一連の動きは後南朝と呼ばれることもあるが、それも南朝皇胤の兄弟が刺客に殺された長禄の変（一四五七）などを経るなかで次第に終焉へと向かっていった。だが、こうした裏切りと弾圧に彩られた南朝の悲劇は、人々の判官びいき的な感情に支えられながら、およそ四百年後の明治国家にまで大きな影響を与えてゆくことになる。

一九一〇年に起った南北朝正閏論争とは、そのような南朝びいきが、国家の正統イデオロギーに昇華する過程で引き起されたものであったといえる。南北朝並列の立場で書かれた国定教科書への批判に端を発したこの問題は、最終的には明治天皇が南朝正統の裁可を下すことで一応の決着をみた。しかし、この裁可には北朝系の血を引く明治天皇が、自らの系統を否定するという、明らかな矛盾が伴っていた。明治維新が、後醍醐による建武の新政をひとつの理想型として進められてきたという経緯を考えれば、このような判断をせざるをえなかったのだろう。とはいえ、それが万世一系をうたう近代天皇制に、大きな爆弾を仕込むに等しい行為だったのは間違いない。

このような文脈でみれば、寛道の養父である熊沢大然《ひろしか》を国が持て余したのも無理はない。一族の伝承を信じる大然は、熊沢家が南朝正嫡であることを国に認めてもらおうと、二度の上奏を行っている。熊沢側の証言によれば、その訴えは明治天皇にも認められ、一時は大然を皇族として迎え入れる話もあったともいう。この話自体は、裏付けとなる客観的な史料もなく、かなりの脚色あるいは誤解があると思われる。ただし、戦前から戦中にかけての熊沢家には、特高警察による監視はあったにせよ、菊の御紋の使用も含め、一定の活動の自由が認められていたことは見逃すべきではない。

つまり戦前までの南朝とは、時の為政者、さらには天皇ですらやすやすとは触れられない、もうひとつの〝錦の御旗〟であった。大然への処置が示すように、いたずらな刺激を与えぬよう、この問題は慎重にコントロールされていたのである。

寛道の大勝負

戦後の混乱は、それまで引き継がれてきた南朝をめぐる慎重なコントロールを失わせた。熊沢家の運動が、大然ではなく、その跡を継いだ寛道の代になってようやく広く世の注目を集めることができたのも、このような時代の巡り合わせによるところが大きかっただろう。

しかし、熊沢天皇ブームはそう長くは続かなかった。メディアに登場して三年もしないうちに、寛道は大阪の支援者が経営する店舗の一部を間借りして、なんとか生活を維持するまでになっていた。ブームの勢いに乗って名古屋を離れたものの、そこで彼を待っていたのは数少なくなった支援者たちをたよって、京都や大阪、そして東京各区を転々とする日々であった。

世の中から忘れられはじめ、困窮の度合いを増すなかでも、寛道は南朝復権運動を諦めることはなかった。一九五一年一月、こうした状況を打破しようと彼が打った一手が、現天皇は天皇として不適格であると裁判所に訴えでるということだった。訴状では、北朝の皇統は、実は足利義満の血統に乗っ取られており、現天皇裕仁は正統な皇統を継ぐ者ではないこと。また裕仁は、重大な戦争責任を有するにも関わらず、主権者である国民による投票などを経ずに天下り的に象徴天皇という地位を得ていることがその理由として挙げられている。天皇を訴えるという奇抜な発想にのみに着目しそうになるが、訴状の前半の主張についてはともかく、続く後半の主張については、一定の正当性を認めてもかまわないだろう。それらは、終戦直後から国内外で大きな議論となっていたにも関わらず、天皇制維持を選択したGHQと日本政府の方針によって、うやむやにされていった問題でもあった。

だが、裁判所の判断は「天皇は裁判権に服しない」というものだった。天皇を裁判にかけることはできるが、それによって「法の目的たる秩序維持」が乱されるのであれば避けるべきとされ、訴訟そのものが却下されてしまったのである。

時代錯誤の意義

この訴訟に限らず、運動全体を通してみても、皇位をめぐる寛道の闘いは彼の完敗だったといってよい。その最大の敗因はおそらく、戦後天皇制が旧来の天皇制とはまったく別物に変質しつつあったことに気づけなかったことだろう。それはまた、彼のうちだす戦略がどうも的外れなものとなりがちな原因でもあった。あるときには、寛道は共産党にまで共闘を申し入れている。現天皇の打倒に力を貸すから、それが成功した暁には自分の即位を認めてほしいということだったらしい。無茶苦茶な論法ではあるが、その反面、ここには寛道の皇位観が色濃く反映されているともいえる。彼にとってそれは、時の〝権力〟による認証によって与えられるものであった。自らの皇位を認められるだけの〝権力〟(となり得る可能性がある)ならば、それがGHQや裁判所であろうが、共産党であろうがかまわなかったのだろう。確かに、歴史を鑑みれば、近代天皇制の祖である明治天皇も、新政府という〝権力〟による認証によって生み出されたものであった。したがって、寛道のこうした見立てが根本的に誤っていたというわけではない。

しかし、戦後の天皇制を支えたのは、なによりもまず国民からの〝人気〟であった。一九四六年十月二十三日の「朝日新聞」には、天皇裕仁の名古屋巡幸時の写真が掲載されている。天皇の姿は、歓迎のために集まった人々のなかに埋もれるように写っており、識別しやすいように写真に付けられた丸印がなければ、背広姿のその男性が天皇であることさえわからないほどである。

実はその現場には、寛道も顔を出していた。同紙面に掲載された記事によれば、十六弁の菊の紋付羽織を着て、モーニング姿の二人の紳士を伴っていたという。その姿は、もうひとりの〝天皇〟として精一杯の威厳を表そうとしたものであったのかもしれない。ただ、背広姿で民衆のなかに溶け込む天皇裕仁と比べたならば、あまりに旧時代的で仰々しいものだったことは否めない。

国民は、以前の厳めしい軍服を脱ぎ捨て、背広姿で全国を巡る天皇を支持した。彼らの多くは、その身近さに文化平和国家として再生した戦後日本にふさわしい、民主的な天皇像を見いだしていたのである。皮肉にも、庶民のあいだで生まれ育った〝天皇〟の方が、そうした空気の変化を読みきれなかったのだ。

こうした寛道の時代錯誤《アナクロニズム》は、新時代の天皇となるためには、致命的な欠点であった。しかし、その生一本な生き方には、人を惹き付ける魅力があったこともまた確かである。生活は苦しかったが、彼を慕い支える人々が絶えることはなかった。寛道が本当に南朝皇胤であったかどうかはわからない。ただ、彼が時流に乗れた多数ではなく、そこからこぼれ落ちてしまう少数にとっての〝錦の御旗〟として生きたことは、ささやかながらも南朝の歴史的役割を継ぐものだったといえるのかもしれない。（竹内瑞穂）

浅野祥雲

（一八九一―一九七八）

〝B級スポットの父〟は先進性と信仰心を合わせ持つ仏師だった

鉄筋コンクリート製塑像の作風で生涯五百体以上を制作

B級スポットファンの間で〝聖地〟とされる五色園（愛知県日進市）、桃太郎神社（愛知県犬山市）、関ケ原ウォーランド（岐阜県関ケ原町）。共通する特徴は、デカくてカラフルでアクションフルなコンクリート像が何十、何百体と林立することである。

この作品群を手がけたのが浅野祥雲《しょううん》。昭和初期から四十年代にかけてコンクリート像を作りまくった異能の彫刻家である。生涯作った作品はゆうに五百体を超える。美術史的にはまったく無名の存在だが、コンクリート像をこれほど膨大に作った人物はおそらく彼以外に見当たらないだろう。

浅野祥雲

祥雲は一八九一年（明治二十四）、岐阜県坂本村（現 中津川市）の農家に生まれる。父は農業のかたわら地元に伝わる土雛を作っており、祥雲もその技術を受け継いだ。

大正後期の三十三歳の時、創作で身を立てていこうと名古屋に移り住む。か細いつてを頼り、妻とまだ幼かった娘らを連れての転身だった。

当初は映画館の看板描きや表札書きなどをして糊口をしのいでいたが、大きな転機が訪れるのは昭和が幕を開ける頃。宗教家の森夢幻氏から、新たに開園する宗教公園・五色園の彫刻の制作依頼を受けるのである。五色園は浄土真宗の教えを分かりやすく伝える視聴覚伝道を目的とし、親鸞聖人の逸話を実物大（よりややデカい）のジオラマで再現する野外展示彫刻はテーマの根幹を成すものだった。

この制作にあたって用いられたのが鉄筋コンクリート製塑像という作風だった。木材を芯にして粘土を盛る塑像造りは奈良時代までは盛んだった仏像の工法で、これを近代の素材でアレンジしたものと言える。コンクリートは粘土のように盛り重ねて彫塑できることから、専門的な美術の勉強を積んでいない祥雲でも土雛作りの要領を応用して取り組むことができた。安価で、大型化しやすく、なおかつペンキで着色もできる。野外に大量に設置して人目を引くにはまさにうってつけの工法だったのだ。

祥雲はたった一人でこの制作を請け負い、名古屋市熱田区の自宅兼アトリエで像を作っては、約二〇キロメートル離れた現地まで牛車で運び、設置までをおこなった。途中からは現地に住み込んで制作したらしいが、いずれにしても尋常ならざる労力である。こうして作られた高さ二メートル前後もの像はおよそ一〇〇体にもおよび、制作期間は一九三四年の前後およそ十年におよんだ。とてつもないエネルギーが注ぎ込まれた制作活動だったことは想像に難くない。

五色園をきっかけにして、祥雲の元には各所から依頼が舞い込むことになる。瀬戸電鉄が沿線の観光開発のために一九三一年に建立した厄除弘法大師（愛知県尾張旭市）は台座を含めて約一〇m

もの大作。昭和十年代には日中戦争戦没者の軍人慰霊像約百体を遺族会の依頼で制作（完成当時の建立地は名古屋市千種区の日泰寺付近。現在は大半が愛知県南知多町の中之院に移設）。桃太郎神社、関ケ原ウォーランドは昭和三十年代の仕事で、それぞれ約三〇体、約二〇〇体と大量の作品を納めている。

五色園、桃太郎神社、関ケ原ウォーランドのインパクトがあまりにも強烈なため、ド派手なペイント、躍動的でちょっとユーモラスなポーズなどが祥雲作品の最大の特徴ととらえられているが、これら観光目的の施設以外に遺した作品は、実はほとんどがいたってノーマルな仏像。色も茶褐色などの単色が多い。如来や観音、弘法大師、あるいは実在の偉人などの像が、寺院の境内などに違和感なく納められている。平和公園平和堂（名古屋市千種区）の歴代名古屋市長像、秋葉山円通寺（名古屋市熱田区）の毘沙門天、犬山成田山（愛知県犬山市）の明王・童子、先の軍人慰霊像などがその代表例だ。

実物大のお坊さんが立ち並ぶ（五色園）

遺族や関係者は祥雲の人柄や制作に対する姿勢についてこう語る。

「ど一刻（頑固）な人で、出来上がりが気に入らなかったり、依頼主が余計な口出しをすると作品をげんのう（金槌）で叩き壊してしまうんです。逆に満足いくものができると寺や神社にさっさと寄付してしまう。大したお金ももらわずに依頼を受けてたようですし、私ら家族はずい分苦労させられました」（長女の伊佐治香津美さん＊故人。生前のコメント）、「お芝居が好きで、ベレー帽をかぶってよく大須へ出かけて行き、私も時々連れて行ってもらいました。私ら孫にとってはお洒落で優しいおじいちゃんでした」（孫の伊佐治都さん）、「作品の補修に何度か来てくれましたが、先生が直すと破損した箇所がきれいにぴたっとくっつくんです。口数が多い方じゃなかったですけど、送り迎えの道中にぽつぽつと色っぽい話をしてくれたりもしましたね」（五色園の庭師の多田道夫さん）。

遺族が保管する昭和三十年代の新聞記事には、次のような記述が残されている。「さびしい田舎の小山のあちこちに埋められた無縁仏の霊をを慰めたいと、十四歳の時、彫刻を学ぶようになり、一筋に生きてきた彫塑師が五十四年ぶりに心願成就。故郷の山に五体の像を寄進建立した」（要約）。

祥雲は芸術家ではなく、あくまで仏師だったのである。そういわれてあらためて作品群を見直してみると、五色園の親鸞像は一種の肖像仏像であるし、桃太郎神社は子供の神様の物語を再現したもの、関ケ原ウォーランドは戦死者供養の意味が込められている。どれも篤い信仰心をもって作られているのである。

昭和のトレンドだった作品群が時代の変化で不気味でヘンなものに

また、時代背景と照らし合わせてみると、祥雲が手がけた施設や作品はきわめて時流に即したものだった。五色園が開園した昭和初期は、観光という産業が初めて一般化し、仏像を作って観光客を誘致するというビジネスモデルが花開いた時代だった。また、新素材だったコンクリートは焼失のリスクがなく、半永久的に健全な建材として急速に普及していた。五色園は観光客向けの絵葉書が見つかっているし、厄除弘法大師も駅から参拝者でごった返すほどの人気だったと伝えられる。歴代名古屋市長像にしても、モデルとなった市長本人が祥雲の元に見学に来ている写真が新聞記事として残されている。一九六四年オープンの関ケ原ウォーランドでは、地元期待の一大観光地として大勢の来賓を集めた華やかな除幕式が行われている。祥雲作品は、昭和のパワフルな時代性に合ったトレンディなもので、かつ名士の彫像にもふさわしい完成度の高いものとして評価されていたのである。

桃太郎や家来のコンクリート像が境内に（桃太郎神社）

ところが、祥雲の死後、その作品は本人の意志や完成時の華々しさとはかけ離れた見方をされるようになってしまう。時代性にマッチしていたがゆえ、時の流れとともに逆に時代遅れになってしまったのが不運のその一。観光目的の施設が代表作だったため、仏像としても文化としても評価の対象とならなかったのが不運その二。大型で大量の野外展示作品だったため、次第にメンテナンスが劣化に追いつかなくなり、薄汚れたり破損したりしたままなかば放置され続け、不気味で変なものというレッテルを貼られてしまったのが不運その三。八〇年代以降のサブカルチャーブームによって、パッと見の特殊性のみで面白おかしいものとして笑いの対象とされてしまったことが不運その四。こうした不運の積み重ねによって、作られた当時の価値や思いが忘れ去られ、顧みられなくなってしまったのである。

それでも、近年は少しずつだが再評価の気運が高まりつつある。筆者は二〇〇九年より五色園の作品の修復活動をおこなっていて、毎回一〇〇名以上のファンが全国各地からボランティアとして集まってくれる。作品と向き合ううちに祥雲が込めた思いを感じ取ることができ、誰もが楽しみながらも真剣に取り組んでくれている。活動の輪は徐々に広まり、二〇一二年秋には桃太郎神社の修復も地元住民主催で開催。他、生誕地の中津川でも祥雲の業績を見直そうという動きが興りつつある。

最後に祥雲の人柄を示すエピソードを。仏像作品には銘が入っているものが多く、その多くには『祥雲』『俊子』と記されている。俊子は妻の名前。祥雲は、十一歳年が離れ、あまり体が丈夫でなかった妻を常に労わっていて、名古屋に出てきて生活が苦しかった時期も妻には決して仕事をさせなかったという。仏像は自ら寄進したものが大半で、その丹精を込めた作品に、自分と妻の名前を並べて刻んだところに愛妻家だった素顔が垣間見える。祥雲は一九七八年に八十七歳で生涯を閉じる。妻・俊子も後を追うように三カ月後、七十六歳で静かに息を引き取ったという。（大竹敏之）

葉山嘉樹

（一八九四—一九四五）

名古屋刑務所内での「獄中記」執筆が葉山文学のスタートだった

葉山嘉樹

労働運動に奔走

作家というと、静かな書斎の机の前に座って、文《もの》を書いたり本を読んでいる姿が目に浮かぶが、葉山嘉樹《はやまよしき》は獄中の粗末な机や、工事現場の小屋で小説を書いている。葉山が名古屋へ来たのは一九二〇年（大正九）十月のことで、妻喜和子を連れて九州からである。

葉山は一八九四年（明治二十七）、福岡県豊津村に生まれ船員などを経て、専門学校の職員となったが、待遇問題で校長と衝突し馘首され、職を求めて来名したのである。名古屋での住まいは西区の円頓寺の南、沢井町（現 那古野一丁目）の屋根裏部屋、職は名古屋セメント会社の工務係、専門学校教師の紹介であった。葉山はこの屋根裏部屋から、電車で港区の工場まで通い、夜は近くの江川通りの夜店へ買物という、まずは平和な生活を送っていた。

ところが、ある日工場で一人の職工が防塵室に落ちて、全身に火傷して死亡した。これがもとで葉山の生活は一変する。死んだ職工への会社側の仕打ちは酷く、葉山は扶助料の増額に奔走。これを契機に労働組合をつくろうとして発覚、またも馘首された。

葉山はそれ以前、宗教改革運動に興味をもち、赤尾敏らと宗教的共産主義の世界をつくろうと機関誌「極楽世界」を創刊した。これにどの程度関わったかははっきりしない。しかし宗教問題には関心があったのか、「名古屋新聞」に掲載された主筆小林橘川（一八八二―一九六一）の宗教改革運動への批判に対し、ライバル紙「新愛知」に反対論を投稿した。「新愛知」の主筆桐生悠々（一八七三―一九四一）はこれを採用し掲載した。橘川と悠々は論争相手でそれぞれ紙面を一般に開放して覇を争っていた。

橘川は労働運動の高まりに対処し労働運動担当の記者を一名採用したいと考えていたのか、葉山を呼び出して採用した。葉山はこれにこたえて論文やルポを書き頭角を現した。また、名古屋労働協会の会員となり、労働運動にも深く首を突っ込んでいった。新聞記者としては、民平の筆名で「労働者としての立場」、「街路に立ちて」などを書いた。とくに後者は大きな荷車を曳く少年の姿などを取り上げて好評を博した。

一九二一年十月に愛知時計で起きた争議には、先頭に立って活動。職工八〇〇余名が怠業に入ると、葉山は愛知時計の社員河村鶴蔵らとデモ行進の先頭に立ち門前署に拘置された。指導者を失っても争議は収まらなかった。十日間にわたって続けられたが、最後は敗北に終わる。記者としての限界をこえた葉山は退職せざるをえなかった。愛知時計の労働争議は、この地方での本格的な争議の最初のものであり、葉山にとっても特別な体験であった。のちに代表作となった『海に生くる人々』（改造社、一九二六年）には作中の重要な挿話として描かれている。なお、この事件は名古屋地方裁判所で公判に付され、予審判決を受けた。懲役二カ月の判決で、葉山は名古屋刑務所に服役した。

さて、葉山が出獄後仲間に連れて行かれた家は中区西川端町（現上前津二丁目）の沼地を塵埃で埋め立てた年中じめじめした地に建てられた長屋であった。以前の住処を追い出されていたのである。葉山が新しく始めた仕事は、なんと古本屋であった。その名も「労働書店プロレタリ屋」という夜店で広小路栄角という一等地、しかし店頭に並べられたのは、いくらもない自分の蔵書に友人から寄附を受けたもの、それに運動に関するパンフレットなど、これはかつて荒畑寒村らがやった社会主義伝道行商を真似たようなもので夕方の五時から夜の十一時まで開いていても、一日の売り上げがわずか二三銭なんていう日が多かったと葉山は書いている。とても一家の生活を支えるものではなかった。じきに古本屋はやめ、今度は潮通信社に就職した。新聞社に特ダネを提供するものであったが、人手に渡ってしまい失職。その頃には男児二人の父親になっていた。

一九二二年十二月に父親が死亡し、その遺産がいくらか入った。しかし、葉山は相変わらず労働運動に奔走していた。一九二三年には、名古屋市内の麻裏加工職工を応援し、指導者の検挙の際には、東京へ逃亡。しかし名古屋レフト・プロレタリア会が組織されると名古屋に帰った。そして西川端町から中区御器所町北丸屋に転居した。新居は広く同志たちの会合にも便利だった。

一九二三年六月、愛知県警察部は名古屋市内の労働要視察人を一斉検挙した。葉山も門前署に捕らわれた。いわゆる名古屋共産党事件である。これはほとんどでっちあげであったが、全員有罪。葉山は未決で名古屋刑務所に入れられている。幸いにもここで所長から「筆墨紙許可」を受けたので、「獄中記」の執筆を始めた。これは単なる記録でも日記でもなく、のちに書くことになる作品のメモといったもの。つまりここからが葉山の文学のスタートであった。

運動家から小説家へ

小説家葉山嘉樹が書いた最初の作品は「淫売婦」(「文藝戦線」一九二五年十二月に発表)であろう。次いで「難破」(のちに「海に生くる人々」となる長編)を書き始めたと思われる。しかし最初に活字になったのは刑務所で体験した関東大震災について書いた「牢獄の半日」(「文藝戦線」一九二四年十月)である。とにかく無名の葉山の小説は、「名古屋新聞」の小林橘川、評論家の青野季吉らを介して出版社に持ち込まれても掲載は無理であった。

ところで、葉山は一九二三年十月に保釈が許可され名古屋刑務所を出所、十一月には名古屋を食い詰め家族と共に木曽の須原へ行き、大同電力の帳付けとなった。更に翌年には岐阜県中津町(現中津川市)に移住した。ここで一つの事件が起きた。葉山が名古屋に出かけた間に、妻喜和子が同志酒井定吉と出奔したのである。葉山は急ぎ帰り静岡まで妻を連れ戻しに行った。また、母が異父兄宅で亡くなったりしたし、名古屋共産党事件の刑が禁錮七カ月に決定し、東京の巣鴨刑務所に服役した。このようにこの年は大変な一年であった。

入所した巣鴨刑務所では所長が名古屋から転勤しており、おかげで執筆が許され、小説を書き続けることができた。また作品が「文藝戦線」に掲載されるようになった。

一九二五年三月に巣鴨刑務所を出獄、だが妻の行方は不明、五月に長男が預けられていた知多郡富貴の異父兄松本宅で死亡、十月には次男も松本宅で死亡した。一方、十一月に発表された「淫売婦」は、虐げられた女性の姿が幻想的な美しさをもって描かれていると、評論家から激賞をうけた。

年がかわって一九二六年になると、「セメント樽の中の手紙」を発表、この作品はセメントの中に手紙を入れるという着想が高く評価され、探偵小説の傑作とされている。十月には長編「海に生くる人々」が改造社から刊行された。こうして一躍葉山は流行作家となり次々と作品を書いた。私生活でも六月に愛人西尾菊枝と駆け落ちして上京した。

十一月の「文藝戦線」に発表した「誰が殺したか」は冒頭に死亡した二人の子どもは殺されたのだとしその犯人は誰だと指弾する。ショッキングな書き出しはともかく、葉山の名古屋での生活が虚実相交じり、詳しく描かれている。作品としてはその続きの部分が一貫しておらず失敗作である。

葉山の小説は自らの体験をもとにしているものが多く、「海に生くる人々」「セメント樽の中の手紙」などでは体験が葉山の頭の中で熟成されていて成功している。しかしそれが熟成されないまま描かれた「誰が殺したか」は材料が半煮えの料理を食べさせられるようなものである。

さて、年号が昭和に変わると官憲の社会主義者への弾圧が一層厳しくなる。執筆も制限され、文学も停滞する。そのなかで葉山も小説を書くだけでは食っていけず都落ちし、仕事を天竜河畔の三信鉄道工事場、赤穂村と移ったり、中津へ戻って農業をしたりと、その間も執筆はかかさず、『今日様』（一九三三）『山谿に生くる人々』（一九三四）『濁流』（一九三六）などを書いて、プロレタリア文学末期を飾ったともいえる。

しかし工夫や百姓と一緒に働いてもそれに成りきれず、ついに最後は満州開拓民に行き先を求めざるをえなかった。一九四四年（昭和十九）長野県山口村（現岐阜県中津川市）開拓団の一員となり、長女百枝を伴って、北安省徳都県双竜泉の開拓村に入った。しかし戦争が終わり帰国の途中ハルピンと長春間の列車の中で脳梗塞のため亡くなった。頭の中には満州での生活をいかに書くかを構想していたに違いない。（斎藤 亮）

「異色の表現者1」

岡戸武平（一八九七—一九八六）

小説から実録ものまで、なんでもござれ

疎開作家という言葉が、あるのか、ないのかその辺は曖昧であるが、太平洋戦争末期、東京在住の作家が身の安全を守るためと、東京に集中していた出版社が、米軍機の空襲で焼け店を閉じてしまったので、東京にいる必要がなくなり、地方へ疎開した。

さしずめ岡戸《おかど》武平《ぶへい》などはその一人で、一九四四年（昭和十九）四月名古屋市郊外に移住してきた。やがて戦争が終わり、軍事国家は文化国家に変わり、地方でも文化を看板にしないと、やってゆけないようになり、新聞社やにわか出版社が頼りにしたのが、こうした疎開作家である。

岡戸武平自画像（1969年）

岡戸は出身が知多郡横須賀町（現 東海市）。昭和二十年代、名古屋の新聞や雑誌に岡戸は引っ張りだこ、一躍流行作家となった。

一八九七年（明治三十）、織機製造販売業の家に生まれ、小学校高等科を卒業し資格をとって教員となった。この頃岡戸は純文学を目指し友人と同人雑誌を始めた。ここに発表した短編小説「土蔵」を「文章世界」に投稿したところ、佳作となり、「名古屋新聞」に掲載された。一九二〇年（大正九）のことである。

その後新聞記者となり大阪で勤めていたが、結核にかかり帰郷し、八事療養所に入院、療養のかいあって一九二五年には退院することができた。ここに幸運が舞い込んだ。

医学者で探偵小説家小酒井《こさかい》不木《ふぼく》の助手になることができた。ところが岡戸の仕事は、不木が出版社から頼まれた「闘病術」の執筆であった。岡戸は自身経験した結核の療養法を書いたところ、読者の評判もよくてベストセラーとなった。ただ、共著ということで了解していた出版社が不木単独の著作とすることを強く主張し、結局共著とはならなかった。不木は一九二九年、

急病で亡くなった。

次の幸運は一本の電報であった。

江戸川乱歩から「小酒井不木全集」の編集をやってくれということ。これが終わると博文館の「文藝倶楽部」の編集者となった。

もともと岡戸も小説家を志していたので、試しに書いてみた「五体の積木」が乱歩に認められ探偵小説家としてデビューすることができた。そのうえ乱歩は新潮社から出す書き下ろし長編小説「蠢く触手」の代作を依頼してきたのである。もちろん入念に話し合って完成した小説は一九三二年、乱歩の名前で世に出た。乱歩はこの作品を全集には決して入れなかった。

ここらで岡戸は代作では飽き足りなくなったに違いない。創作時代小説を書いて発表する。「延元神楽歌」「紅筆斬奸状」「恩讐蜻蛉斬」（一九四二年）にまとめられている。いずれも短編である。「小泉八雲」（一九四三年）は松江時代の八雲を描いた長編伝記小説で、岡戸の代表作といってよい。

名古屋に帰り戦争も終わると、華々しく探偵小説が復活。岡戸もその波に乗り「殺人芸術」（一九四八年）などを発表。しかし、その後は企業の沿革を読み物風に書いた「伊藤家伝」「伊勢町物語」といったものをまとめ、独自の世界を切り開いている。一九八六年没。

ともかく純文学に始まり、探偵小説、時代小説、実録ものとなんでもござれと器用に書いた異色の作家であった。（斎藤 亮）

小酒井不木 （一八九〇—一九二九）

乱歩を世に出した「名伯楽」の多芸多才な顔

探偵小説作家として名を残している小酒井不木《こさかいふぼく》（本名・小酒井光次《こさかいみつじ》）は、一八九〇（明治二十三）年十月八日に愛知県海部郡蟹江村（現 蟹江町）に生まれた。

小酒井不木

学業成績優秀で、愛知県立第一中学校（現 旭丘高等学校）、第三高等学校を経て、東京帝国大学医学部を首席卒業、大学院に進み生理学・血清学を専攻……と、優秀な医学者への道を着々と歩むかに見えた。

早くも高校時代に小遣い稼ぎに新聞連載小説「あらし波」（『京都日出新聞』一九一一年三月〜五月）を書くほどの文才と教養の持ち主だったが、大学院在学中に大著『生命神秘論』（洛陽社、一九一五年）を上梓する。生物学を出発点に全世界を領略しようとするこの著作の結論部にある《かくて科学によりて観察し得たる自然界は常に美と愛とに充され、とこしへに神秘の光に耀いて居る、実に科学は生命と共に永遠の提携を契り、打連れて進み行かんと断金の誓を立てゝ居る。》（『小酒井不木全集 第六巻』改造社、一九二九年、一九四、一九五頁）という言葉など必ずしも独創的とは言えないが、和漢洋にわたる博引旁証による一種壮麗な美文と言うべき本書からは、新進の医学者としての専門領域だけに収まりそうもない大変な意気込みが窺われる。

すでに一九一一年一月二十七日発の古畑種基あて書簡の中に次のような意気軒昂たる言葉があった。

××××の死刑、君のいふ如く痛快だつたけれども、彼等も幸福である。死の早かつた丈け幸福である。もし生きのびて居たら法網を逃れむに就いて幾多の苦心が必要であつたであらう。一面からいつて日本にとつても幸ひだつた。お互に胸を落著けて安閑と眠り得るやうになつた。

弱きは死すべし、邪者は除くべし、我等の五体が蔵するある物は外気の冷ゆると共に益々熱を蓄積して行くのである。お互に奮闘して強者正者はた優者の地位に立たうではないか。（『小酒井不木全集 第十二巻』一九三〇年、三三八頁）

伏せ字の部分は「幸徳秋水ら」あるいは「幸徳伝次郎」あたりであろうか、幸徳事件（「大逆」事件）の死刑執行が、同年同月二十四日（管野スガのみ翌二十五日）であり、この事件のことを指していることは間違いない。社会主義思想への無理解はさておくとしても、また親しい若者同士の励まし合いとして強がり・背伸びもあるにしても、いかにも優等生的な社会進化論的言辞には思わずため息が出てしまう。

ここにある《強者》という言葉を身体壮健という意味で理解するならば、二十四歳にして結婚、大著刊行……と順風満帆に《強者》へと進み行くかと見えた不木は、まもなく《強者》でなくなる。一九一五年十二月、結核に罹患。

湘南・片瀬や東京・大森で転地療養後、研究室に戻り、一九一七年十二月、東北帝国大学医学部助教授を拝命後ただちにアメリカ・イギリス・フランスに留学、結核再発、死を覚悟しての療養を挟みつつ三年近く在外生活を送り、医学・医学史を学ぶ。病床生活の中で欧米の探偵小説に親しんだことが、のちのち江戸川乱歩や夢野久作などを世に出す「名伯楽」となる素地を作る。

さて、このあとのことは比較的よく知られているので、駆け足で進めよう。宿痾の結核が枷《かせ》となって研究者としての大成は望めなくなり、探偵作家を「本職」とするようになるが、それでも名古屋市内（御器所《ごきそ》）に建てた自宅の一室を実験室として医学的研究を続けた。

晩年の興味深い方向性として、まず、自らの現在進行形の結核体験を踏まえて書かれ、ベストセラー＝ロングセラーとなった『闘病術』（一九二六年）が挙げられる。もともと小さな雑誌に長期間連載したものを、助手・岡戸武平がまとめ、大手の春陽堂から刊行したので、タイトルには「闘病」とあるものの、むしろ治りにくい病とどう「共生」するかについて心身両面にわたる助言の書となっており、当時の西洋医学を相対化する視野が窺われる。『慢性病治療術』（一九二七年）も同様の観点からの著書だが、版元が「千里眼事件」で知られる福来友吉の著書複数冊をはじめスピリチュアリズム系の書籍を刊行している日本心霊学会（京都）だというのが興味深い。

もう一つは、探偵趣味の会（江戸川乱歩、甲賀三郎、横溝正史ら参加）や二十一日会（長谷川伸、国枝史郎、江戸川乱歩、正木不如丘、白井喬二、直木三十三ら参加）などでコーディネーター的能力も発揮しつつ関わった大衆文学振興の方向性。さらに、名古屋の労働者学校とも関わっていたようだ。病気というハンディキャップを抱えつつも、文学の大衆化、プロレタリア運動といった時代の流れを受け止め、その中で生きようとした不木の姿が窺われる。

一九二九年三月二七日、急性肺炎のため名古屋市の自宅で急逝。享年三十八歳。

一九二〇年、イギリスで入院時に知人のイギリス人女性から『ジョン・ミルトン全詩集』（ミルフォード、一九一三年）を贈られたが、その献辞には「失楽園」第十一巻からの《人生を愛しても憎んでもいけない。ただ生きている間は良く生きよ。》が引かれている（愛知医科大学図書館・小酒井不木文庫所蔵）。

長生きできなかったことは本当に惜しまれるが、自己の条件を引き受けつつ広い視野とバランス感覚を保ち続けた不木は、立派に「良く生きた」というほかない。

古畑種基（一八九一―一九七五）

さて、先に見た書簡の宛先・古畑種基《ふるはたたねもと》（一八九一年三重県南牟婁郡相野谷村〔現 紀宝町〕生まれ）についても少しだけ見ておこう。

三高・東大医学部時代を通じて頼りになる兄貴分として不木を慕っていた古畑は、不木の助言もあり法医学の方面に進み、その道の大家としてのちには警察庁科学警察研究所所長を務めるに至る。

鑑定のためのＡＢＯ式血液型の研究で業績を上げるが、ただ、昨今の非科学的な「血液型占い」に道を開いたとの批判もあり、また彼が行った鑑定には問題も多かったようだ。中尊寺の藤原清衡らのミイラの血液型鑑定の「創作」はご愛敬だとしても、有罪鑑定が覆された「捏造」と思われる冤罪事件が複数ある。

古畑種基

海外留学中の不木の日記を読むと、不木が古畑の論文を手伝っていたこともわかる。不木がもっと長生きし、血液学の研究を継続していたら、古畑はどうなっていただろうか。不木没後から四十六年経った一九七五年に没。享年八十三歳。（山口俊雄）

国枝史郎（一八八七―一九四三）

温室好きが叶えた花と海の理想郷

国枝史郎《くにえだしろう》といえば、伝奇小説の三大傑作『蔦葛木曽桟』、『神州纐纈城』、『八ヶ岳の魔神』をものした大衆作家として、今日までも熱狂的な読者を持つ人物である。彼の生地は長野県諏訪であり、また上に掲げた代表作がそれぞれ信州の山岳を舞台にしていることから、この作家が東海文化圏と縁があった事実は看過されやすいかもしれない。しかし、彼のもっとも脂の乗りきった執筆時期は主に中津川、名古屋、新舞子に居住していた時期なのである。

詳述すれば、代表作の嚆矢『蔦葛木曽桟』は一九二二年（大正十一）に岐阜中津川の本町三原屋旅館に下宿している時期に書き始められたものだ。また、一九二三年の十一月、新婚の妻を伴い名古屋市西区菊井町に移転。この移転の事情はエッセイ「恋愛懺悔録」に述べられている。それによると、妻となる市川末子と出会ったのが木曽福島時代、しかしその折りには末子には夫があった。国枝は失恋したものと思いこみ中津川に去る。そこへ、夫が病死した末子が追ってきて二人は同棲する。末子の実家は中津川近郊だったのである。関東大震災が起こって東京の出版社が壊滅したとの噂に将来を悲観した国枝は、妻の親戚を頼って名古屋へやってくる。

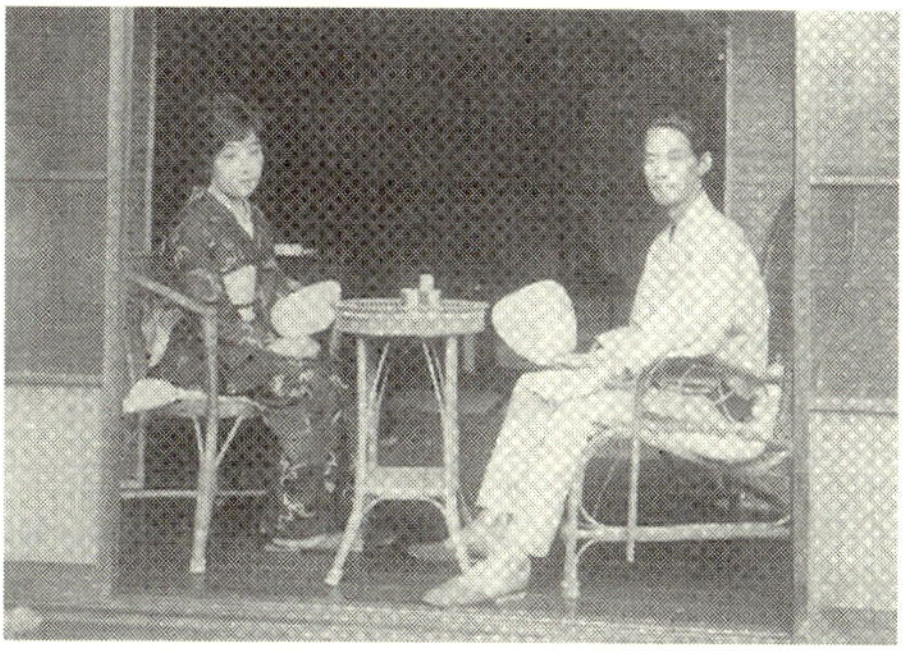

国枝四郎と夫人（新舞子の新居で）

そして、この時期から幾多の雑誌連載物を活発にこなし、時代小説のみならず探偵小説も手がけるようになっていくわけだ。一九二四年に名古屋市西区浄心町に移り、その翌年には同市内同区児玉町に引っ越すなど、狭い地域を転々としながら、国枝は『神州纐纈城』、『剣侠受難』、『神秘昆虫館』といった力作を、陸続と生み出していった。

　国枝が名古屋でこの脂の乗りきった安定した執筆欲を維持することができたのは、ちょうどこの時期、関東大震災を乗り越えマスメディアの勢力が勃興し、大衆文学というジャンルが円本ブームを背景に前面に踊り出した時代と合致したからであろう。加えて名古屋は東京文化圏とのパイプを持っている一方で、関西文化圏とも近い。当時国枝の作品を多く掲載した雑誌「苦楽」や「サンデー毎日」を刊行していたのは大阪の出版社であったから、名古屋在の環境は東京在よりもむしろ地の利が良かったのかもしれない。こうした利点が作用して、円本の印税を元手に国枝はついに新築の家を新舞子に建てることができた。

　長野県諏訪郡宮川村茅野に産まる。これが本籍。現住所は愛知県知多郡新舞子碧翠園。大衆文学全集の印税で建てた迚も気持のよい文化住宅に住んでいる。松林、丘、海！　いゝ処だ。

（「著者小伝」／『現代大衆文学全集続十三巻』一九三一年〔昭和六〕八月）

　新舞子とは愛知県知多市の海岸沿いにひらけた一帯で、海水浴場として古くから栄えた大野の隣地である。瀬戸内海の景勝地である兵庫県神戸市の舞子に、その松原の様子が似ていることから新舞子と名づけられた。名古屋から近距離にあるこの爽やかな海辺の町は、一九二五年以降、鉄道の整備と共に文化村が創設され、都会とほどよい距離を置きたい文化人たちが移り住む区域として開発された。国枝史郎が新居の文化住宅をこの地に建てたのも、実は当時の新舞子開発計画の一端である。名古屋の著名人で国枝の知友である小酒井不木のサマーハウスも近所にあったようだし、妻の末子の回想によれば「名古屋に近い新舞子に住いがありました頃は、庭に四坪半程の広さの温室をつくりまして、応接間のように籐の椅子に丸テーブルを入れ、洋花の中でお客様をおもてなしした」そうであるから、その洒落た文化的生活の様相がうかがい知れる。ちなみに国枝の温室好きは夙に指摘されているところで、その点からしても新舞子はそうした彼の年来の夢をかなえた理想郷のていをなしていたとも言えよう。

しかし、その一方で、あまりに充実した現実生活が災いしたのか、新舞子時代以降、国枝の作品のクオリティは下降気味になっていく。その間の心境の思わずの吐露といった形で、国枝自身が次のように作中で述べているのが興味深い。

「物価が安くて、人情が厚くて、刺激の少い名古屋の土地は、俺のような病人にはよい住場所だ。俺は名古屋へ永住しよう。籍をこの土地へ移してもよい。小さい家でも建てたいものだ」

などと私は考えて、それを妻へも話したりした。

そうして私は東京という都会に、何等のあこがれをも持たないようになった。

(『手紙』/「サンデー毎日」一九二八年三月十五日)

この国枝の感慨は、ある意味、今日的な問題性をもって怖ろしいのではないか。けだし、現在に至るまで名古屋という都市は「大いなる田舎」と称されながら、東西の巨大文化圏の狭間で悠々と満ち足りたユートピアを築いているのだから。名古屋圏の太平な現実ユートピアの檻から我が身を引き離し、愛する温室の花々とも決別を告げて、今一度過酷なフィクションの世界へ飛翔しようと試みたかのように、国枝史郎は一九三三年に東京の大森へ転居する。しかし、時は既に遅すぎたか、彼の伝奇小説はかつてのブームを取り戻せないまま、時代は戦争へと突入していったのであった。(小松史生子)

岩田準一

志摩の美青年にして古今東西の男色研究家

（一九〇〇―一九四五）

国枝史郎が新舞子のシーサイド文化住宅でこの世のユートピアを現前にしていたとすれば、或る早熟の天才少年が同じく伊勢湾の海の煌めきを枕に幻想夢を紡ぎ出していた。竹久夢二のゴーストペインターにして江戸川乱歩作品の挿絵画家、そして渋沢敬三主宰のアチック・ミュージアム会員として民俗学研究の業績を残し、南方熊楠の文通相手であった岩田準一《じゅんいち》は、一九〇〇年（明治三十三）に三重県志摩郡鳥羽町大里に生まれた。彼を育んだものは、まさに敷浪よせる伊勢志摩の海の景であり、江戸川乱歩『パノラマ島奇談』に寄せた彼の挿絵は水の世界の奇態を豊かな幻想力で描き出した。この挿絵画家が、出発点は竹久夢二式の繊弱で可憐な人物像をものしていたとは、にわかには信じがたいかもしれない。

岩田準一

絵画の腕に才能をまず見出した岩田準一は、当時大人気だった竹久夢二に傾倒し、彼の画風を真似、やがて夢二本人と親交を結んだ。一九一五年（大正四）には、夢二は愛人笠井彦乃を伴って鳥羽の岩田の実家を訪問までするようになる。この時、岩田準一はわずか十五歳であった。

夢二に心酔し、彼のゴーストペインターのようになって鳥羽で個展などを開いていた一九一七年、鈴木商店鳥羽造船所電機部に勤めていた平井太郎という青年と知り合う。この平井太郎こそ後の江戸川乱歩であって、岩田準一は十七歳、乱歩は二十三歳だった。この出会いが契機となって、江戸川乱歩の『パノラマ島奇談』は誕生したと言ってもよい。伊勢湾鳥羽郡の洋上に浮かぶ無人島を舞台に、岩田準一の挿絵を伴って一九二六年～一九二七年（昭和二）に探偵小説雑誌「新青年」に連載されたこの幻想怪奇の物語は、連載当初こそ読者の反応が鈍かったものの、後に詩人萩原朔太郎の賞賛を受け、今日では乱歩の代表作の一つに数えられている。同時に、それまで竹久夢二の影響下にどっぷり浸かっていた岩田にとっても、これは一大転機となり、彼の画風は大正ロマンから昭和エログロナンセンスの傾向へと切り替わった。以降、乱歩が鳥羽を去り有名になってからも二人の親交は変わらず、東京の本郷に下宿していた乱歩のもとへ岩田がひょっこり訪ねてくるなどして友情を育んだ。やがて二人は共通の趣味である古今東西男色研究の分野を協力して開拓していくことになる。一方で岩田は二十三歳の頃、雑誌「明星」に作品が載ったのを機に、与謝野鉄幹・晶子とも知り合い、彼等を頼って上京し一九二五年に東京文化学院美術科に入学する。竹久夢二の少年山荘に居候したりしつつ、折りから江戸川乱歩や小酒井不木を中心に結成された探偵小説合作連盟耽綺社の書記となって、『飛機睥睨』(「新青年」一九二八年)、『白頭の巨人』(「サンデー毎日」同年)などを執筆したりもして活躍するが、一九二九年に飄然と鳥羽へ帰った。以後は、ほとんど鳥羽を離れず、同性愛研究と志摩の民俗とを精力的に研究し、一九三一年からは和歌山の南方熊楠と男色討論の文通を頻繁に交わすようになる。

江戸川乱歩『パノラマ島奇談』挿絵
(岩田準一 画)

　こうした多彩多芸の持ち主であった岩田準一は、ほぼその生涯、志摩の海の傍で己の好む学究生活を貫いた。こぞって東京を目指す知識階級の若者の傾向に迎合せず、地方在でいながら確かな業績を著した岩田であるが、それを可能にしたのは、おそらくは彼の人徳に備わっていたと思しき、距離があっても人脈を構築し得る人間的魅力であろう。現に、一九二六年から一九二七年にかけて、自作『一寸法師』(「朝日新聞」一九二六年十二月〜一九二七年二月)に嫌悪感を我からもよおし、仲間の誰にも告げずに傷心の放浪に出た乱歩に、岩田準一は寄り添い、一緒に名古屋や京都の古本屋漁りなどをして乱歩の傷心を労ったりもしている。乱歩はこの放浪の後、傑作長編『孤島の鬼』(「朝日」一九二九年一月号〜五年二月号)をものするが、男色関係にある美貌の主人公のモデルは岩田準一だとされている。モデル説の当否はともかく、それだけ岩田準一の人を惹きつける容貌や人柄の魅力は大きかったのだろう。

岩田準一が一九三九年にアチック・ミュージアムから刊行した『志摩の蜑女』の復刻版『志摩の海女』（一九七一年四月）には、「私の採集話」（初出「民間伝承」一九四一年）が附載されている。

　鳥羽は志摩各村を領した殿様の在った昔の城下町であったから、老人には鳥羽の者だと真先に土地を明かすコツが此頃には飲込めていた。心易くなってからの老婆の話であったが、私の服装が警戒心を起こさせたのだと打明けられた。言葉が志摩言葉だったので、漸く心許す気になったのだとも言っていた。それ以来私は洋服を脱ぎ捨てゝしまった。

　洋服を脱ぎ捨ててしまったという岩田の感慨は、「東京という都会に、何等のあこがれをも持たないようになった」と吐露する国枝史郎の呟きを彷彿とさせはしまいか。その故であろうか、一九四五年一月二十一日、渋沢敬三の要請に従って鳥羽を出立し上京した岩田準一が、同月二十四日に渋沢邸で吐血し、そのまま志摩の海に戻ることなく死去したいきさつには哀切なものが感じられる。（小松史生子）

雅川　滉（成瀬正勝）

（一九〇六—一九七三）

殿様はロマンティスト

卒業論文の準備で文献を漁っていて、その論文に出会った。改めて思い返すと、もう三十年以上も経つ。「舞姫論異説——鷗外は実在のエリスとの結婚を希望してゐたといふ推理を含む」（「国語と国文学」一九七二年四月）。小説家になる夢を捨て切れない文学青年だった私には、学術論文らしからぬロマンティックな副題が実に魅力的に映った。筆者は、誰あろう国宝犬山城城主成瀬家十一代・正勝。評論家雅川滉《つねかわひろし》は、その若き日の姿である。

　雅川滉こと成瀬正勝《なるせまさかつ》は、父正雄の長男として東京麹町に生まれ、京華中学から第一高等学校を経て、東京帝国大学文学部国文学科を一九二九年（昭和四）に卒業した。在学中から東大の同人誌として伝統のある「新思潮」（第九、一〇次）で活動する一方、舟橋

雅川滉（成瀬正勝）

聖一・阿部知二らの「文芸都市」（一九二八年二月〜二九年七月）や、龍胆寺雄・久野豊彦らの「近代生活」（一九二九年四月〜三二年七月）にも同人として参加、その立場は芸術至上主義で一貫している。

翌一九三〇年四月、文壇を席巻していたプロレタリア文学に対抗する、芸術派作家の大同団結・新興芸術派倶楽部が結成された。同じ月、雅川は「新潮」に「芸術派宣言」を発表、新進評論家としての地位を確立する。タイトルの通り「共産党宣言」に擬した高い調子のマニュフエストで、この派の主張として最も理論的に整備された内容を持つ論文であった。しかし、文学エコールとしての新興芸術派の寿命は短かく、その慌ただしい動きに雅川も翻弄されてゆく。

新興芸術派誕生の背景には、一九二七年五月の「文芸時代」廃刊に始まる芸術派の著しい退潮がある。しかし、中心に座るべき新感覚派の両巨頭・横光利一と川端康成が参加しておらず、この「大同団結」は真の求心力を欠いていた。それが籤を成したかのように、新興芸術派の人々は、アメリカナイズされた文明都市の風俗を新奇な手法で大胆に描き出して見せはしても、かつての新感覚派のような芸術的斬新さをエコールとして提示・深化させられずに終わる。ジャーナリズムの喧伝する「エロ・グロ・ナンセンス時代」に踊らされ、あるいは新心理主義の方向に転換し、派としては自然解消してしまうのだ。

そんな中で「近代生活」に発表された「芸術派は何処に行く？」には、すでに前年の「芸術派宣言」の高揚はない。新興芸術派の消滅とともに、雅川滉の評論活動も新たな展開を見せることなく、停滞し終息を迎える。あの長い戦争へと向かってゆく、そのほんの束の間、この国に存在した刹那的で享楽的な、ある意味で戦後的とも言える都会生活。徒花のようなその一瞬を描き止めて一時代を画したのが新興芸術派だったとすれば、そこに一筋の鮮やかな光芒を引いた彗星こそ、「芸術派宣言」であった。

さて、駆け足で評論家・雅川滉の活動を素描してきたが、成瀬正勝の文学活動が、この評論家時代で終わってしまうわけではない。里程標として著書を紹介すれば、評論一一・随筆三・創作三を収めた雅川滉の署名による『文学以前』（東学社、一九三四年）から、「紅葉」「露伴」「逍遙と鷗外」「鷗外の伝統」の四論文を収め、成瀬正勝の本名で刊行した『明治文学管見』（野田書房、一九三六年）へ。卒業論文として「明治自然主義文学の考察」を提出して以来の、文学研究者・文学史家としての活動が始まる。

とは言え、ずいぶん固い話が長くなった。柔軟な発想と手堅い考証、そして何より鑑賞者としての眼の確かさ。それらが研究者・史家としての正勝の持ち味なのだが、以下、論文の解説めいた叙述は慎む。代わりに回想やエッセイを通して正勝の人となりを追い、彼の「文学」の根底をなすものの一斑を明らかにしてゆこう。それには、彼の没後、十二代正俊が編集した遺稿集『殿様失格』（明治書院、一九七五年）が便利である（以下、特に出典を明記しない引用は同書に拠る）。

雅川滉としての活躍を見てきた目には意外に映るが、正勝は奥手の文学青年だったらしい。「第九次「新思潮」の頃」（第一六次「新思潮」創刊号、一九六一年）に、「中学時代では小説など読んでゐなかつたし、高等学校へはいつた当座は、外交官かなんかになるつもりだつた」と書いている。正勝が中学に入学した年の十一月、ドイツが降伏して第一次世界大戦が終結、卒業した年の九月に関東大震災。こう挙げてみると、知的な少年が漠然とこんな将来を思い描く、当時の雰囲気がイメージできよう。

中学時代を回想した「飛び乗り飛びおり」を見ても、文学少年の面影は浮かんでこない。描かれるのは当時の京華中学生の流行、学校に最も近い停留所と停留所の間で「市街電車」から「バラバラバラと友人たちが飛びおりてくる」「壮観」であり、市電を利用しない正勝自身は「院線電車」（現在のJR）でその流行をまね、「車掌につかまって、こっぴどく叱られた」という。のどかな時代の茶目なエピソードである。

そんな中学時代の正勝の芸術的な興味は、もっぱら歌舞伎に向けられていたようだ。中学の「低学年ごろ」母親に連れられて帝劇に赴いて以来（「若さの祭典「蘭平」など」）の歌舞伎愛好は、最晩年まで続く。文学書を読みふけった時間より、観劇の喜びに浸った時間の方が長いのだ。未完の絶筆「「菊吉じじい」の歌舞伎論序説」は、「芝居を好み、劇評に筆をとるのを好んだ」晩年の正勝が計画していた「「歌舞伎の味わい方」といった本」（正俊「あとがき」）の一部だが、のびのびと実に楽しげに筆を運んでいる。

「菊吉じじい」とは、大正から昭和戦前にかけて大活躍した名優、六代目尾上菊五郎と初代中村吉衛門の「演技を絶賛し、あるいは絶対視さえ」する（「「菊吉じじい」の歌舞伎論序説」）人々を指す言葉らしい。しかし、一九七一年に書かれた「玉三郎歌舞伎漫談」では、「弱冠二十歳」の坂東玉三郎に「容姿から発散する妖艶無比、蠱惑無類の魅力」を見て、「演技の拙さ」によって彼を貶価する批評を退けている。名乗りとは裏腹に、正勝の批評眼は頑ではない。

　同世代の小説家・中島敦（一九〇九―一九四二）は、歌舞伎を詠んだ一連の短歌を「昔の人の夢の歌」と題したが、同じ「夢」を期待しても、正勝は「自己圧殺の極限に、おのずから叫び出す演者独自の歌の聞かれるとき、はじめて古典主義の生命が躍動する」（「玉三郎歌舞伎漫談」）劇として歌舞伎を見ていた。夢を見るのがロマンティストなのではなく、夢を現前させる個人の能力に最大限の期待を寄せる者こそが真のロマンティストである。正勝の重要な素地は、中学時代から続く観劇体験によって形作られたと言えよう。

犬山城と木曽川（国定公園切手、1968）

　ここで、話は小文の冒頭に戻る。きちんと調べた訳ではないが、私が惹かれた論文は、近代文学研究者・文学史家成瀬正勝の仕事として終点に近い。その後の実証研究の積み重ねは、正勝が「実在のエリス」と書くしかなかったドイツ女性の実名がエリーゼ・ヴィーゲルトであると明らかにし、さらに彼女と森林太郎の「恋」の実像にまで迫ろうとしている。しかし、あの論文は読み継がれてゆくと思う。

　正勝はヨーロッパ紀行「犬山城主西へ行く」で、ライン川下りで味わった無念を述べている。絶対の自信を持っていた犬山城と木曽川、日本ラインの美観が「ライン川と乗るはずの船を見たとたん、横綱に立ち向かう幕下力士」に思えて「消し飛んでしま」ったと言うのだ。ライン川は木曽川の六倍もの長さを持つ国際河川である。こんなスケールの差は、おそらく正勝も先刻承知だったろう。しかし、わざわざそう書いて見せる、この茶目っ気。この余裕なしに、世界はおもしろく見えない。当然、文学作品も、また。

　そう考えれば、この論文が読み継がれる理由は明らかであろう。作者であれ作中人物であれ、その人が持っている可能性に飽くまで期待して寄り添い、柔軟な発想で臆することなく「推理」を重ねて、その可能性を拓いて見せる。それは単なる説の当否ではなく、自立した美しさによって輝く。そんな論文が書けたのは正勝のキャラクターの賜物、まさに殿様はロマンティストだったのである。（酒井敏）

II 異才・異能の人

江戸のジャーナリスト

高力猿猴庵

堅実な尾張藩士の裏の顔は同時代の風俗を描きつづけた記録絵本作家だった

（一七五六―一八三一）

名古屋城下のジャーナリスト

今から二百年ほど前の名古屋、世に言う化政文化花盛りの時代。当時としてはまだ新しい、ユニークな仕事に目覚めたひとりの武士が城下を闊歩していた。

高力種信《こうりきたねのぶ》、尾張徳川家譜代の家臣、高力家の七代目である。一七五六年（宝暦六）に名古屋で生まれ、一八三一年（天保二）に七十六歳で没した。通称を新三という。この種信が尾張藩に提出した履歴書（名古屋市蓬左文庫蔵『藩士名寄』所収）の記事は実に淡々としている。一七八五年（天明五）に父である与左衛門種篤の家禄三百石を引き継ぎ馬廻組に配され、一七九二年（寛政四）に大番組に転属、一八〇七年（文化四）に自ら出願して再び馬廻組に配属された後、隠居。昇進もなければ落ち度もない平坦な人生。ここから立ち現れるのは、堅実な高力家当主の姿ばかりである。が、もちろんこれは種信の表の顔に過ぎない。

役人としての栄達、というようなことには執着の一片も見せなかった種信が、若い頃から取り憑かれ、ライフワークとして取り組んだのは、世の中の出来事を写し取るという仕事であった。

確認できたところによると、一七七二年（明和九）、十七歳の時から、七十六歳で没するまでの間に、『猿猴庵《えんこうあん》日記』と総称されている「日記」四十二年間分（途中に空白期間有り）と「記録絵本」百余冊という厖大な著作を残している。

『猿猴庵日記』は、日記とはいうものの、自らの日常を連綿と綴った普通の日記とは大きく異なる。取材ノート、あるいは城下町新聞とでも言うべきもので、政治・経済面こそ手薄ながら、社会・文化面が恐ろしく充実している。並はずれた情報収集力の持ち主でなければとうていなしえなかった仕事で、江戸後期の庶民文化史料として高く評価されている。

猿猴庵の記録絵本の一部。当時の出来事が活写された、まるで写真入りルポルタージュ（名古屋市博物館蔵）

また「記録絵本」と書いたが、こちらは写真入りルポルタージュとでも言おうか（上図）。もちろん「写真」は見たままを写し取った絵という意味で、先の「日記」からこれぞという出来事を選び、絵入りの特集記事に仕上げたもの。その手法は実に個性的で、作品からは現在の報道を先取りしているかのような新しさが匂い立つ。さながら現代の写真雑誌、あるいはテレビの報道番組を見るがごとし、なのである。

「日記」が時代を見通す全体図だとすると、「記録絵本」の方は部分拡大図ということになるが、それでは、全体図のどこを切り取って拡大図に仕上げていたかというと、作品にしばしば登場する、「珍事」「前代未聞」「壮観」「流行」「見物群集」といった言葉が助けになる。これこそ、種信を執筆に駆り立てたキーワードだった。具体的には、盛大な祭り、話題を集めた寺社の開帳、珍奇な見せ物や芝居などが見応えのある「記録絵本」に結実している。わずかではあるが、洪水や地震などの天変地異を取り上げた作品も興味深いところ。また、城下の出来事ではないが、当時流行していた「名所図会《めいしょずえ》」にも手を染め、東海道名所案内の嚆矢、『東街《とうかい》便覧図略《べんらんずりゃく》』全七巻や、江戸の名所案内『富士之夢見江都物語《ふじのゆめみたえどものがたり》』なども著している。これらは、種信が生涯でただ一度だけ仰せつかった江戸藩邸への公用出張がもたらした成果で、種信にとっては仕事とは無関係の趣味の内であった。にもかかわらず、『東街便覧図略』などはあまりの出来のすばらしさに、感心した尾張藩の学者たちによって、殿様（好学で知られる九代藩主宗睦《むねちか》）の上覧に達し、座右の書として納まったほどである。

この、一風変わったオサムライのペンネームが猿猴庵《えんこうあん》。他に艶好《えんこう》・紀有菜《きのあるな》・馬甲散人《ばかぶとさんじん》・都鹿斎《とろくさい》等も使用しているが、最も好んで用いたのがこの号である。自らの絵など、見たままを写しただけの「猿真似」に過ぎないという自嘲なのか、あるいは中国の故事「猿猴捉月《えんこうそくげつ》」から、水に映った月を取ろうとして溺れた猿を気取ったものなのか。猿猴庵自身はその由来を語っていないが、その作品は、「猿真似」などという言葉では片づけられないほど、真に迫っている。

細部を窮める

たとえば「記録絵本」からのこの絵（左図）。

京都嵯峨の清涼寺《せいりょうじ》は、霊験あらたかな釈迦如来のお寺として江戸時代の人々に広く親しまれていた。各地に出向いて本尊との結縁《けちえん》をすすめる出開帳《でがいちょう》が、何度も催されていたからである。この絵は、その出開帳が一八一九年（文政二）に名古屋城下東門前町の西蓮寺《さいれんじ》でおこなわれた時の記録『嵯峨

開帳における展示解説風景／絵と文とを駆使して細部を極めた、猿猴庵こだわりの一枚（名古屋市博物館蔵『嵯峨霊仏開帳志』から）

霊仏開帳志』からの一場面。清涼寺第一の霊宝「牛の華曼《けまん》」を手にした僧侶が、その由来を滔々と説き明かしている。感心して聞き惚れるらしい人、のけぞって展示品をながめる人、膝の子どもにやさしく話しかける母などが丁寧に描き込まれ、見ていて飽きることがない。しかも、背後の「十六羅漢図《じゅうろくらかんず》」はその図様のみならず表具の模様まで見て取れるし、左側に展示された巻物「釈尊絵縁起《しゃくそんええんぎ》」の文字などは読み取ることができるほど正確である。ディテールをおろそかにせず、ありのままを写し取ること、これが猿猴庵作品に見られる特色のひとつで、「ありのまま」に寄せた猿猴庵のこだわりは、絵のみならず文章にも及ぶ。余白をびっしりと埋め尽くした細字はおよそ一千字、しかも総ルビ付。これは僧侶のせりふを口調もそのまま記録したもの。現代風に要約してみよう。

「今は昔、後堀河院の母君に、たいそう欲張りで意地悪な女院がおられました。ご臨終の後、娘の安嘉門院《あんかもんいん》の手厚い追善供養のおかげで地獄行きは免れましたものの、黄色い牛に生まれ変わり、苦役に服した末に亡くなりました。これを悲しんだ安嘉門院は、本尊のお告げに従い、その牛の額《ひたい》の革をもってこの華曼を造り、本尊に捧げて菩提《ぼだい》を弔ったのです。この詳しい縁起は三百円（十二文）、ありがたい本尊お身ぬぐいの布は六百円（二十四文）でご信心の方におわけします。さあ、ご観覧がお済みの方は、後がつかえます。お帰りくださいませえ」

有り難い僧侶の話に続き、物売りの声や場内整理の声まで記録したのは実に猿猴庵らしい。霧消していく音声の記録に、くそまじめに取り組んだのだ。これにより、商売にも余念のない出開帳の一面がリアルに活写された。

ありのままを伝えるためのひとつの方法として、猿猴庵は細部を極めた。あますところなく埋め尽くされたこの絵には、記者・猿猴庵のこだわりが結晶している。

記者の目

絵と文とを駆使して出来事を克明に記録する、という猿猴庵得意の手法は時代を写し取るのに有効だったと思われるが、これに加え、猿猴庵の目が常に民衆に注がれていたことを忘れてはならない。たとえば、猿猴庵が祭りの行列を描くとする。この時代、他の画家であれば祭りの行列のみを描くことが多いが、猿猴庵は傍らで興ずる見物人を忘れない。また、猿猴庵が評判となった見せ物を取材するとする。他の記録者はその見せ物の何たるかに大きな注意を払っているが、猿猴庵は、その前宣伝がどのようになされて城下の人々の関心を誘ったのか、木戸口の様子はどうであったのか、会場内の導線はどのようであるのか、観客の反応はどうであるか、はたまたこの見せ物人気に乗じて売り出されたグッズにまで注意を怠らない。つまり猿猴庵は、さまざまな出来事を、社会現象として留めようとしているのである。これはこの時代、誰も持ち得なかった視点であると思う。

猿猴庵は珍しい事、晴れがましい事が大好きであった。大衆の群れる場所、大衆の好むもの、そして享楽に時を忘れる大衆そのものが大好きだったのだろう。しかし時は移ろい、一過性の楽しみは花のように散ってしまう。過ぎ去っていくものを、せめて本の中に繋ぎ止めておきたいという強い望み、それが記録魔・猿猴庵をして、当時類例を見ない作品群を生み出させたのではないだろうか。

猿猴庵作品は、出版にこそ至らなかったが、読者からは好意的に迎えられた。その証左のひとつとして、作品の多くが、日本有数の貸本屋であった名古屋の大惣《だいそう》（一七六七年から一八九九年まで営業）に納まったことをあげておく。（山本祐子）

異能のメモ魔

小寺玉晁

尾張藩士たちがみた皇女和宮下向の舞台裏とは?

（一八〇〇―一八七八）

小寺玉晁とは?

小寺玉晁《こでらぎょくちょう》とは、いったい何者か。しかし彼を一言で表現するのは困難である。戯作者という人もあれば、あるいは考証家、好事家、雑学者、記録蒐集家という人もある。

小寺玉晁は、一八〇〇年（寛政十二）、名古屋に生まれた。尾張藩の陪臣の家柄である。幼名を広治という。また尾張藩士の大道寺直方から第八という名を授かり、その後、親の名である九右衛門を世襲した。諱を広路、字は好古という。別して連城亭玉晁と号し、他に東杉舎・珍文館・続学舎とも号した。絵画を森高雅《たかまさ》に、香道を蜂谷宗意に学んだという。

詳しい出自は不明だが、尾張藩大道寺家に仕えた町医者の小寺広政の子（庶子もしくは養子）で、玉晁も大道寺家・野崎家・高橋家に仕官した。数多の随筆や雑録を残し、それらは風俗文芸資料・維新史料として今日貴重なものとなっている。一八七八年（明治十一）九月二十六日、名古屋の城北東杉村（名古屋市北区）に没した。享年七十九歳。

小寺玉晁は、文学研究者から見れば、名古屋城下の芸能興行を詳細に記した『見世物雑誌』（三一書房、一九九一年）の作者として知られている。一方、歴史研究者にとっては、幕末維新期に

小寺玉晁『人物圖會』（名古屋市鶴舞中央図書館本）から

「風説留」と呼ばれる政治社会情報を集めた人物として著名である。彼の「風説留」は、日本史籍協会叢書として、一八六二年（文久二）『東西評林』、一八六三年（文久三）『東西紀聞』、一八六四年（元治元）『甲子雑録』、一八六五年（慶応元）『連城紀聞』、一八六六年（慶応二）『連城漫筆』、一八六七年（慶応三）『丁卯拾録』（各二冊、全一二冊、いずれも東京大学出版会、一九一六～二二年）が刊行されている。

現在、小寺玉晁の残した膨大な著作のうち、主なものは、国立国会図書館古典籍資料室に「連城叢書」八冊、「連城亭随筆」一〇四冊など三二件、早稲田大学図書館「玉晁叢書」三五二件がある。このうち早稲田大学所蔵分は、同大学図書館の古典籍総合データベースに公開されつつある。このほかにも愛知県内では、名古屋市鶴舞中央図書館に「連城叢書」の一部が所蔵され、蓬左文庫にも数本の所在を確認できる。

小寺玉晁「春廼錦」を読む

こうした玉晁の風説留のひとつに、蓬左文庫所蔵の「春廼錦《はるのにしき》」がある。「春廼錦」は、序文から「壬戌の春」＝一八六二年（文久二）春に成立した全四冊本である。その特徴ある筆跡と「小寺姓玉晁文庫」の蔵書印から判断して、彼の著述と見てまちがいない。内容は、公武合体政策のもと、一八六一年（文久元）十月に、一四代将軍徳川家茂に降嫁するため、中山道を下向した孝明天皇の妹・皇女和宮《かずのみや》の風説記録である。主に一八六一年（文久元）の記事からなる「春廼錦」は、一八六二年（文久二）『東西評林』の直前の史料であり、一連の玉晁による風説留の執筆動機や成立過程を考えたとき重要な位置を占める。

「春廼錦」の題名は、「古今和歌集」にある素性法師の「見渡せば柳桜をこきまぜて都ぞ春の錦なりける」から取ったもので、柳と桜を「柳営に左近の桜を植」ると見立てている。すなわち柳は柳営＝江戸幕府、つまり徳川家茂のたとえ、桜は御所の紫宸殿にある左近の桜＝皇女和宮のたとえで、二人の結婚に至る風説を書き留めたのである。全四冊の構成を見ると、第一冊には、一八六〇年（万延元）冬、皇女和宮と将軍家茂の結婚をめぐる書取にはじまって、中山道下向の休泊割と下向に関する心得書や道中の触書類が収められている。第二冊には、皇女和宮の行列に関する刷物と尾張藩による道中警備の人数や職務が記されている。第三冊と第四冊には、尾張藩の周辺で記された和宮下向に関わる各種の日記や記録が収集されている。なかには尾張藩大道寺家の家臣水野正信が著した「青窓紀聞」から借用した部分も見える。

皇女和宮下向では、武家方と公家方を合わせて二万五千人とも三万人ともいう大行列が、沿道の中山道の宿駅や村々に助郷人馬の負担を強いたことで有名である。その様子は島崎藤村『夜明け前』につとに描かれ、また皇女和宮自身についても、有吉佐和子『和宮様御留』によって知られている。ところがこれまでの和宮下向に関する研究や小説では、和宮下向にあたって行列の警備に当たった大名の姿がまったく見えないのである。実際には、京都から江戸に至るまでの中山道六十九次は、三五の大名が警備に動員された。なかでも尾張藩は、美濃国鵜沼宿から信濃国本山宿までの二十一次の警備を担当し、しかも中山道では山中の峠道や渓谷沿いに難所が続く木曾路が含まれていたのである。和宮下向は、尾張藩の尽力なしには不可能であったといっても過言ではない。「春廼錦」には、警備に動員された尾張藩士の眼から見た和宮下向の実態がつぶさに記されている。

和宮下向の日程は、一八六一年（文久元）十月二十日に京都を出発し、十一月十五日に江戸城内にある三卿清水邸に到着するまでの全二十五日間、そのうち尾張藩は十月二十七日～十一月四日までの七日間の通行を警備した。つまり下向の三分の一弱は、尾張藩が担当した計算になる。実際の警備は、通過する二日前から通過後の翌日までおこなわれており、十日間に及んでいる。

和宮下向当時の尾張藩主は、一五代茂徳《もちなが》（義比《よしちか》・茂栄《もちはる》）で、先代藩主の義恕《よしくみ》（慶勝）の隠居謹慎処分を受けての就任であった。通行を担当した主な家臣は、付家老竹腰正諟《まさあと》・年寄大道寺直寅・家老阿部石見・家老代番頭石川内蔵允といった面々である。

通行にあたっては、幕場が設けられた。幕場というのは、幕を張った臨時の休憩所のようなもので、道中の名所旧跡などが選ばれた。木曾路では、上松宿の寝覚ノ床に設けられ、木曾の仲乗りさんによる材木の筏流しが準備された。しかし通行当日は雨ということもあり、和宮の筏流し見学は実現しなかったようである。

和宮下向は、沿道の住民や遠方から助郷に動員された人々を苦しめたといわれるが、「春廼錦」には、それとは別の記事も見える。たとえば、尾張藩御用人が駐在した美濃国中津川宿では、芝居小屋に人足賃を支払うために五千両入りと八千両入りの長持が運び込まれた。美濃国大湫宿では、人足に出た達者な雲助が一日に五両もの大金を稼いだというし、美濃国岩村藩領中野村の餅屋は、一時（二時間）で銭五貫（五千文）分の餅と三両二分の飴を売り切った。また大湫宿から先では、ふだんなら一足一二文程度のわらぞうりが一〇〇文と八倍の値段で売られていた。もちろん中山道の道や橋の整備、宿駅の増改築のために幕府は莫大な経費を投入しており、降ってわいたような好景気が一時的に登場したことを「春乕錦」は伝えている。

それにもまして和宮に随行した岩倉具視ら、公家たちとそのお供のグズリがひどかった。絹のふとんを一〇〇人前用意しろだの、おかずが腐っているだのと無理な注文やいいがかりをつけては勘弁代をせびる。なかには三〇〇〇両もせびった荷物持ちがいたという。宿を出るときには重い銅製の宣徳火鉢を駕籠に忍ばせ、盗んでいく。木曾谷名物の熊の胆や熊皮でさえ、代金を支払わずに持ち去った。ふだんは旅人に熊皮を押し売りすることで迷惑をかけているものたちが逆に被害にあうほどだった。当の公家衆は、滅多にない接待に上機嫌、懐も温かくなり、しかもそのお礼は自分で書いた和歌の短冊なのだから、安上がりもいいところである。

しかしなんといってもおもしろいのは、和宮のお風呂と厠（トイレ）である。「春乕錦」第三冊には、信濃国藪原宿の旅館図が収められており、その構造が判明する。お風呂は板張りで、湯桶があり、そこに樋を使って湯水を送り、使い流しの湯も、樋で落とす仕組みだった。トイレは一間四方で高麗縁の畳が敷かれた。そして「御樋箱」（おまる）をいくつも作っておき、一回使用するごとに黒鍬の者（身分の低い武家奉公人）が交換した。使用済みの御樋箱は、釘でフタをして、本陣の裏にある熊野権現山に埋め、目印に木を植えたという。このときの御樋箱や植えた木が木曾ヒノキであったかどうか、残念ながら「春乕錦」には記されていない。

また警備を終えた尾張藩士は、遠く冠雪した御嶽山や乗鞍岳、木曾駒ヶ岳の眺望を楽しみ、あちこちの名所旧跡を見学し、おみやげに木曾のお六櫛や梅桜桃の花漬けを買い求め、そば屋では新そばに舌鼓み。あっちに引っかかり、こっちに寄っては、ゆっくりと帰り、帰宅後は来客と土産話に花を咲かせつつ、一杯傾けた者もいたという。

玉晁は、かくも貴重な和宮下向の舞台裏を、私たちに書き残してくれたのである。（山本英二）

幕末獄中体験記を執筆

世古恪太郎　（一八二四―一八七六）

苛酷な獄中生活を、卓越した人間力で切り抜けた富豪志士

江戸時代の監獄というのは、暴力と理不尽と不衛生に満ちた、それはそれは恐ろしい所だった。腕力と体力、そして度胸によほどの自信がないかぎり、下獄するやただちに絶望の淵に陥り、獄死への道をたどるのが常だった。そんな、まさに地獄のような場所で過ごした日々の見聞体験を、書き残してくれた人がいる。その稀有な筆記は『東行日記』と『地獄物語』、筆者の名前は世古恪太郎《せこかくたろう》という。

世古恪太郎

しかも世古は当時病中で腕力も体力もなかった。ひどい潔癖症で、極端に不潔を嫌う性癖さえあった。そんな人物が、すさまじい苦境にある自らを、あたかも客観視するかのように、淡々と筆記しているのであるから、卓越した人間力を備えた奇士だったことがわかるだろう。

筆蹟からもわかる闊達な人柄と教養

世古の名は延世《のぶつぐ》。幼名は雅次郎。通称は喜兵衛のち恪太郎。江戸時代後期、一八二四年（文政七）正月に生まれた。生家は代々伊勢松坂、西町一丁目（現 松阪市西町）、阪内川《さかうち》に架かる大橋の

北詰、旧参宮街道に面する東側で醸造業を営む豪商だった。屋号を黒部屋という。当時の松坂は紀伊和歌山藩領だ。十一歳の一八二四年（天保五）に父が亡くなり、家督を相続している。

和漢の学問を好み、国学を外宮《げくう》の権祢宜《ごんねぎ》で国学者の足代弘訓《あじろひろのり》に、漢学を津藩儒の斎藤拙堂に学んでいる。何れも当代一流の学者だ。今に残る世古の筆蹟を見ると、筆線がのびのびとしており、時代に突出して優れている。それは世古の闊達な人柄によるのだろうが、その学問修業がただならぬものだったことをも物語っている。

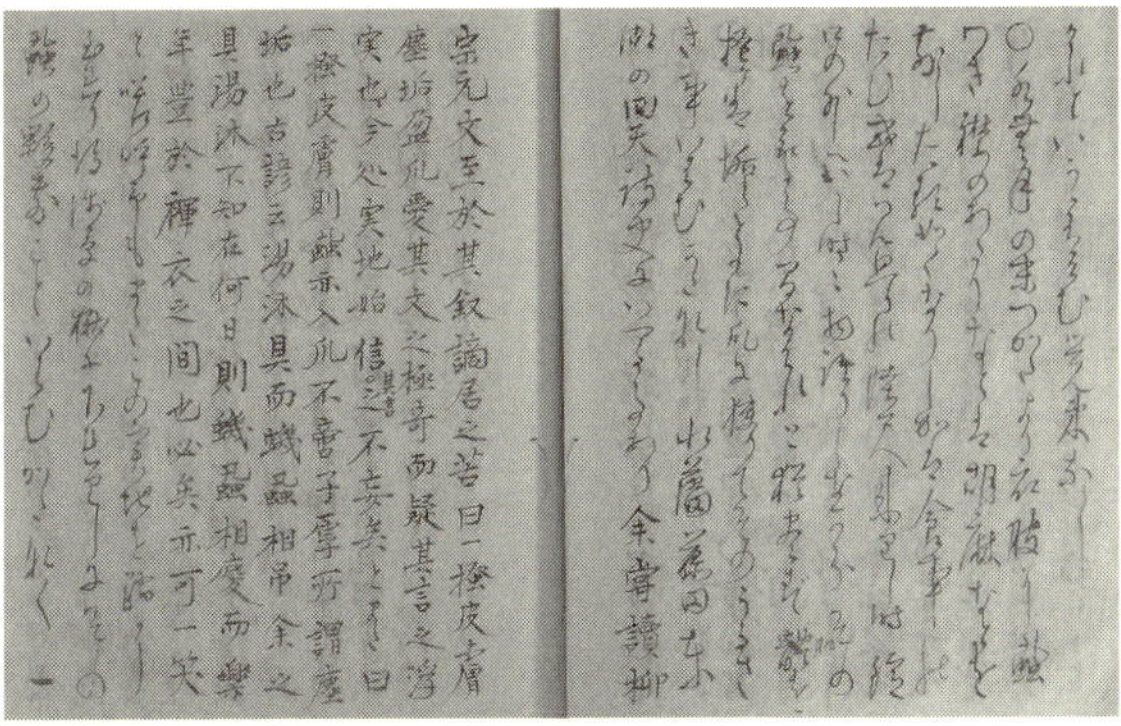
『地獄物語』書影

その一方で武芸にも励んでおり、剣術を和歌山藩田丸同心で柳剛流の剣豪、橘内蔵介（正以）に、馬術を綾野和市という師匠に就いて修めたという。おそらくは近づきつつある国難に際し、尊皇攘夷運動に身を投じようという覚悟の上の準備だったろう。

そして、二十二歳の一八四五年（弘化二）五月、師の足代弘訓に従い上京し、尊攘派公家の中心人物である三条実万《さねつむ》に初めて面会する。これ以後、しばしば上京し、公家や公家侍、諸国の志士たちと交わり、国事に奔走するようになる。他方、三十一歳の一八五四年（安政元）十二月には、和歌山藩に軍用金を献金しており、苗字帯刀を許され、二十人扶持大年寄《おおどしより》格という身分となる。ここで士分に列したことが、以下に述べる事件において、世古への待遇に微妙な影響を及ぼすことになる。

四年後の一八五八年（安政五）九月、安政の大獄が始まり、幕府は尊攘派の一掃に着手する。翌年五月、自宅で病臥中の世古へ松坂町奉行所より出頭命令が来て、そのまま江戸へ護送され、青山にあった和歌山藩中屋敷内の揚り屋（武士用の牢獄）に収監される。いちおう和歌山藩士の身分にあったためだ。そこで約五カ月間滞在し、時折、幕府評定所に出向き、吟味を受けることとなる。

世古は教養人であり、また破廉恥罪ではなく政治犯であったためでもあろう、牢番たちから一目を置かれたようで、すぐに仲良くなっている。そして彼らの語る話を書留めてくれている。たとえば…
○番人の伝蔵は紀州の産。もと船乗りだったころのある夜、海上で船幽霊が出て、「風の如く人声の如く、船近く又は遠くなり、物凄きこと限りなし」。これに逢うと、柄杓の底を抜いて海中に投げ入れる習いという。同人はその後、御殿の火の見番を勤めたが、火の見櫓の上で安政の大地震にあい、「船にて大波涛を乗るが如く、下らんとすれども立つことを得ず」。
○和歌山藩御付《おつけ》家老で新宮城主の水野土佐守忠央《ただなか》は才人で、嘗ては困窮だった家が今では諸侯に大金を貸すほど裕福となった。ところが、「心術」（人間性）の方は番人たちの目から見てもどうかと思うとのこと。昨年あたりから桜田赤門邸（安政の大獄の主謀者で大老の井伊直弼邸）に日参の様子で、いつ門前を通っても水野の道具が立っているという。
○番人久米蔵は一度に酒二升を飲む不敵者。ところが、雷鳴がすると真っ青になってひどく怯える。事情を聞くと、紀州に住んでいたころ、伯母が死に、その葬列へ雷が落ち、捨て置いた棺も死者も消え失せたのを目撃したとのこと。「是世にいふ火車にとられしなるべし」。尾張侯の先君が江戸で亡くなり、尊骸を国元へ運ぶ際に、木曽街道の碓氷《うすい》峠で同じことがあったとの噂も語る。その後、尾張侯の往来は木曽路をやめて東海道に変更したという。
○おかずに出た金山寺味噌があまりにまずいので、番人伝蔵に尋ねると、江戸の金山寺味噌は自分たちさえ一口も食えぬもので、火事場の焼け残りの漬物を拾ってきて、これを漬け直したものという。「これを聞て胸悪しく、吐逆もせまほしく覚えたり」。この話を知って、落語「黄金餅」の主人公、金山寺味噌屋の金兵衛さんの素性が初めて腑に落ちた。
武家奉公人の最下層に位置する彼らは、世の中を渡り歩いているために世情に通じており、その話はめっぽうおもしろい。が、世古という良き聞き手で書き手がいなかったならば、この種の話はついに伝わらなかっただろう。

思わぬ落とし穴で病囚用監獄へ

さて、ついに十月二十七日に評定所で判決の申渡しがあった。世古の直前に、白洲の方から別の囚人に対して「公儀も憚らず、不届きの至り、死罪申し付くる」との申渡しの大声が聞え、直ちに白洲が騒動して一人の囚人を外へ押出してきた。見ると、旧知の吉田寅次郎（松陰）である。世古は、その一部始終を間近で直接目撃している。

同心が「御覚悟はよろしうござりますか」と尋ねると、松陰は「もとより覚悟のことでござります、各方《おのおの》にも段々お世話に相成りました」と答えるやいなや、駕籠に押込まれ、飛ぶが如くに刑場へと向った。その様子は「短小の男子にて、背かがみ、容貌醜く、色黒く高鼻、痘痕あり、言語爽やかにして、その形状は至って穏やかに見えたり」という。

世古も覚悟を定めたが、さいわい処分は軽く済み、江戸払《ばらい》・和歌山藩領分払（江戸と和歌山藩領からの追放）だった。直ちに江戸払となって解放されるはずだったのに、ここに落とし穴が待ち受けていた。評定所の同心より歩行可能かどうか尋ねられたところ、世古の身元引受人だった和歌山藩士の辻五左衛門が、病で歩行出来がたい旨を不用意に答えてしまったからだ。そのため、「病気につき、御慈悲をもって養生中、溜め預け申し付くる」と、浅草にあった「溜め」、つまり病囚用の監獄へ送られ、ここで六日間を過ごす羽目に陥る。とんだ「御慈悲」だ。比較的のどかであった和歌山藩邸の揚り屋とは違い、溜めは想像を絶する悲惨な場所だった。

まず、カネを持って入る必要があった。世古の場合、金九両二歩二朱もの大金を、番人の教えに任せ紙に包んで口中に入れた。頬張ったままでは言語が弁じがたく、誠に困ったという。牢内に入ると、高く畳を積んだ上に年五十余の牢名主が座っており、殊の外丁寧な口調で「土産御座候や」と尋ねる。こういう時の「丁寧」は怖い。金を差出すと畳の上へ招かれ、座布団まで敷いて、葛湯を大椀に誂えてくれる。ところが、例によって「強いて二三口を飲むといへども、胸悪く、余りを差置きたる、勧めるには困れり」。

その夜は来し方行く末を思い眠れなかったが、「いかにすとも命《めい》は天なり、平常の学文《がくもん》心術もこなり」と思い直し、同じような禍に遭った古人のことを考え、いつしか眠りについた。ところが、夜半過ぎ頃、「あいた、あいた、殺すはよ」という声と、それを叱りつける声がし、その後音がやむ。夜明前頃にはガサガサと藁で物を払う音がする。朝になって厠に行くと、二三尺前に赤裸の死人が横たわっており、物を払う音は鼠が死体を傷つけないように追払っていた音だという。

さらに悪いことに、ここでは世古が富豪であることが同囚たちに知られていた。カネを外から取込むよう、世古の家来に宛てて手紙を書かされる。世古は一計を案じて、一日も早く脱出を図るよう、切迫した事情を、得意の連綿の草書を揮って認めると、囚人たちには読めない。牢内で一番のインテリという土佐の浪人にも読めない。世古自身が読み上げるようせがまれ、口から出放題に解釈して聞かせてやりながら、「自ら失笑すべき程をかしけれど、ここを大事とこらへ忍びて、世に老実の顔して漸々嘘を畢《おわ》れり」。このようにどこかのんびりしたところが、この人の持ち味だ。

こんな苦労を重ねながらも、時には牢名主と副牢名主（隠居という）から古今三鳥と諫鼓鶏《かんこどり》について質問を受け、滔々と解説を聞かせて、彼らを感じ入らせたりもしている。結局、教養に裏打ちされた人間力に助けられ、十一月三日に無事出獄、直ちに駕籠に乗って江戸を離れ伊勢へ向かう。「芝口に至り海上を望むに、漁り火所々に見えて、月夜ならざれど海上のうち晴れたる景色、気の晴れたること譬へがたし」。

晩年は文化財保護に尽力

解放後、三年ほどの蟄居の後、世古は赦免となり、再び国事に奔走する。維新後は京都府、さらに宮内省に出仕し、主に文化財保護行政に尽力する。一八七六年（明治九）九月二十二日、東京で病没。享年は五十三歳だった。

病のために官を辞任する前年、一八七二年の夏に、世古は大きな仕事をやってくれた。この年六月七日付、文部大丞町田久成との連名で、名古屋城など重要な城郭を保存するよう建議書を提出している。この建議が功を奏し、既に破却の方針で計画が進んでいた名古屋城や姫路城などが、保存されることとなった。眼前の世の趨勢にとらわれず、百年先を見据えることのできる達観した境地が、名城を救ったのである。（塩村 耕）

守口漬考案者にして政治家、実業家

山田才吉 (一八五二―一九三七)

儲けたカネは湯水のごとく…誰もが舌を巻く型破りな生き様

「石橋を叩いても渡らぬ」といわれた名古屋財界の中にあって、奇抜なアイディアと人並み外れた実行力で、儲けたカネを湯水のごとくに使い、手がけた建物は世間の人々をアッと驚かす巨大なものばかり。その名がいまも町名として残るという一代の名物男が山田才《さい》吉《きち》、通称山才である。

中区の東陽通しかり、港区の南陽町や竜宮町もしかりである。少々年配の方なら、東海市聚楽園の小山にそそり立つ、あの大仏を

山田才吉

つくった男、といえば、きっと「ああ、あの!」と膝を打つに違いない。

才吉の事績は巨大建造物に限らない。東邦ガスの前身である名古屋瓦斯や、熱田電気軌道という会社の設立に一肌脱いだり、市会、県会議員として上水道の敷設や中央市場の設立、築港の拡充にも手腕を振るった政治家でもあった。

一八五二年(嘉永五)に岐阜市・金華山のふもとの料理屋の長男に生まれた才吉は、若いころ名古屋へ出て熱田神戸《ごうど》で漬物屋を開いた。その後一八八一年(明治十四)に店の名を「喜多福」と替えて中区末広町(現 栄三丁目)に進出した。

このころ郷里で食べられていた細身大根の粕漬けを改良して、味醂粕《みりんかす》と味醂をふんだんに使った「守口大根味醂漬」を考案し、喜多福名物として売り出した。その後もこの新商品の改良をつづけ、一八九五年の第四回内国勧業博覧会で有功二等賞、一九〇三年の第五回博覧会でも二等賞の栄誉に耀き、大いに販路を広げた。

この成功で得た資金をテコにして、いよいよ才吉の活動が始まる。先見の明に優れ、すでに入手してあった港区東築地の土地五万坪に、まず愛知県で初の缶詰製造工場を建設した。保存の利く缶詰は軍隊に重用され、一八九四年に勃発した日清戦争で大ブレーク。陸軍省や第一・第三師団へ牛肉缶詰を納入するため東京、大阪にも支店や工場を増設し、才吉の名は、一躍名古屋の新進実業家として知られるようになった。

「五二会愛知本部」が結成されたのは、ちょうどこのころである。五二とは既存の五種（生糸、織物、陶磁器、漆器、製紙）に織物、雑貨の二種を加えた地場産業を指し、この振興のために旗を振る組織であった。岡谷惣介会長のもと幹事長、副会長になった才吉は、水を得た魚のように才腕を発揮する。

たとえば、本部が置かれた大須の県商品陳列館は、発足の当初から入場者が少なく、閑古鳥が鳴くありさま。これではいかんと業者に発破をかけて頻繁に品評会や展覧会を開いたり、日曜日ごとに「空クジなし」の福引を実施したりした。これが評判を呼んで、しだいに見物客がふえ、才吉は人集めの天才と後々まで語り継がれることになる。

一方、日清戦争をきっかけに新聞事業にも興味を持ち、一八九六年に奥村哲次郎・東海日日新聞社長らと語らって「中京新報」を発行した。（この新聞は、十年後の一九〇六年に朝日新聞名古屋支社

長だった小山松寿に売却され、「名古屋新聞」と改題、発刊される）
　才吉の事業欲はこれにとどまらず、ガスの将来性に目をつけて愛知瓦斯株式会社を興そうと、主要道路の使用権を確保した。だが、日清戦争後の不況と重なったため、やむなく使用権だけを手にして、計画は一時中断となった。

世間をアッといわす建築マニア

東陽館本館（明治34年ごろ、名古屋市立鶴舞図書館蔵）

「毎日、トントンという大工の槌音を聞いていないとメシがまずい」というほど建築好きだった才吉。その超大型建築物の第一号は、一八九七年三月に開業した東陽館である。これは、現在の松坂屋本店から東南の中区丸田町交差点に至る広大な敷地に建つ、いわば名古屋初の大レジャーランド。
　なにせ、敷地全体が築山を配した庭園となっており、中央の池ではボート遊びもでき、各所に五八室の小亭が点在していたほか、料理店、寿司店、茶屋、菓子屋、温泉、遊技場なども併設されていた。
　本館は、高さ二一メートル、間口一五メートル、奥行一一五メートルの御殿風桧皮葺《ひわだぶき》の豪壮な二階建て。一階に小部屋が二〇室あり、二階には三九六畳の大広間（間口一〇メートル、奥行五・四メートルの舞台付き）がしつらえてあったから、当時大規模な集会・宴会場のなかった市民から盛んに利用され、伊藤博文や尾崎幸雄もわざわざ訪れたほど。

しかし、この東陽館は六年後の一九〇三年八月、失火により一時間そこそこで焼失してしまう。この窮地を救ってくれたのは、翌年から一九〇五年までつづく日露戦争であった。軍用缶詰の特需によって、巨万の利益を手にした才吉は、こんどは多年の夢であった東築地一帯の開発へ向けて再スタートを切る。

まず一九〇八年に熱田電気軌道株式会社を設立。これは、東築地五号地の南岸につくる名古屋教育水族館と、それと並ぶ南陽館まで客を運ぶための布石であり、水族館の方は一足先に翌年四月に開業した。敷地の総坪数は九〇一五坪、洋風の八角形、三層建ての本館には一二〇〇種の魚、鳥類が展示された。また、パノラマ式に魚群が回遊するさまを観賞できる龍宮館は、市民の度肝を抜き、初日から満員御礼の日がつづいた。

一方、一九一〇年から着工された南陽館は当時の新聞に「五層楼東築地の一角に雲と聳ゆ」と称えられた高層建築。山田式のエレベーターを備え、眺望台から尾張平野と太平洋、伊勢の山々を一望にできる、このスーパー旅館も完成間際の一九一二年（大正元年）九月二十二日、折からの台風によって、水族館ともどもも倒壊してしまう。

日本一の高さを誇る大仏建立

相つぐ災難——。けれども才吉はひるむどころか、その後南陽館と水族館を縮小して再建する一方、一九二四年には、岐阜県可児郡土田村（現 可児市）の木曽川河畔に割烹旅館、北陽館の建設に着手するなど、そのど根性とバイタリティーには、だれしも舌を巻くであろう。

ど根性といえば、日露戦争に勝利して財界人の間に企業熱が高まったころ、才吉はそれまで中断していたガス会社の設立を思い立った。ところが名古屋財界の法王と称され、同じ事業を目論む奥田正香と道路の使用権をめぐって烈しく対立。既成財界への反発もあって、才吉は一歩も譲らなかった。

これを憂えた当時の知事、深野一三の調停によって、やっと和解に応じた才吉は、愛知瓦斯を名古屋瓦斯株式会社と改称し、その実質的な経営者として、一九〇六年十一月から

聚楽園の大仏

一九一三年十二月まで君臨するのである。
この奥田が会頭を務める名古屋商業会議所で、才吉は商業部長として商品の価格決定などに辣腕を振るったほか、一八九五年から市会議員を十八年間、一八九九年から県会議員を二十年八カ月間務め、庶民生活向上のため尽力をしたのは、先述した通りである。
さて、才吉が長く波乱に満ちた人生の総決算として、水難・火難に負けない大仏の建立を発願したのは、ごく自然な成り行きだったかもしれない。一九一六年、当初は大正天皇御大典記念の事業

として募金を始めたが、集まりが悪く、それならと八年後の一九二四年五月に名目を摂政殿下（昭和天皇）の御成婚記念事業と改め、私財十万余円（現在なら一億数千万円ほどか）を投じて着工した。

奈良の大仏よりも三・八一メートル高く、日本一といわれた、この人造石の大仏は、三年後の一九二七年五月に開眼供養がおこなわれた。眉間の白毫《びゃくごう》には大電灯がはめ込まれ、名古屋港を行き来する船舶のため、灯台の役目を果たしたというから、いかにも才吉らしい。

一九三七年一月三十一日、才吉は大仏を日夜眺めることのできる知多郡上野村（現 東海市名和町）割烹旅館「聚楽園」において、八十五年にわたる生涯を閉じた。

才吉と親交が深く、現在の名古屋市庁舎や中川運河の建設、汎太平洋平和博などを開いて近代都市名古屋の基礎を築いたと称えられる第十二代市長の大岩勇夫は、「山田翁ほど業腹な人物は珍しく、生まれつきの事業家であった。翁は常に名古屋市のためということを念頭に置き、常人では到底真似のできぬ大規模な仕事をどしどしやっていった」とその死を悼んでいる（「名古屋新聞」一九三七年二月二日）が、どこか両者に似通った面があるのが、まことに興味深い。（藤澤茂弘）

日本で初めて昆虫研究所をつくった男

名和 靖

（一八五七―一九二六）

天然記念物ギフチョウの発見者、害虫駆除・益虫保護に捧げた生涯

一八五七年（安政四）十月八日、本巣郡船木村（現 瑞穂市）の庄屋名《な》和《わ》正也の長男として誕生。一八七八年（明治十一）、岐阜県農事講習場（一八八〇年、岐阜県農学校と改称）に第一回生として入学。この頃から名和靖の昆虫研究は始まった。一八八二年卒業、同校助手となる。翌年七月一日に農学校が岐阜県華陽学校と合併すると助教授試補となり、中学部の動植物学を担当。一八八八年には岐阜県尋常師範学校で農業科を担当している。

名和靖

一八九六年師範学校を退職し、岐阜市京町の岐阜県農会事務所構内に名和昆虫研究所を開設した。一九〇四年に岐阜公園へ移転し、一九〇七年に耐火煉瓦造の特別昆虫標本室一棟（次ページの建物）を建設。一九一九年（大正八）には昆虫博物館を開館した。

また、一九〇五年に岐阜県農学校（一九〇〇年開校）の教師となり、一九〇七年には名和昆虫研究所附属農学校を開校する。一八九八年農商務大臣表彰、一九〇一年藍綬褒章受賞、そして一九二五年には勲五等・瑞宝章を受章した。翌年八月三十日、六十九歳で死去すると、正六位に叙せられた。

名和昆虫博物館の記念昆虫館

靖には、学者というイメージが強いが、これは一八八三年に現在の下呂市で、新種のチョウ（ギフチョウ）を発見したことや、第二次世界大戦後、研究所の活動が博物館を中心とするようになったこととと関係がある。

それに加えて、夜が更けて暗くなった金華山の中腹辺りに薄明るい光が出るようになり、天狗の仕業という噂が岐阜の町に広まった。この事態に警察は巡査を派遣し張り込ませていると、そこへ灯りとタモを持った名和靖が現れた、という話が示すような彼の行動が前述のイメージを増幅させたのである。

しかし、靖が目指したものは、害虫の駆除や予防、益虫の保護などに関する知識の普及と実践による農村社会の改良（農民の生活向上）という、極めて現実的なものであった。そして、講習会や展覧会の開催、害虫駆除の実施、雑誌の刊行、書籍の執筆などを精力的にこなしたのである。

名和靖と昆虫研究所の活動

今も「名和昆」と通称される財団法人名和昆虫研究所は、百十七年の歴史を持つ日本で最も古くからある昆虫研究所である。開所当初は標本陳列室と養虫室を設け、実業家や教育家などの来訪を促している。一般観覧者の受け入れは、一九〇一年八月十五日に標本陳列室を岐阜県物産館へ移転してからである。

また、一九〇一年に東海農区五県連合共進会が岐阜市で開催された際、四月からほぼ一カ月間、研究所が主催者となり岐阜県農会の建物全部と研究所の一部を会場として「第一回全国昆虫展覧会」を開催した。わが国最初の昆虫の展覧会である。観覧者は五万人を超え、当時の岐阜市の人口を考えると大展覧会であった。その後も「皇太子行啓記念昆虫展覧会」（一九一〇年）など数々の展覧会を開催し、昆虫に関する知識の普及に努めている。

靖は『害虫図解』をはじめとして多くの書籍を刊行しているが、一八九七年九月十五日に創刊した月刊誌「昆虫世界」は研究所を代表する刊行物である。昆虫研究の成果の発表と応用方法を紹介するもので、毎回の頒布数は不明であるが、一八九九年の時点で沖縄を除く四六道府県と台湾に読者がいた。一九四四年（昭和十九）二月の五五八号で終刊したが、第二次世界大戦の戦局が悪化するなか、この時期まで続いたのは、内容が農業生産の増大という国策に沿うものだったからである。

一八九八年四月、岐阜県は害虫駆除講習会を岐阜県農会の建物で開催した。講師は名和靖、助手を養子の名和梅吉が務めた。

講習会の人気は高く、県が一郡の定員を二人に制限したにもかかわらず、恵那郡では二七人の志願者があり、傍聴だけでもと願い出る者もいた。また卒業生には一三項目の義務が課せられ、そのなかには毎月一回以上「昆虫上ノ景況」を名和昆虫研究所へ通信するというものがあった。研究所は岐阜県におけるセンターとして位置づけられていたのである。

この講習会は、岐阜県民には次年度以降も参加の機会はあったが、他道府県民にはなかった。そこで靖は自らが主催者となり全国害虫駆除講習会を一八九九年九月に開催した。全国から応募が殺到し、第一回開催以前から、次回の開催予告をしなければならないほどであった。第一回から靖が亡くなるまでの二十七年間に、一七〇九人の卒業生を送り出し、その出身地は北海道を除く四六府県と台湾であった。靖に対する全国の農業関係者の熱い期待がうかがえる。

研究所の施設の整備

名和靖は研究所設立以前から、県や町村及び県農会などが主催する講習会の講師をしていた。この経験から個人の力の限界を知り、研究所という組織を立ち上げたのである。

そして拡大する活動に対応するため一九〇四年に研究所を岐阜公園へ移転し、続いて標本室や博物館を建設するなどハード面での充実を進めた。

一九〇六年、大阪朝日新聞記者の土屋元作は、シカゴやパリで開催された博覧会に昆虫標本を出品した靖のもとを訪れた。そして、ここでの取材に基づき六月十日から一一回に渡り「人と虫」というテーマで靖や研究所についての記事を連載した。この記事は「東京朝日新聞」にも転載され、靖と研究所の名は農業関係者以外にも広く知られるところとなった。

同じ年の九月下旬、大阪・東京の朝日新聞に標本室の計画図と建設寄付金募集の趣意が発表されると、年末までの三カ月間に呉錦堂（神戸市）と藤田伝三郎（大阪）の七〇〇〇円を筆頭に関西を中心に多くの寄付が集まり、目標の五〇〇〇円を調達することができた。

建物の設計者は京都高等工芸学校教授の武田五一である。五一と靖の交友は一九〇〇年に五一が研究所を訪れた時から始まるが、それ以前に、五一が靖を知っていた可能性を指摘する声もある。

落成式は一九〇七年六月十六日。

この同じ日に研究所附属農学校が開校した。教員は校長の靖を含め五人。長良川左岸の元鵜飼ホテルを仮校舎とした。募集定員は本科二〇〇人、別科一〇〇人であった。本科は修業年限二年で、別科は同一年であった。学校組織とすることで講習会方式の欠点を補い、本格的に農業と昆虫学の関わりを教えようとしたのである。しかし、応募者は少なく経費不足などにより一九一〇年に幕を閉じた。

また、この一九〇七年の四月二十一日、靖は通俗教育昆虫館を東京市浅草公園の水族館の隣に開設した。東京への進出である。この建物は靖の活動に共鳴した大場竹次郎と小笠原律の寄付によるもので、当初は木造であったが、のちに鉄筋コンクリート二階建てとなった。ところで、靖の昆虫館に対する思いは熱く、開館一年を経ても四月から八月にかけての数カ月間、施設に泊り込み種々の工夫を講じている。その甲斐もあって、開館後しばらくは多くの来館者を迎えることができた。しかし、時が過ぎるに従い人気は衰退し、一九一八年には人手に渡ることとなった。

一年前の一九一七年十二月四日、岐阜日日新聞（現 岐阜新聞）は博物館建設を読者に訴えた。岐阜県武儀郡関町（現 関市）出身で東京在住の実業家林武平がそれに応え一九一九年五月に建物は竣工。工費は三万円であった。一階には昆虫標本類を陳列し一般の観覧に供した。二階は講座室で全国害虫駆除講習会などがおこなわれた。当時の岐阜県で博物館と呼ぶことができたのは、名和昆虫博物館だけであった。

多くの人に支えられて

名和靖が研究所を独力で立ち上げたことは広く知られるところであるが、そのため研究所の経営には困難がついて回ることになった。

開所二年を経た一八九八年十一月の時点で、研究所の基本財産を作るための金員募集が開始されているが、一九一五年になっても基本金二五二七円四七銭と濃飛農工債券四〇〇円しかなかった。この間、一九〇六年に名和昆虫研究所維持会を組織し、一九一一年には財団法人化するなど経営維持のための努力を続けていた。

また、一九一五年十月には衆議院・貴族院の議員を発起者として十万円の基本金募集を開始したが、これも一九二六年一月の時点で、六五五〇円しか集まっていない。

このような研究所の経営状態に対して、大日本農会は一八九九年十一月の第七回全国農事大会で国庫補助の請願を決議した。また同年十二月、岐阜県議会も国庫補助の支出を建議している。そして、一九〇〇年二月の第一四回帝国議会において衆議院と貴族院で国庫補助の建議が可決された。このような動きが功を奏し、研究所に対し国・岐阜県・岐阜市から補助金が支出されるようになった。

しかし、靖の跡を継いだ二代目所長の名和梅吉も、一九四四年二月二十九日の「朝日新聞」にあるように「展覧無料の昆虫所の経営難と闘ひつづけ」ることになったのである。（黒田隆志）

日本の女優第一号

川上貞奴（一八七一―一九四六）

ロダンやピカソを魅了した女優は、先進的な事業家でもあった

日本最初の女優といわれる貞奴《さだやっこ》と東海地方との所縁は意外に深い。名古屋市東区の文化のみち二葉館（旧川上貞奴邸）と、岐阜県各務原市の成田山貞照寺《ていしょうじ》とは、その後半生と特に関わりがある。多くの場合、最初の一歩を踏み出した人には毀誉褒貶がつきものだ。演劇人としてだけではなく、一人の女性として、日本人として、あるいは事業家として発揮されたその異才の評価もまた浮沈があった。起伏に富んだ貞奴の生涯をみていこう。

川上貞奴

貞奴は本名を小山貞といい、東京市日本橋（現 東京都中央区）に生まれた。七歳で芸者置屋の養女となり、十二歳で「小奴」として座敷に出た。水泳も乗馬もこなす活動的で利発な貞は、十六歳で芸妓「奴」となるが、そのとき水揚げした相手は初代総理大臣伊藤博文であった。その後名妓として名を馳せたが、二十三歳で廃業。川上音二郎（一八六四―一九一一）と結婚した。川上音二郎は博多生まれで、当時は自由民権運動からオッペケペー節で一世を風靡。書生芝居を組織して成功させていた。

ヨーロッパを魅惑した「女優」

音二郎と結婚した貞は、一八九九年（明治三十二）に川上一座に同行してアメリカ巡業に出かけた。貞が女優になったのは、このアメリカ巡業中といわれている。女形という文化がアメリカでは受け入れられないことと、客死した団員の代役が必要になったことからだった。そのときから貞は、本名の「貞」と花柳界での「奴」の名を併せて「貞奴」と名のるようになった。

紆余曲折を経ながらも、川上一座はアメリカからヨーロッパへ渡り、当時のジャポニズム・ブームに乗じてもてはやされた。パリ万国博覧会でも成功をおさめ、彫刻家ロダン、画家ピカソ、音楽家ドビュッシー、小説家ジッドなど錚々たる芸術家たちを魅了し、「マダム・サダヤッコ」、「日本のサラ・ベルナール」とまで喧伝された。ロダンは貞奴にモデルの依頼をし、若かりしピカソは貞奴の絵を描いた。また当時三十一歳だったジッドは、貞奴の演技を六度も見て「三度も薄い衣装を脱ぎすてて変身するこのシーンの貞奴は実に見事です。彼女の激情、蒼白の顔、振り乱した髪、狂気を映す瞳、はだけた着物などが生み出す混乱のなかにふたたび彼女が現れたときはいっそう美しい」と手紙で語った。

もちろん伝統的な日本の演劇に親しんだ当の日本人にとって、川上一座の芝居と女優貞奴は俄拵えのものとして蔑みの対象であったろう。たとえば夏目漱石もこのパリ万博を訪れたが、貞奴ブームについては書き記していない。のみならず、翌年のロンドン在住中の日記には「田中（筆者注——孝太郎）氏方ニ至ル川上ノ芝居ヲ見ント云フイヤダト云ツタ」と冷ややかに記している。

また西洋における貞奴の受容自体も、女優としての演技力というよりは、ステレオタイプのジャポニズム・ブームの側面が否めない。たとえばレズリー・ダウナーは“*Madame Sadayakko: The Geisha Who Seduced the West*”のなかで、川上一座がフランスでの公演で Hara-kiri（切腹）を求められた経緯などを活写している。この本の副題を直訳すれば「西洋を魅惑した芸者」。女優としてではなく、まずは Geisha として受容されたことがわかる。Madame という西洋から与えられた敬称と、Geisha という語に込められたオリエンタリズムとの不均衡が、貞の両義的な立場をよく表している。

しかし貞は日本に帰ってからも女優として舞台に立った。一九〇三年二月、「正劇」と称して明治座で上演された翻案劇『オセロ』である。貞がデズデモーナ役「鞆音《ともね》」として出演し、これが日本における女優の誕生となった。十一月に上演した『ハムレット』の翻案劇は、有名な坪内逍遥の翻訳上演をした文芸協会のそれに四年先んじている。にもかかわらず、一座が日本の演劇に果たした先見的改革は、逍遥の文芸協会や小山内薫の自由劇場といった演劇改良運動に比して軽視されることが多い。大笹吉雄はそこに「壮士出という音二郎の経歴に対する侮り」をみる。加えていえば貞の花柳界出身という経歴への偏見もあるだろう。

貞は自ら女優として活躍するのみならず、一九〇八年には帝国女優養成所を創設し、後進を育てている。一期生のなかには父を弁護士にもつ森律子など一般家庭出身者もいた。女優という職業を女性が選ぶ時代の要請にいち早く応えたといえる。

さらに貞は女優を引退してからも、川上児童楽劇団創設を手掛けている。実は児童劇の先駆も貞であったのだ。女優になったばかりの一九〇三年十月に本郷座で上演した「お伽芝居」と称する「うかれ胡弓」がそれである。児童楽劇団はその発展に位置するもので、一九二五年（大正十四）の第一回公演は、名古屋の御園座であった。

福沢桃介というパートナー

時代を戻そう。一九一一年に夫の音二郎が四十七歳で亡くなった。そののちも貞はしばらく女優を続けるが一九一八年に引退し、福沢桃介（一八六八—一九三八）と現在の旧貞奴邸に居を構える。

福沢（旧姓岩崎）桃介は一八六八年（慶応四）生まれで、貞より三歳年長。明治期から昭和の初めにかけて電力事業を中心に活躍した実業家である。桃介と貞とは一八八五年ごろ出会ったと言われる。しかし当時慶応義塾の学生だった桃介は福沢諭吉の援助を受けて渡米し、帰国後福沢の次女房と結婚する。

現在の旧貞奴邸より北に位置する旧東二葉町に邸宅を建てて貞と暮らすようになった頃の桃介は、すでに五十歳。愛知電気鉄道、大阪送電、大同電力、名古屋電燈会社などの取締役や役員に次々に就任し、木曽川水系のダム建設を興す産業界の寵児「電力王」であった。長野県木曽郡南木曽読書にある福沢桃介記念館は、かつて「大同電力一号社宅」と呼ばれ、近くには桃介橋が架かる。貞もダム建設に奮闘する桃介に同行してしばしば姿を見せた。また当時の最新電化住宅旧貞奴邸で、電気事業拡大を目論む桃介の援助者として折衝時の接待役もしていたという。他にも貞は川上絹布株式会社の工場経営もしていた。

桃介と二人三脚ともいえるこのような生活を、三十年以上の歳月を経て初恋を成就させた「純愛」とするのも、「よきビジネス・パートナー」とするのも現代的評価である。当時のメディアは揶揄的に、東二葉町の住まいを「四千坪の妾宅」とし、ダム建設現場に赴く貞は「曾峡の女王」、工場で働く女工の住居は「女護ケ島」と好奇の対象にして書きたてた。

ファッション・リーダーの事業家

しかし川上絹布株式会社（現 名古屋北区上飯田付近）という事業には、貞の先見の明がうかがえる。まずひとつはこの工場経営に「女子の職業の範囲に一新生面を開いて、その独立を幾分なりともお助けする事が出来たならば」という考えがあったことだ。また「女護ケ島」と注目されたのは、今でいう社員寮である。それも「洋館造の長屋」で個室であったという。そして貞の養女によれば、女工たちは、「揃いの紺のセーラー服を着て、靴をはき、女学生のような恰好をし」「昼休みの運動にテニスをするのでハイカラだと珍しがられた」という。

女工の側からの証言がないため真偽は確かめがたいが、少なくとも服装に関しては貞らしい思いつきといえる。なぜなら貞は一貫してファッション・リーダーであったからだ。かつて貞を絶賛したパリでは、当時“KIMONO SADA YACCO”が販売されていた。また明治末から女学生に大流行した廂髪の原型は「貞奴」だといわれており、児童楽劇団も、「平素の集団生活」に「ボーイスカウト、ガールスカウトのユニホームを着用」させていたという。「奴めいせん」「奴きぬ」を売り出すにあたり、その女工たちにファッショナブルな服装をさせたことは想像に難くない。

そして貞の異才ぶりは、彼女が最晩年に建てた貞照寺と萬松園にも発揮されている。貞照寺は現在の各務原市鵜沼に建ち、本堂、鐘楼堂、仁王門などのほかに貞の霊廟がある。創建当時は金剛山桃山院貞照寺といい、墓石のふたにも寺の所々にも桃の装飾が施され、貞の桃介への思いが偲ばれる。また萬松園は貞照寺参拝のために建てられた別荘で、敷地面積一五〇〇坪、建坪一五〇坪で、意匠を凝らした贅沢な近代数寄屋建築である。ここにも隅々までファッション・リーダーたる貞の

貞照寺

心意気が見られる。

いまはひっそりとしているこの場所にも、かつては観光バスが横づけになって多勢の観光客が押し寄せた日もあった。一九八五年（昭和六十）初頭である。貞の生涯を描いた杉本苑子原作のNHK大河ドラマ『春の波濤』が放映され始めたためであった。主な出演者は松坂慶子、中村雅俊、風間杜夫。「中日新聞」は「本堂に詰めるお坊さん」の話として、参詣者が「正月三日間で約一万二千人」という盛況ぶりを伝えている。貞照寺は現在、成田山貞照寺となり貞の遺品などを保存展示する縁起館もある。また萬松園は個人の所有となって改装保存され、限定的だが公開されている。

明治の元勲、演劇人、大実業家とともに生き、日本初の女優、日本初の女優養成所創始者、そして事業家という多面的な人生を送った貞の波瀾万丈の果てが、私財を投じた寺院創建であったことは感慨深い。（佐々木亜紀子）

いのちの輝きを描いた画家

熊谷守一（一八八〇―一九七七）

クマガイモリカズの闇と光と

『蠟燭』1909年　画布に油彩（岐阜県美術館蔵）

父の死

熊谷守一《もりかず》は、一八八〇年（明治十三）、現在の岐阜県中津川市付地町に、父孫六郎《まごろくろう》と母たいの七人兄弟姉妹の末子（三男）として生まれる。父孫六郎は、製糸業をはじめ、多くの事業を手がけて財を成した実業家で、守一は生まれてまもなく母や祖母と離れ、製糸工場のあった岐阜（現在の岐阜市）の家で過ごしている。孫六郎は、守一をいずれ事業の後継ぎにと考えていたようで、幼い守一は、大勢の異母兄弟らと同じ屋根の下、大人の世界を見て育つ。

天保生まれの孫六郎は、大変な行動家で、岐阜県会議員をはじめ、初代岐阜市長や衆議院議員を歴任するなど、政治家としても活躍し、守一が十一歳の時に起きた濃尾大震災の災害復興に奔走したことで知られる。守一の父親像については、晩年の著書『へたも絵のうち』（日本経済新聞社）や、随想集『蒼蠅』（求龍堂）から知ることができるが、現存する守一宛の膨大な孫六郎が書いた書簡には、いつも守一のことを気にかけては、移動先から日を置かず、返事を待たず、連絡し続けていた父親の姿が見えてくる。はじめ守一が画家を目指すことに反対した孫六郎だったが、東京美術学校（現在の東京藝術大学）西洋画科に合格するや否や、その一報を本人に代わって付知の家へ届け、入学準備を進める書簡や、たびたび帰省を促して、その道順を事細かく記した書簡など、成長していく守一をしっかりと支えていたことがわかる。

その父孫六郎が、一九〇二年の夏、突然病死する。守一は夏の休暇を利用して、東北を徒歩旅行の最中にあり、旅から戻り訃報を知った時には、すでに四十九日が経っていた。父の死によって事業も立ち行かなくなり、守一の生活環境は、何もないその日暮らしへと一変する。大人たちの中で、早くから「自分は自分」という自我を持っていた守一だったが、この父という絶対的な存在の突然の空白は、日毎に増す実感と相まって、その後の守一の芸術観に深い影を落としていく。

自画像『蠟燭』と『轢死』

東京美術学校に新設されて間もない西洋画科で、熊谷守一は黒田清輝《せいき》や藤島武二《たけじ》をはじめ、同郷の長原孝太郎《こうたろう》から指導を受けている。同級生には青木繁《しげる》がいた。明治後期の浪漫主義的な思潮の中で、青木と同様に、守一もまた、夕闇や月影などの情景を、神秘的かつ荘厳な、抒情性を纏《まと》う耽美な世界に表現する学生だった。突然の父の死は、浪漫主義が希求する「自我と向き合う」ことへと、守一を一足飛びに向かわせる。のちに「自分を活かして描かなければどうにもならない」という意識を持つようになっていく守一は、その自分が何者であるのか徹底的に見つめることから、描くことの本質を探究する画家へと成長していく。卒業制作として描いた「フトンのえりカバーのビロードをはぎとって、自分でデザインしてつくった」（『へたも絵のうち』掲載）帽子を被る『自画像』（東京藝術大学蔵）には、真正面から自己を見つめはじめた姿が描かれている。

ところで、熊谷守一の初期を代表する作品に、一九〇九年の第三回文部省美術展覧会で褒状を受賞した『蠟燭《ローソク》』（岐阜県美術館蔵）がある。蠟燭の明かりに照らされて、暗闇のなかから静かににじっとこちらを見つめているのは、熊谷守一本人である。守一は当時、夜の月明かりやランプの灯り、蠟燭といった光が暗闇を照らし出す視覚効果に関心を寄せていた。実態を描写するという意味において、闇の中での光の見え方を研究し、またその光源が引き連れて来る影の効果に取り組んでいる。この『蠟燭』は、己の内面まで照らし出す一本の蠟燭の明かりを描いた作品ともいえる。

『蠟燭』の制作にあたっては、夜を題材としたもう一枚の作品が同時に制作されている。翌一九一〇年の白馬会第十三回絵画展覧会に出品した『轢死《れきし》』（個人蔵）がそれである。東京美術学校時代、守一は夜に妊婦の轢死事故と遭遇し、その様子を現場でスケッチしている。

闇夜に地表近くで照らされたものが、人間の体の部位だと悟った瞬間、女性の轢死体は守一の中で絵になった。女性の轢死体を描いた夜の光景であり、凄惨な現状を描いたものであることは、投げ出された肢体と、その周辺に僅かな光源を得て照らし出されるものの描写によってわかる。守一がスケッチしたものは、何事かが起きたという物語性ではなく、ただ打ち捨てられた轢死体が、照射された光によってどんな視覚的変化が訪れるかという事実だけであった。もはや生前での用を成さなくなった体の一部が、なぜこんなにも鮮やかな色を放っているのだろうかと、またそう見えるのかと、女の死の様相を描くことで、不思議と表現できた死者の線がスケッチ帳（岐阜県美術館蔵）に遺されている。守一は、ここで途切れた一人の人生を描くわけではなく、暗闇の中で起きている現実を観察している。言い換えるならば、轢死した女性のことを描こうとしたわけではなく、女性の轢死体を描いたのだ。守一は宝石が闇夜に散らばっているかのように、照らし出された死体を惨たらしめるのではなく、美しさで描いた。それはどこか冷めた目で見る画家としての始動でもあった。

母の死

晩年、熊谷守一が描いた作品の一つに、赤い輪郭線で縁取られた『夕映』(一九七〇年、岐阜県美術館蔵)がある。闇のなかに光量を増しながら沈みゆく夕陽を、同心円状に描いた作品だが、守一はこの作品を自画像だといった。その発端となった作品に『朝のはぢまり』(一九六九年、岐阜県美術館蔵)がある。こうした作品の着想は、生母の死と向き合った一九一〇年まで溯る。

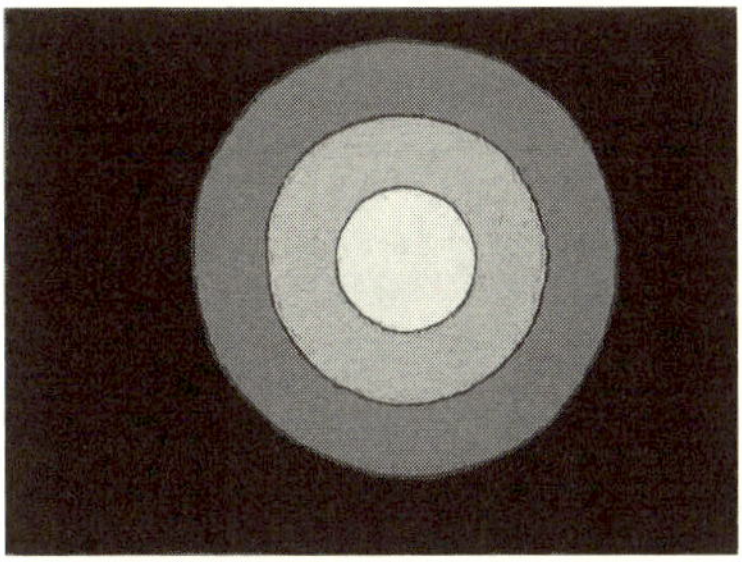

『朝のはぢまり』1969年　板に油彩
(24.3 × 33.4cm、岐阜県美術館蔵)

母危篤の急電を受ける少し前の日記(『熊谷守一　守一ののこしたもの』掲載)に、夢の中でみた昼の光を、目を開けてなお暗闇に見た不思議な体験を記した箇所がある。そして母の死を、のちに守一は「死それ自体よりも、私が無感動であることの方が悲しいのでした」と述べている(『へたも絵のうち』掲載)。突然の別れとなった父の死と異なり、守一は母の臨終に立ち会ったものの、物心ついた頃から離れて暮らしてきた母の死を、どう理解し受け止めればよいのか、感情をコントロールすることができずにいる様子が読み取れる。理屈ではない現実として、意識下に働きかけてくる混沌とした感情が、母の死後、守一をそのまま生家である付知の長兄宅に留まらせたのであろうか。はじめ馬乗りに夢中になるが、のち二冬は付知川の上流東股で、すべてから逃れるように日傭《ひよう》（伐採した材木を山から出して川流しで搬送する人夫）をして暮らしている。自分から逃れることなど、できはしないと十分知りつつも。

約六十年をかけて世に出た『朝のはぢまり』は、闇の中から日輪が照らしはじめる作品である。一日のはじまりは闇からであり、生き物は皆、そうして生まれてきた。守一が、晩年このような境地に行き着くまでには、まだ時間を必要とした。

『ヤキバノカエリ』

一九一五年（大正四）、熊谷守一は、郷里付知での生活に区切りをつけて、東京に戻る。相も変わらぬ極貧生活のなかで、結婚し子どもを授かるも、次々と病死してゆく。『ヤキバノカエリ』一九四八―五五年（昭和二十三―三十）は、一九四七年（昭和二十二）に長女萬《まん》の死を看取った守一が、七回忌を経た後、第二回現代日本美術展に出品した作品である。火葬場からの帰り道、萬の骨箱を両手で抱かえる長男黄《おう》を真ん中に、向かって右に白い髭の守一自身、左に次女榧《かや》を描いた家族の肖像画である。と同時に、萬の死と向き合う、自分とその家族をみつめた熊谷守一の自画像ともいえる。登場する人物はいずれも顔が描かれておらず、骨箱は、家族の心の在り様を象徴するかのように、画面中央で白く際立っている。『陽《よう》の死んだ日』（大原美術館蔵）で知られる早くに逝った次男陽《よう》の急死に続き、三女茜《あかね》の産後まもなくの死、そして二十歳を過ぎたばかりの萬の死は、守一にとって受け入れ難い現実ではなかったか。遺されたスケッチ帳には、病中の萬を描いたスケッチが何枚も見つかっているが、なかには、病に伏す萬をスケッチした鉛筆画を、天地を逆さまにしてクレパスで色付けし、少し回復したかにみえる『熊谷萬病中図』（一九四七年、岐阜県美術館蔵）など、守一の思いに息が詰まる作品もある。守一にとって萬の死は、一周忌に合わせて『仏前』(一九四八年)を、三回忌の後に『熊谷萬病中図』を下図としたであろう『萬の像』(一九五〇年)を制作していくことで、少しずつ受け入れられる現実となっていったのであろうか。『ヤキバノカエリ』には、家族が歩む道が、影の無い金色《こんじき》を連想させる黄土色で覆われて、清浄《しょうじょう》なる慈しむべき明日への歩みとして描かれている。

いのちの輝き

熊谷守一にとって、七十歳を過ぎてから制作した『ヤキバノカエリ』は、度重なる家族の死を乗り越え、その相反する心理の境目を、赤い輪郭線として描写した最初の作品である。この作品を完成させる頃、戦前に移り住んだ自宅の庭は、スケッチ旅行へ行く度に持ち帰ってきた苗木が大きく育ち、池ができ、いつしか沢山のいのちを育む森のようになっていった。身の回りで感じられる自然の移ろいや生き物の姿、そしてさまざまな物事に関心を持つところからはじまる守一の観察は、この後、この庭を介して生き物や自然を越えたところにある「いのちの輝き」に向けられていく。

熊谷守一は、時に超俗の画家として語られ、画人の域を越えた生き方は、多くの人々に感銘を与えている。光を放つ絵画は、その分影もまた濃く、深いように、「いのちの輝き」をとらえた熊谷守一もまた、その分だけ闇を知り、つらい思いをしてきたのであろう。それは早くから自我を持ち、その心の葛藤のままに、自己愛と無欲な生き方を貫き通して得た光であった。(廣江泰孝)

詩人、画家、随筆家にして豆本版元

亀山 巌

（一九〇七―一九八九）

博学多才・自称ボランティア文化便利屋

亀山巌

名古屋市昭和区の東部、八事霊園南部の高みに亀山巌《いわお》の墓碑がある。横長方形の黒御影石には「人は泡沫／亀山巌の墓／1907-1989」と横書き三段に刻まれ、碑陰には「平成元年5月23日没／行年82才」とある。そして、亀山家墓地の入口門柱横に記された「名古屋豆本」の文字が目をひく。墓前からは猿投山や三国山の山々、間近には東山スカイタワーがくっきりと望まれる。

一九八四年（昭和五十九）一月下旬、中部日本放送局で開催されたCBC文化セミナーのおり、会場で配布されたパンフレットに次のような亀山巌自筆のプロフィール小文がある。

〈明治四〇年生まれ、七七歳。出身名古屋、工業学校図案科卒業。中日新聞を経て名古屋タイムズ社長を退くまで新聞生活四六年。同人誌「作家」命名創刊同人、詩人、装本画家、随筆家、名古屋豆本版元、雑学倶楽部会長、名古屋市民文化委員会委員長、同市文化振興事業団理事長、市博物館協議員、ボランティア文化便利屋と自称。〉

ここに列記された幾多の〝肩書〟は亀山自認の呼称と見なしてよかろう。生前の亀山がとくに好んだ呼び名に〝詩人〟と〝豆本版元〟がある。ある講演会で講師の亀山は開口一番「私は詩人になりたかったので新聞社に入りました」と語るのを聞いたことがある。

演芸場と図書館に通いつめた東京時代

愛知県工業学校図案科一年生（十二歳）のおり、亀山少年は児童雑誌「兎の耳」に四齣の絵を付した童話「カタツムリトカヘルトラムネノビン」を執筆した。これがその後の多彩な文筆画家活動の出発点である。つづいていくつかの童話を同誌に掲載したのち、彼はしだいに詩の世界にひたっていく。十六歳、学友と詩誌「妖星」を発行し、ついで「踏絵」ならびに「象徴詩人」を創刊。さらに名古屋詩人聯盟にも参加した。

工業学校卒業後、上京して装飾図案社に就職したが、一年ほどで辞め、叔父稲垣栄太郎経営の衛生陶器水道工事店の居候となった。その間、春山行夫編集の詩誌「指紋」や「謝肉祭」にサンボリスムの詩作品を発表した。

一方、そのころより詩集などの装幀を依頼され、象徴派詩人梶浦正之の『鳶色の月』をはじめとして、吉田一穂詩集『海の聖母』、佐藤一英『古典詩集』、北原白秋童謡集『月と胡桃』、田中冬二詩集『青い夜道』など多くの装本をなした。ことに北原白秋は帆船図などの飾り絵に対し、〈本書の絵図は中世欧羅巴の芸術に見られるやうなはろばろとした空想を豊かにもつてゐる。「航海図」をはじめ中扉絵、表紙装押絵をここにいたゞいたことはまことに忝い〉と謝意を表した。

結局、亀山の東京生活は二十歳になるまでの三年足らずに過ぎなかったが、そのころの様子は亀山の代表作に数えられる「栄養不良の青春」や「空一面のうろこ雲」などに詳述されている。稲垣水道工事店の居候時代、すなわち新富町時代の亀山は、新富演芸場に通うかたわら京橋図書館に通いつめて、百科事典のアからワまで、あるいはAからZまで通しで閲覧、また物集高見の『群書索引』を手引きに数々の江戸随筆書を片っ端から読破していった。

いわばエンサイクロペジストの蓄積時代である。後年、名古屋と東京で開催された亀山巌個展「黒の世界」に展示された幾枚かの花魁切絵図は、はるか半世紀前にさかのぼる京橋図書館における江戸関係図書への没頭時間と確たる脈絡を有するものであろう。

一九二五年の一月、新富演芸場での正月興行にある落語家が三番叟を踊った。その何とも飄逸な所作が印象深く、それから三カ月ほどのち、友人の画家を訪ねたとき、その三番叟が思い出されて友人の油絵具でサムホール判（二二・七センチ×一五・八センチ）の板に、興のおもむくままその舞踊姿を描いた。どうやらこれが今日のこる亀山の唯一の油絵らしい。

いつであったか、あるとき亀山を訪問すると、奥の部屋からこの三番叟の油彩をもってきて、絵を眺めながらいかにもしみじみと次のように語った。

「これは十八歳ごろのものだけれど、これを眺めているとその後の自分というものが、ほとんど進歩していないという事実を、はっきりと思い知らされるような気持になりますねえ。その後の六十年近い歳月は、ただいろいろに変化したに過ぎないと思われてねえ」

ところで、東京から名古屋に帰った亀山は、一九二八年四月、名古屋新聞社（中日新聞社の前身のひとつ）に入社、整理部記者となった。

かたや詩の創作活動を再開し、モダニズム詩誌「機械座」に詩や随筆を発表、また自らも詩誌「ウルトラ」を創刊した。ウルトラとはウルトラモダニズムの謂いである。表紙は中央にシルクハットに蝶ネクタイの人物像がコラージュの手法によって造形され、上部に〈諸君はウルトラに依ってどんな決心をしますか？〉と問いかけの文字が刷りこまれている。同人は亀山巖、斎藤光次郎、犬飼稔、近藤東、折戸彫夫の五人。春山行夫も詩作品を寄せた。

そして山中散生のシュルレアリスム詩誌「Ciné」にも前衛的な詩やエッセイを幾篇か掲載。また坂野草史の編集発行による詩誌「青髯」にはエッセー「美食協会瓦解誌」を執筆し〝クリトリス美食法〟を論じた。戦後、上梓された『裸体について』『神の貌』など、〝亀山ポルノグラフィ〟の世界に連繋する初発の文章として注視さるべきもの。

一九四八年一月、亀山の命名による同人誌「作家」が創刊され、以後、詩、小説、随筆など幾多の亀山作品が掲載された。そして同誌表紙絵イラストはすべて亀山により彼が病逝するまで毎号描き続けられた。

遊びの精神息づく自作豆本

亀山が名古屋タイムズ社長に就任したのは一九六二年の秋、五十五歳。そして五年後、名古屋豆本を開板。「作家」の〝顔〟（表紙絵）作画に重ねて、すべての豆本の装幀装画を自身の手によって制作、あわせ版元ノートを付した。

それのみならず〈印刷製本こそ他へ頼んでいるが、あとは原稿依頼から発送のあて名書き、郵便局へもっていくまで人手を借りずに自分ひとりでやってきた〉という。つまり、豆本はもともと大人の遊びであり、遊びの精神を基盤に成立継続されるもの。装本はむろんのこと宛名書きも発送もこの遊楽に欠かせない大切なエレメントに相違ない。

亀山巌『むかし名古屋』

木下信三
『山頭火鶴岡極道』

木下信三『山頭火空白帖』

豆本は死去終刊に至るまでに一四〇冊に余る冊数をかぞえた。その間、亀山は自作の『エッセー球状人間』『絵本ぱらだいす』『神の貌』『むかし名古屋』などを豆本にしている。『神の貌』は一九七五年に有光書房より出版されたものを豆本として再版した。ひそかにおのれの代表作のひとつと考えていたのかもしれない。

亀山の居住する小沢学院の玄関スペースには、入口すぐ右手にどっしりとした大きなガラスケースがあり、その中ではさまざまな亀山自作のモデル・プレーンが飛行（?）している。その数は何機なのか、数えたことはなかったが、さらにケース底面には中世のヨーロッパ帆船の模型が何隻か浮かんでおり、亀山手製のクルーまでが乗船している。

これを見たある人は、やっぱりあの人はプチ・プランス（星の王子）の老けたやつだ、との感想をいだいた。これら中世のモデル・シップはおのずと亀山の東京時代を連想せしめる。ヴェネチアのサン・マルコ寺院の大祭に碇泊中の大小の船が神の加護を祈願して祝砲を放つ、そのシーンを図柄とした吉田一穂詩集『海の聖母』の飾り箱絵や、北原白秋賞賛の『月と胡桃』の箱絵。これらは連綿として亀山の精神内に絶えることなく生きつづけ、はるばると六十年後のガラスケースのなかのモデル・シップやプレーンとしてふたたび造形化されたものと思われる。つまり、これらは「その後の六十年近い歳月は、ただいろいろに変化したに過ぎないと思われてねえ」という嘆息を実証する証拠物件なのか。

亀山が〝遊民〟を自称するようになったのはいつごろからか、はっきりしたことはわからない。おそらくは名古屋タイムズ社長を辞任した一九七四年（六十七歳）以後のことであろう。名古屋豆本は〝遊民らしく〟一生懸命にやるにふさわしい作業であると考えていたようだ。しかし、遊民とはいえ片や名古屋市民文化委員会委員長であり、名古屋市文化振興事業団理事長であった。

世間的には赫々たるこれらの地位は、亀山のなかで遊民たるおのれの存在とどのようにかかわっていたのか、ついにたずねる機会をのがしてしまった。（木下信三）

秘宝館の生みの親

松野正人

（一九二九―一九八九）

性豪?・事業家?・SEXの殿堂で一世を風靡したアイデアマン

松野正人

ドライブインのテコ入れ策で始めた秘宝館

昭和の後期、日本中に一大旋風を巻き起こした「秘宝館」。エロのアミューズメントパークとも言うべき観光施設で、最盛期の昭和五十年代には全国に二十施設以上が乱立していた。

その嚆矢となったのが三重県伊勢市郊外にあった「元祖国際秘宝館」である。オープンは一九七二年。ピークの一九八〇年には年間二十万人を集客し、翌年には鳥羽市に「元祖国際秘宝館・SF未来館」、山梨県に「元祖国際秘宝館・石和館」と姉妹館を相次いでオープンしてブームをけん引した。歴史上の人物やSF世界の男女のマネキンが様々な体位でくんずほぐれつし、世界中の性の民芸品あり、動物の性器の標本あり、衛生教育展示あり、立体ポルノ映画あり、馬の交尾ショーあり、大人のおもちゃあり、バイオレンスあり、ハードSFあり、ギャグありというカオスのような世界観もブッ飛んでいて、他の追随を許さなかった。

この秘宝館の生みの親が松野正人である。女性千人斬りはおろか山羊や鶏、鯉とも性交したことがあるという性豪としても名を馳せた。

まさに異才・奇人という印象の松野だが、果たしてどんな人物だったのか？

出身地は東京。父の勢太郎が長崎・五島列島から単身上京し（何と手漕ぎ船で何年もかけてだったとか！）、その途中で身を寄せた愛知県渥美半島で妻をめとり、その間に生まれたのが松野だった。勢太郎は松野が幼い頃に鳥羽へ移住。漁師のかたわらボタンなどの貝細工製造を手がける。松野はこれを引き継ぎ「松野工芸」を設立（後に「松野パール」）。伊勢に拠点を移した一九五〇年代に指輪のキャスト（型）を開発するなどして事業を発展させる。

大きな転機となったのが六〇年代初頭のアメリカの博覧会への出展。日本の展示ブースの一角にフジヤマパールと銘打って自社の宝飾品を出品し、これをきっかけに販路を拡大した。そして、この渡米で本業の飛躍以上の収穫となったのが新事業のアイデアを得たことだった。松野がビジネスチャンスだと目を光らせたもの。それはモータリゼーション先進国アメリカを象徴するドライブインとモーテルだった。

帰国後、早速ドライブインの開発を計画。当時、伊勢―松阪間には日本初の有料道路として開通した参宮有料道路（現在の県道三七号線）が通っており、この沿線を候補地とした。複雑に入り組んでいた地権者たちを熱心に口説き落として八〇〇〇坪の用地を確保。近畿観光開発株式会社を設立し、一九六三年八月に「ドライブイン・パールクイン」をオープンする。

真珠の直売所、飲食店、ガソリンスタンド、ホテル、ボウリング場などを複合させたこのドライブインは大ヒットする。参宮有料道路はお伊勢参りのメインルートで昼は参拝客が立ち寄り、当時はほとんどなかった二十四時間営業の効果で夜は深夜族の若者や物流ドライバーらでにぎわった。

元祖国際秘宝館 外観

この一画に「国際秘宝館」が登場するのはオープン十年目の一九七二年。ボウリングブームが下火となり、そのテコ入れ策だった。二四レーン中の半分のスペースを利用し、かねてより蒐集していた世界各国の性にまつわる民芸品や、特注したエロティックなマネキンなどを展示した。

一年半後には二号館を増築。マネキンなどを増やして、展示をより刺激的にパワーアップさせた。松野はテレビ番組『11PM』にペニスの純金模型を手に出演するなど精力的にPRに務め、その効果もあって入場者数は右肩上がり。一九七九年にアラビア宮殿風の新館をオープンすると人気はますます沸騰し、観光バスが大挙押し寄せる一大観光地となったのだった。

秘宝館が登場した七〇年代は、高度成長期のパワーに後押しされるかのようにエロがどんどん社会の表舞台に出てきた時代。ポルノ映画が花盛りで、テレビも〝低俗〟のそしりを受けながらもお色気をどんどん取り入れるようになっていた。また温泉旅行が一般化するのに合わせて、ストリップ劇場など夜の遊興施設が温泉地には不可欠になっていた。そんな時代性もあって、性を堂々たる見世物、アトラクションとして披露する秘宝館は観光客に受け入れられ、全国に広まったのである。

負けず嫌いでセルフプロデュースに長けたワンマン経営者

とはいえ、先駆者の松野にとっては、秘宝館設立は大きな挑戦であり冒険だった。当初、周囲は当然猛反対。だが、「全員がダメだということは誰もやろうとはしないということなのだから、成功のチャンスがある!」と自分の意見を押し通した。

負けず嫌いの性格は集客面でも発揮された。他人に頭を下げるのが嫌いだった松野は、旅行会社やバス会社への営業回りを断固としてしようとしなかった。バスでの団体旅行が主流だった当時、観光施設にとって観光バスの立ち寄りは集客の生命線だった。しかし、松野は「観光で一番立場が強いのは、旅行会社でもバス会社でもなくお客さんだ。お客さんに〝ここへ行きたい〟と言わせられれば、旅行会社の方からウチへ立ち寄らせてほしいと頭を下げてくる!」と言い切り、テレビ、ラジオにCMをバンバン流して秘宝館への関心を高めることに力を注いだ。CM費用は年間三億円にも上った。東海や近畿地方の四十代以上ならいまだに「その名も国際秘宝館〜♪」というメロディが脳内に刷り込まれているほどだから、そのCM戦略がいかに効果的だったかがうかがえる。

性豪のイメージを決定づけているのが獣姦の逸話。鳥羽のSF館には、何と鯉の口に自分のペニスを突っ込んでいる松野自身のマネキンが展示されていた。「歯が刺さって痛いと思うやろうが、指をのどちんこに突っ込んでも噛まれへんのと一緒で平気なんや。そら気持ちええもんや」という自慢話もやたらと具体的だった。だが、二男の憲二はその手のエピソードの「七〜八割は作り話やったと思いますよ」と笑う。「(セックスや下ネタが)好きやったことは確かですが、浮気を大っぴらに吹聴したり、妻公認で何人も愛人を囲って、なんてことはまったくありませんでした。夫婦

チンギス汗

仲はよく毎年のように旅行へ行ってましたし、よき家庭人でした」という。「秘宝館の社長が奇人変人やなかったら宣伝にならんやろ」とも語っていたというから、性豪伝説やそのイメージを活かしたメディアへの露出は、一種のセルフプロデュースだったともいえる。

天衣無縫なキャラクター作りとは裏腹に、病気がちで臆病な一面もあった。三十代で胃がんを発症。糖尿病にも長く悩まされた。五十代後半で大腸がんを発症すると、それが元で六十歳でこの世を去っている。家族は松野の怖がりな性格を察して告知はせず、末期は痛み止めのモルヒネによって常に意識が朦朧とした状態で、辞世の言葉を残すこともなかった。

また、晩年は秘宝館の入場者数の落ち込みや、手を広げすぎたレジャー事業の行き詰まりに相当な焦りを感じていた。特に経営を圧迫したのがパチンコ店の失敗で、ブームに乗じて七店舗を出店したものの採算が取れずに相次いで撤退。借金は最大二六億円にまで膨れ上がった。挙句に、自身がパチンコにのめり込んでしまい、朝から晩まで自分の店に入り浸る始末。不動産屋が商談で訪れているにもかかわらず台の前から動こうとせず、憲二が応接室と店の間を何度も往復して、何億円もの土地の売買をとりまとめたこともあったという。

低迷する秘宝館のリニューアル案も浮かんでは消え、のくり返しだった。ゴルフ練習場、サーカスでおなじみのオートバイの空中大車輪、無重力体験施設など、様々なプランがほとんど思いつきのように松野の口から発せられたが、どれも実現にはいたらなかった。

こうしたエピソードから、松野にとって秘宝館はあくまでレジャー事業の産物であり、松野自身もあくまで事業家だったことがうかがえる。先見の明があり、チャレンジ精神旺盛で、アッと驚く発想力があり、逞しい行動力がある。一方で、一度歯車が狂い始めると迷走に歯止めがかからない。いろいろな意味で、一時代を築いたのにふさわしい豪腕型の経営者だったのだ。

松野が手がけた秘宝館は、八六年に石和館が閉館、没後の九六年にはSF未来館が、二〇〇七年には元祖国際秘宝館が閉館。近畿観光開発、松野パールも倒産し、松野が築き上げた事業はすべて雲散霧消することとなってしまった。その他の秘宝館も平成以降は閉館が相次ぎ、現在は数えるほどしか残っていない。鳥羽の展示品は編集者の都築響一氏が買い取り、美術展に出展するなどしてアートとして評価を受けているが、観光地の見世物という本来のあり方ではもはや通用しなくなっている。秘宝館というビジネスモデルが花開いて既に四十年。流行の移り変わりが激しいレジャー産業の中にあっては賞味期限が過ぎたというしかない。

「秘宝館が本当に立ち行かなくなる前に逝くことができてむしろ幸せだったんじゃないかと思います。もしも親父が施設の取り壊しに立ち会っていたら、とても耐えられなかったでしょう」と憲二。

昭和四年生まれで昭和最終年の六四年に人生の幕を閉じた松野。昭和の時代の徒花とも称される秘宝館、その生みの親の最期は、まさしく一つの時代の終わりを象徴していた。(大竹敏之)

異色の仕事人 1

大野屋惣八

（初代＝一七二八―一八一一）

世界最大級の貸本屋

江戸時代、名古屋にあった日本最大規模の貸本屋。ひょっとすると世界的に見ても最大の貸本屋であったかもしれない。その大野屋惣八の様子を見ていく。

初代惣八《そうはち》。本姓江口氏。堂号胡月堂。大野屋惣八を略称して大惣《だいそう》という。一七二八年（享保十三）～一八一一年（文化八）。知多郡大野村の出。長兄は岐阜にて喜兵衛を名乗る紙商。惣八は名古屋船入町にて酒屋を営む。一七五三年（宝暦四）樽屋町にて売薬願済み。明白ではないものの、酒屋・薬屋共に繁昌しなかったようだ。兄喜兵衛の助力を得て、一七六七年（明和四）長島町本重町西南角（借地）にて再起を期す。この時の主たる商いが何であったかも不明ではあるが、この初代惣八がこの地において貸本業を確固たるものとしたことは間違いない。以後、一八九九年（明治三十二）大部分の蔵書を処分することが決定するまでの間、貸本を業とした。

ここで大惣の六代目に相当する江口元三氏が書き残された貸本屋としての大惣の特徴を列記する。

1　本の販売を絶対にしなかったこと。
2　蔵書の豊富なこと。
3　種類のきわめておおいこと。
4　専門書や名家の草稿等も極力入手につとめたこと。
5　尾張物と称する名古屋地誌。
6　名家の写本。
7　閲覧室の設備があったこと。
8　得意回りをしなかったこと。
9　創業時が判明せぬこと。

各項目が、絶体に間違いないかというと、必ずしもそうではないが、大筋としてはこのとおりである。各項目について点検していく。

1について見てみる。江戸時代の普通の貸本屋は、貸本を大風呂敷などで結わえて背負って、得意先を回った。そして滑稽本なら、自分の滑稽本好きの得意先が一通り見終わったら、業者（貸本屋）の市へ売りに出して新しい本を仕入れる、というふうであった。大惣はこの意味の売買をしなかったと思われる。ただし、手許にある大惣本を見るに、顧客から「読んで気に入った。この本は是非とも譲ってほしい」と言われた場合はこの限りにあらず、という気がする。ことに副本があった場合などは、そうであったのであろう。

2・3は関連するが、とくに3については、貸本だからといって娯楽図書に限定しなかったところが凄い。

4・5・6・7も相関する。尾張藩士である高力猿《えん》猴庵《こうあん》、小寺玉晁《ぎょくちょう》、小田切春江《しゅんこう》、医師平出順益《じゅんえき》、平出順良、のちに戯作者となる笠亭仙果《りゅうていせんか》といった名家の写本が、多々あったわけであるが、7の閲覧室がこうした人々のサロンの役割を果たしていたのである。付け加えるならば、国学者鈴木朖《あきら》も大惣の常連であったろう。詳しくは、山本卓「玉晴堂芝誘とそのグループ」（『近世文芸』第四十二号）、石川了「花山亭笑馬の生涯」（『近世文芸』第四十三号）、および長友千代治「貸本屋大惣の文壇」（『近世の読書』一九八七年）などを参看されたいが、石橋庵増井（増井豹恵）、椒芽《きのめ》田楽《でんがく》（神谷剛甫）、翁斎余紫香《おきなさいよしか》（爰于翁斎《ここにおきなさい》）などといった名古屋根生いの戯作者たちをも大惣は擁していた。そして、そこで生み出された作品が、いわゆる名古屋本の戯作である。なかでも評判のよいものは、出版にまで至る。例えば、玉晴堂芝誘作・鶴亭九華（似醒楼カ）画『美談菊の露』（人情本）、石橋庵増井作・梅亭華渓画『滑稽駅路梅』（口絵色刷り、一八三二年〔天保三〕刊、滑稽本）、二酔亭佳雪・花山亭笑馬合作『つまかつら』（人情本）などがそうである。ただし残念なことに、いずれも大惣の出版ではないようだ。

8については、服部仁、岸野俊彦などの調査によって、やはり大惣も貸本の行商もしていたことが明らかとなった。しかし、他の貸本屋のように行商専門であったわけではなく、店舗中心であったことは間違いない。

9については、先に書いたとおりである。

一八〇二年（享和二）六月二十七日、『羈旅漫録《きりょまんろく》』の旅の途次、名古屋に立ち寄った曲亭馬琴は、神谷剛甫の仲介で大惣のために「伏稟」（現 名古屋市博物館蔵）を記した。謝礼は「銀壱両」（長友千代治「〈翻刻〉『貸本書肆大惣江口家家内年鑑』」〔『郷土文化』第六四巻第二号〕）であった。

大惣に関して特筆すべきことは、名古屋の本屋仲間に加入し出版もおこなったということであろう。江戸の草紙問屋たちの多くが元々は貸本屋であったことは

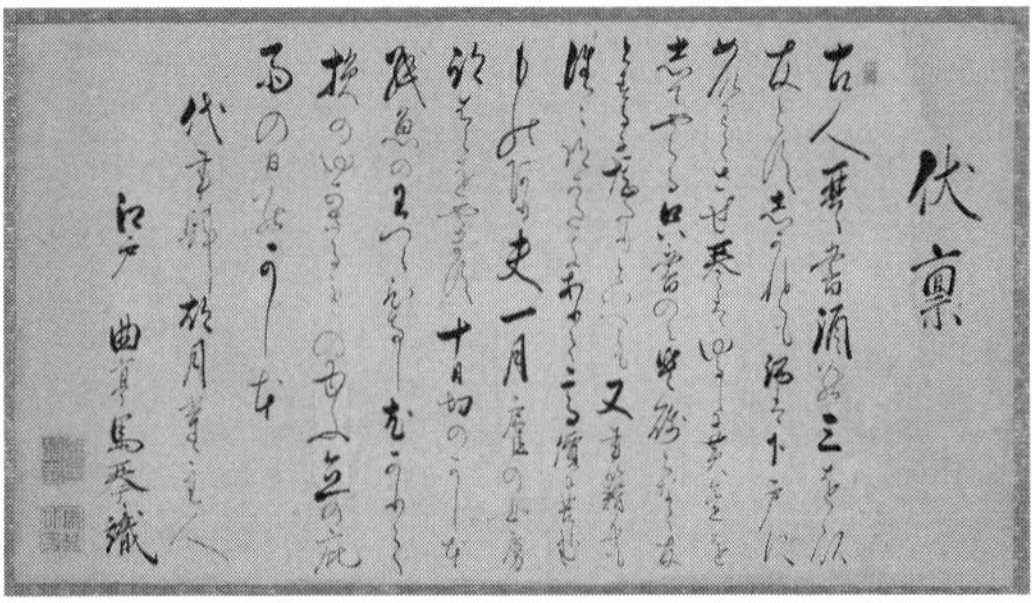

伏稟（名古屋市博物館蔵）

よく知られているが、彼らは出版が主となると貸本業はお留守となった。名古屋の本屋仲間の成立については、岸雅裕「尾州書林仲間の成立と三都」（『尾張の書林と出版』一九九九年）に詳しいが、二代惣八は、一八一三年（文化十）本屋仲間に加入、一八一九年（文政二）には本屋行事となっている。そうなってもなおその主力は貸本業であった。大惣の出版としては、天保三年『琉球人来朝之図』（小田切春江画、玉野屋新右ヱ門・味岡久次郎と相版）、天保五年『絵本和田軍記』（速水春暁斎遺稿・山田案山子校合、柳斎重春画、京都山城屋佐兵衛等六書肆の相版）、一八五〇年（嘉永三）十月「琉球人来朝行列官職姓名録」（大野屋惣八〔単独〕）などが知られているが、出版業としては微々たるものであった。（服部仁）

永楽屋東四郎（初代＝一七四一―一七九五）

名古屋発 出版界の風雲児

名古屋の本屋で歴史的に最も著名なのは、風月堂孫助であろう。初代は美濃太田の人（清洲越の町人とする説もある）。代々長谷川孫助と称す。京都の風月堂に奉公し、のち、名古屋で開業した。

一六八七年（貞享四）十二月、芭蕉が風月堂へ立ち寄った。ちょうどその折、雪が降り出したので、芭蕉は、

書林風月と聞きしその名もやさしくてしばし休らふ程に、折ふし雪のふり出でければ

いざ出でむ雪見にころぶところまで

と即吟し、夕道《せきどう》（孫助の俳号）に与えたという。はなはだ名誉に感じた風月堂孫助は、この一軸を「毎年十月十二日、諸人の一見を免《ゆる》」（『尾張名陽図会』）したという。この軸は、その後、松坂屋伊藤次郎左衛門家

に伝わり、現在、名古屋市博物館の蔵するところ。

この風月堂で奉公し、安永期（一七七二〜八一）に別家独立したのが、永楽屋東四郎《えいらくやとうしろう》、略して永東である。

先にも引いた曲亭馬琴の『羈旅漫録』には、「二十六　名古屋の評判」のなかに、「書肆（出版社）は風月堂・永楽屋」と書いてある。ということは、創業から二、三十年経ったら、主家風月堂と肩を並べるまでになったということである。この間にあって、名古屋の書肆にとっての最大の出来事は、尾張書林仲間が成立したということであろう。この事件が、永楽屋を飛躍盛業に向かわしめたバネとなったのであった。

一七九四年（寛政六）、名古屋の書林が尾張藩へ書物出版の許可を願い出で、その許可を得て版行しようとした。それまでは三都（京都・大坂・江戸）以外の諸国の書肆は、三都の書林仲間の吟味を受け、奉行所の許可を得て版行していたのであった。つまりそれをおこなわずに、換言すれば三都の本屋仲間の支配を脱して、尾張の書肆だけで出版しようとしたわけである。そしてそれを、尾張徳川家九代藩主宗睦の学問振興策と相俟って、尾張藩が強力に支持、支援した。藩としては、藩校の教授たちの著述や漢籍の注釈をだすのに、問題などあろうはずがないと考えていた節がある。故杉浦豊治が「名古屋学」と名付けた名古屋独自の特色ある学問研究を出版するのに何憚《はばか》ることがあろうか、というわけである。これに対して三都の本屋仲間は、ことごとくと言ってよいほど「重板、類板の禁止」（同じ本や類似の本を出版してはいけないという出版取締令）を盾にとって難癖を付け、挙げ句は、名古屋で出版するのは勝手だが当地では販売しないという「売止」という措置に出た。本居宣長の畢生の大作『古事記伝』も『古事記』の類板とされたのであった。

需要が望める出版企画という点では、永楽屋東四郎に同調する江戸の蔦屋重三郎や大坂の河内屋太助といった書肆が存在しなかったわけではない。だが如何せん、それぞれの土地の本屋仲間の束縛から脱することはできなかった。そこで永東が打った次の一手が、まさに妙手であった。その一手とは、比較的名古屋とは差し障りの少なかった江戸に出店を出すことであった。当初は蔦屋重三郎との相合版《あいあい》という形をとるが、諸々のことがあって一八二〇年（文政三）〜一八四一年（天保十二）の間に、永東は江戸三組書物問屋仲間への加入を果たしたのであった。一八四三年（天保十）からは永楽屋丈助の名が、刊記に現れる。この丈助は一八五二年（嘉永五）に家出、同年十二月に養子豊蔵が跡を継いでいる。

永東の出版上の特徴について見てみよう。岸雅裕「翻刻『東壁堂蔵版目録　全』」・「翻刻『明治十四年七月訂正　東壁堂製本目録』」（前掲『尾張の書林と出版』）という永東の蔵版目録が備わっている。前者は、文政五年のものである。また架蔵の『煎茶早指南』巻末に、「尾陽東壁堂製本略目録」（五丁半）（天保末〜弘化頃）が付いているので、この三目録を見比べて考えてみる。なおこの「尾陽東壁堂製本略目録」の末尾の奥付は、

尾州名古屋本町通七丁目　永楽屋東四郎
江戸日本橋通本銀町二丁目　同　出店
濃州大垣本町　同　出店

となっており、大垣にも出店があったことがわかる。蔵版目録の内容から、何か大垣との関わりがないかと見てみたが、別段のこともないようである。大垣の出身の者が永楽屋へ奉公して暖簾分けをしてもらい、出身地で開業したのであろう。一八八八年（明治二十一）の『尾陽商工便覧』掲載の「東壁堂／永楽屋片野東四郎」には、名古屋玉屋町三丁目の大店舗が描かれているだけで、江戸店（東京店）と大垣店については何も書いてない。

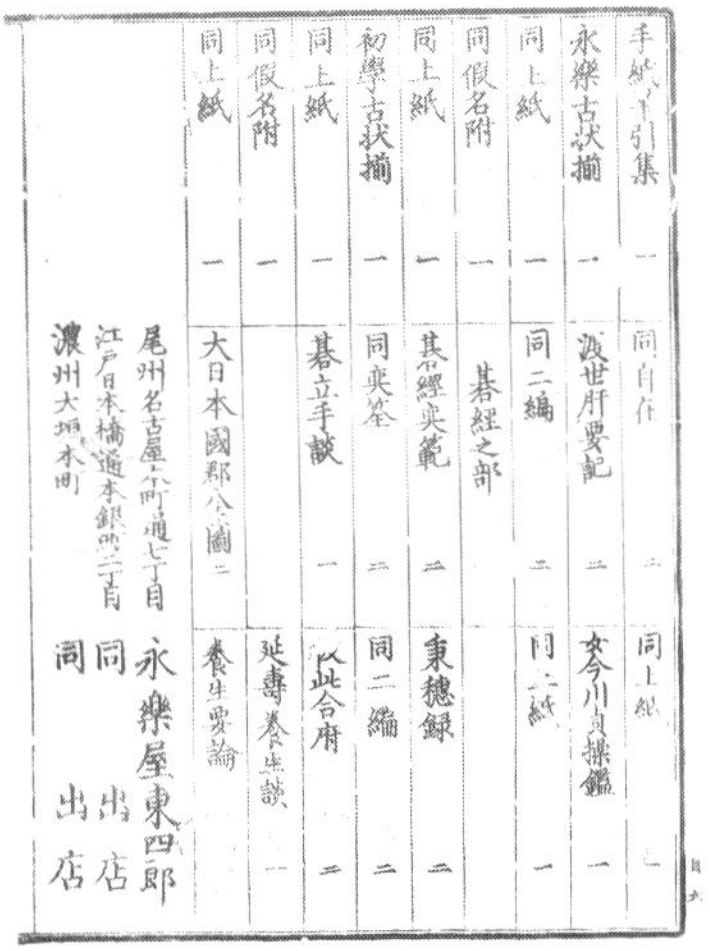

尾陽東壁堂製本略目録 奥付

永楽屋の出版物の特徴は、

1 本居物（本居宣長の著作）、石原物（石原正明の著作）、及び田中大秀、服部中庸といった国学関係者の書物。
2 冢田物（冢田大峯）、河村益根、岡田挺之、秦鼎といった藩校明倫堂の教授たちの著述。
3 小田切春江の著作。
4 『北斎漫画』を初めとする絵本。丹羽嘉言の『福善斎画譜』も含まれている。
5 『大日本国郡全図』（これまでは出版が許されていなかった国別地図帳）。

といったことになろうが、いずれも地元に密着しているという特色があったり、特定のジャンル（例えば「絵本」）に限ったように、なかなか鋭い着眼点と言えよう。付言するに、本来大惣本であってもおかしくない西郊田楽子（神谷剛甫）『道戯縁起《おどけえんぎ》』も『明治十四年七月訂正　東壁堂製本目録』に載っていた。この本の板株（版権）は、のちに名古屋の松屋善兵衛の手に移る。（服部 仁）

早矢仕有的

外国文化輸入の総合商社・丸善の創設者

（一八三七―一九〇一）

洋書と高級文具の取扱いに現在でも力を入れている老舗の書店・丸善の創業者である早矢仕有的《はやしゆうてき》は、一八三七年（天保八）、現在の岐阜県山県市笹賀に生まれた。有的の誕生を見ずに、二十六歳という若さで他界した父と同じ医者になる志を持ち、大垣で西脇其延から西洋医学、江馬俊卿から蘭学を学び、名古屋の鈴木要造の下で修行を積んだ。十八歳で地元へ戻り（この時に幼名の左京を有的に改める）、村医者として五年間活躍。とくに〈吹き込み疱瘡〉という手法を用いて、天然痘の予防に努めた。

二十三歳の時、隣村の庄屋で有的の患者でもあった高折善六から支援を受けて単身上京。恩人への感謝の念は、のちに有的が書店を開業した際に「丸屋善七」「善八」など、彼の名前に因んだ屋号を用いている所に表れている（上京から十三年後に初めて帰郷した際には、当時珍品であった「ケット」を贈っている）。当初は按摩業等で開業のための資金を稼ぎながら、江戸での生活を始めた。坪井信道について蘭法医学を学ぶうちに、按摩を施した人の縁故によって、一八六〇年（万延元）、日本橋橘町に医院を開業。医者としての本格的な活動を開始する。同時に岩村藩主松平能登守のお抱え藩医として、二十人扶持を受けた。

早矢仕有的（丸家稔氏提供）

やがて時世から英学の必要性を自覚し、まず信道の弟・谷信敬の門下生となり、一八六七年（慶応三）・有的三十一歳の時に福沢諭吉が主宰する慶応義塾の門を叩く。福沢は有的より僅かに二歳年長であるが、以降長きに亘って有的の事業に深く関わる人物となる。入塾後、薬研掘にあった医院を閉じ、舶来文化の窓口・横浜へ居を構えるが、それは当地の梅毒病院へ任命を受けたためであった。その傍ら、一八六八年（明治元）十一月に新浜町の自宅で書店「丸屋」を開く。今日の丸善の誕生である。福沢の著書を委託販売することから始め、徐々に専門的な学術書を揃えるようになり、日本橋通三丁目（現在の丸善社屋がある場所）、京都、名古屋等へ店舗を広げる。実業家としての一方で、D・シモンズやヘボンらと共に医師としての活動も継続するが、一八七一年暮れに共立病院仮院で失火により火傷を負ったことに起因してか、二年半ほどの兼業を経た後、有的は実業に専念することとなる。

　有的の事業は、書籍、家具等の舶来品輸入に留まらず、丸屋唐物店（一八七二年）、民事紛争仲裁機関・自力社会（一八七七年）、丸家銀行（一八七九年）、直輸会社・貿易商会（一八八〇年）、生糸・茶を扱う丸善内外介商店（同）等、文物の輸出入と産業発展に大きく貢献した。このような活動を蛯原八郎は「福沢の所謂士魂商才主義を、身を以て例証した最も建《ママ》実な一人物」と評した。そればかりか、有的は志のある若者を支援する活動をおこない、医師時代には診療所「静々舎」（一八七〇年開設）で医学生の育成に取組み、自から医学書の輪講も行なった。

　実業家時代にも、「誰でも又ドンナ事でも自ら新に計画し且熱心に之を実行すると云ふ誠意を見届けたら之を応援し且つ自由自在に手腕を揮はせ」た（一八七九年入社・赤坂亀次郎談）。例えば中村道太（西洋簿記法を逸早く導入した社員）が一八七七年に国産花火（とくに豊橋花火）の輸出に目を着けると、実物広告として公園で打ち上げる計画に賛同し、援助をおこなっている。十一月三日の打ち上げに際し、福沢も「豊橋煙火目録序」を草して支援し、外国人から多くの注文を得た（「読売新聞」十一月十日の記事）。

　ワンマンに陥らない経営手法は、設立当初から丸善が株式会社の形式を採っていたことや、「日本全国ノ繁盛ヲ謀リ同国人ノ幸福ヲ助ケ成サヾル可ラズ」（『丸屋商社之記』）という方針にも表れている。実業家としての有的の活動は、松方デフレの煽りを受けた丸家銀行の破綻（一八八四年）によって終わりを告げる。それまでに拡張した事業は、最も小規模な書店業を除いて解散を余儀なくされ、横浜正金銀行からの為替建替金が、有的の個人債務として残った。内地の取引先からは掛け売りを拒まれたが、横浜オリエンタルバンクからの支援や、「英国ロンドンノ薬店ブルコインバアビット商会ハ別ニ信用状ヲ請求セズシテ注文品ヲ送レルノミナラズ横浜ヨリノ「丸家銀行破綻ニ由ル丸善ノ信用欠乏ニ関スル情報」ノ写シ及ソレニ対シ同商会ノ返信「自分方ハ二十年来ノ取引ニ鑑ミ尚ホ丸善ヲ信用ス」」（「丸善社史資料　早矢仕有的年譜」）等、海外で築いてきた信用によって、丸善の消滅は回避された。

晩年に自宅で鉱石の実験に勤しむ弱々しい有的の姿を、内田魯庵がのちに「學燈」で回想しているが、文明開化と共に歩んだ有的は、多くの人々との縁に恵まれた人物でもあった。上京や江戸での開院を援助した人々、外国人医師との交流、そして福沢を始めとした慶応義塾の人脈。一八八六年に甥の民治が編んだ「たとへかるた」へ有的が加えた「れい落は友を知る」の一句は、大きな債務を負った彼に対し、縁を切らなかった友人への深い感謝の言葉でもあったのだろう。

（牧　義之）

和田篤太郎（一八五七—一八九九）

春陽堂の〝髯おやぢ〟・若手文壇人の良き理解者

三丁目に洋風四階建の丸善、通りを挟んで斜向かいの四丁目に、三階建黒塗り土蔵づくりの春陽堂が店を構えていた。一八八七年（明治二十）頃、東京・日本橋通の風景である。

尾崎紅葉『金色夜叉』を初めとした明治期若手作家の文芸書や、雑誌「新小説」を刊行し、博文館、丸善と並んで近代出版文化を拓いた書肆・春陽堂。その創業者・和田篤太郎《とくたろう》は、現在の岐阜県大垣市荒川町に農

和田篤太郎（和田欣之介氏提供）

家の第三子として生まれた。有的が蘭学を学んだ地も大垣である。篤太郎は一八七三年に単身上京し、苦労を重ねて巡査となり、一八七七年の西南戦争では、官軍の抜刀隊として戦地・熊本へ赴いた。帰京後は巡査を辞め、一八七八年から本の小売行商を開始、二年後には新桜田町十番地に僅かな雑書を並べる書店を開いた。一八七九年頃より実用書や稗史小説から出版に手を染め初め、『三十五日間　空中旅行』（ヴェルヌ）や『魯敏孫漂流記』（デフォー）等の翻訳書を刊行して、春陽堂の名が世間に知られるようになった。

愛読者に、当時新聞社に勤めていた小説家・須藤南翠がいた。南翠と篤太郎とはやがて相計って雑誌『新小説』（第一期・一八八九年一月〜）を刊行する。翌年の二月号で事実上廃刊するも、「春陽堂の事業としては、必ずしも失敗ではなかった。当初の目的とした店の広告になったのと、文学書肆としての信用をかちえ」ることが出来た（山崎安雄『春陽堂物語』）。

日清戦争の景気により出版点数が増加し、第二期「新小説」（一八九六年七月〜）を刊行する。交戦録が売れる中、戦後の文芸雑誌需要を見込んでの計画であった。この時、編集主任に迎えたのが幸田露伴である。篤太郎は若手作家の発掘を精力的におこない、『三日月』が売れた村上浪六や、尾崎紅葉ら硯友社作家の小説作品を、次々と単行本として刊行した。「新小説」は若手作家の登竜門と目されるまでに発展するも、篤太郎の経営は堅実で、単行本は初版一五〇〇、再版一〇〇〇という部数を固く守っていた。しかし発行部数によって待遇の差を設けることはせず、例えば紅葉と露伴に対して同格の原稿料を支払っていた。これは、篤太郎がどの作家に対しても友人として接していたことによる。特に硯友社の作家からは「春陽堂の髯」「髯おやぢ」の綽名で親しまれていた。文芸出版の一方で、「美術世界」の刊行や、失敗に終わったが外国向けハンカチの発売により、木版画の美術的価値の普及にも努めた。

のちの円本時代にも名を馳せた春陽堂の基礎を築いた篤太郎は、一八九九年二月二十四日、数え歳四十三で亡くなった。有的と同様に自伝を残さなかったため、初期春陽堂の活動は不明な部分が多いが、篤太郎に続く春陽堂の出版活動が、あたかも明治・大正文学史と重なるかのように、文壇に与えた影響は大きかった。

（牧 義之）

岩瀬弥助　（一八六七—一九三〇）

大量の古典籍を収集し、私立図書館を創立

岩瀬弥助《やすけ》（一八六七〜一九三〇）は西尾の実業家（肥料商）で、偉大な古典籍専門図書館である岩瀬文庫（現・西尾市岩瀬文庫）の創設者として知られている。ところが、その書物に傾けた過剰な情熱とは裏腹に、自らの言説を紙の上に残すことについては、ひどく消極的で、なぜこんなに大量に古書を集めたのか、謎に包まれている。

　私は二〇〇〇年度より、文庫開設以来初めてという全資料調査に従事し、全体の九割を越える一万七千七百余タイトルの古典籍について調査を終了、そのすべてを過眼した。

岩瀬弥助

　この稀有な体験からわかったことを紹介しよう。

　まず、驚くことは重複本がほとんど見られないことだ。きれいに選書されている。蔵書構成はあらゆる分野にわたっており、収集家にありがちな偏りが見られない。が、中には明らかに意識的に手厚く集められた分野もあり、弥助の好みがほの見えてきた。まず、武鑑と吉原細見という硬軟を異にする名鑑は、日本有数のコレクションを成している。前者は旗本と大名、後者は吉原の遊女を収める。それから地図も夥しい。名鑑や地図は、その時々の変化に応じて、毎年刊行され、とても数が多いが、それを古いところから、せっせと集めている。

　特記すべきは地誌（地方の地理や歴史を記した書）だ。収集の対象は、地元であるか否かにかかわりなく、全国各地にわたり、古文書的な資料や片々たる社寺の案内冊子にまで及んでおり、そこにかけた情熱がひしひしと伝わってくる。

　その古書購入の様子については、こんな話がある。二十数年前、伊賀上野の古典籍専門古書肆、沖森書店の沖森直三郎翁（故人）よりうかがった直談だ。翁は大正期、大阪の伝説的古書肆、鹿田松雲堂で働いていた。その頃、京阪の古書店主たちは、毎年暮れが近づく頃になるとやって来る岩瀬弥助をあてにして、あらかじめ古典籍を仕入れて待っていたという。弥助は必

西尾市岩瀬文庫と旧書庫

ず現金で支払うので、現金が必要となる歳末にはありがたい顧客だった。こんな風に本屋に愛される客にならないと、良書を大量に集めるのは難しかっただろう。しかも、現金決済の代わりに必ず値引きをさせて購入したらしい。三十代で幡豆郡随一の資産家となったという、商才に長けた弥助らしい買い方だ。

弥助自身は唯一、一九〇七年、文庫開設記念として地元の伊文《いぶん》神社に奉納した石灯籠に、文庫を創った意図について、次の言葉を刻んでいる（原文は漢文）。「余、嘗て一小文庫を設立し、これを身にも人にも施し、これを不朽に伝えんと欲す…」。つまり、自らの死後のことをも視野に入れ、文庫を公共の用に供することによって、古書の永久保存をはかったのだ。

結果的にこのねらいは、見事に功を奏した。

明治以降、急速に中央集権の進む中で、失われつつある「封建」の記憶は、名鑑や地誌をはじめとする書物の中にこそ残ると考え、文庫に集めて未来へ残そうとしたのだろう。もはや、中央集権の害悪が頂点にまで達してしまい、真に「地方の時代」であった江戸時代に培われた貯蓄を使い果たしつつある昨今、弥助の抱いた危機意識とその先見性は瞠目すべきで、今こそ再評価が必要ではあるまいか。（塩村 耕）

Ⅲ　あの人のB面

北海道の名付け親

松浦武四郎

（一八一八―一八八八）

幕末・維新を生きた探検家の知られざる生涯

松浦武四郎

蝦夷地探査を志すまで

幕末にはるか北方を目指し、真摯なまなざしで真実を見つめた男がいた。その名を松浦武四郎《たけしろう》という。

一八一八年（文化十五）二月六日、伊勢国須川村（現 松阪市小野江町）で、和歌山藩の地士（郷士）を務めた松浦家の九代目当主時春と妻登宇の間に第四子として生まれた子は、寅年の寅の刻に生まれたことにちなんで、虎と縁起の良い組み合わせとされる竹をとって「竹四郎」と名づけられた。「武四郎」と書くようになるのは後のことである。

父・時春は茶事俳諧を好んだ風流人で、幼少期の武四郎は夜になると寝床で父から鎌倉時代や室町時代の合戦を題材にした軍記物語の話を好んで聞いたという。

七歳になると、自宅近くの真覚寺（真学寺）で来応和尚から読み書きを習い、諸国の名所を図入りで紹介した「名所図会《めいしょずえ》」を愛読した。十二歳の頃には来応和尚が大般若経を唱え、狐のとりついた娘を狐から解き放ったことで、武四郎は僧侶にあこがれを抱き経文を覚えるなどした。

十三歳の頃に起こった文政のおかげ参りは、一年で全国から五〇〇万人ともいわれる人びとが伊勢神宮に押し寄せたとされる。武四郎の実家は伊勢神宮へと続く伊勢街道に沿っており、おかげ参りの旅人が数多く行き交った。名所図会を愛読していた武四郎は、旅人の多さに大きな刺激を受けたことだろう。

十三歳から津藩の儒学者平松楽斎のもとで勉学に励んだが、十六歳になる直前に楽斎のもとを辞し実家へ戻った。そして、突然家を飛び出し、

…先私《さきわたし》わ江戸《えど》、京《きょう》、大坂《おおさか》、長崎《ながさき》、唐又《からまた》わ天竺《てんじく》へでも行候《いきそうろう》か…

と認めた手紙を残し、ひとり江戸へと旅立った。

家出同然の旅はすぐに実家へと連れ戻されることになったが、旅に出たい気持ちを抑えきれず、十七歳から諸国を遊歴する旅に出る。全国を巡る旅の中で各地の名山に登っているが、山岳信仰と仏教が習合した修験道に憧れてのことだ。十九歳で四国八十八カ所の霊場を巡拝し、山陽・山陰地方を巡っている。この頃の旅で持ち歩いたメモ帳が残されているが、そこには丁寧に名所をスケッチするとともに、米粒よりも小さな字で訪れた先の情報などがビッシリと書き込まれている。武四郎の旅のスタイルは、ただ見るだけでなく、歩きながら記録するものであった。そして、見た景色、聞いた話を記録する姿勢は、のちの北海道の探査で活かされることになる。

二十歳で九州を巡り歩くが、長崎で病に倒れ、土地の人びととの手厚い看病の甲斐あって回復すると、世話をする僧侶の勧めで出家し、文桂という名の僧侶となった。自身の松浦家のルーツでもある平戸の寺院で三年ほど住職としての生活を送るなかで、家出の手紙に書いたように、彼の目は唐（中国）、天竺（インド）へと向けられる。壱岐、対馬へ渡り、さらに朝鮮半島を目指そうと試みた

が、鎖国体制のもとでは、その思いを果たすことはできなかった。

その後、長崎に滞在するが、著しく外交が制限されていた日本で、長崎は中国・オランダとの貿易の窓口であったため海外からの情報が入ってきた。画僧から絵を学び、知識人と交流を重ねる生活のなかで武四郎を驚かせたのは、ロシアが蝦夷地（今の北海道）を狙っているという話であった。二十六歳の武四郎は、日本の将来を憂い、強い危機感を抱くとともに、いったいどこからどこまでが日本の国土であり、ロシアによって狙われている蝦夷地がどういうところかもわからないようでは、この国を守ることなどできない、まずやるべきことは蝦夷地の様子を明らかにし、多くの人びとに伝えることであると、蝦夷地探査を決意した。

一度郷里に戻ると、四国や九州の旅で得た情報を整理し、豊富なスケッチとともに各地の様子を詳述した『四国遍路道中雑誌』、『西海雑誌』を執筆する。二十七歳で蝦夷地を目指して旅立った武四郎は日本海側を北上。津軽の鰺ヶ沢へ達すると、二十八歳でようやく蝦夷地へ渡ることができた。

アイヌ民族の良き理解者となる

武四郎は二十八歳から四十一歳にかけて六度にわたり蝦夷地の探査をおこなうが、初めの三回は一個人としての探査であり、蝦夷地で待っていたのはアイヌ民族との出会いであった。武四郎の探査はアイヌの人びとに支えられ、寝食を共にするなかで親交を深め、さまざまな情報を教えてもらうことができた。

三度目の探査を終えた武四郎がまとめた調査の記録は、当時の幕臣や志士に大きな影響を与えた。この頃、江戸で志士たちと盛んに交流し、吉田松陰らと海防問題について話し合うなどしている。

一八五三年（嘉永六）六月にアメリカのペリーが浦賀に来航し、七月にロシアのプチャーチンが長崎に来航すると、武四郎は攘夷の勅命を幕府に下すよう朝廷に働きかけようとする松陰や藤田東湖ら志士たちの頼みを引き受け、密書を携えて江戸から京へ上っている。また、翌年には再来航するペリー一行の動向を探るよう、伊予の宇和島藩に依頼され、伊豆下田で情報の収集にあたるなどした。そして、日米和親条約が結ばれたことで、長く続いた鎖国体制も終わりを迎える。日露和親条約を結んだロシアとは、日露の国境が問題となる中で、武四郎は幕府から蝦夷地御用のお雇い入れを申し渡される。四回目から六回目の蝦夷地探査は幕府役人として調査の任にあたった。

寝食を共にする調査を通じて、アイヌの人びとは、武四郎に信頼を寄せた。異文化を認めるより、自分たちの文化が当たり前と考えた時代に、武四郎は蝦夷地の地理や動植物を調べながら、一方で自然を巧みに生かすアイヌ民族の文化に、自分たちにはない優れたところがあることを見出した。しかし、そのアイヌの人びとに対し、蝦夷地に進出した和人は文化を尊重するよりも、自分たちと比べて劣っているとし、過酷な労働を強いたことが一因となって、アイヌ民族の人口は激減の一途をたどっていた。武四郎は探査で、アイヌ民族の人口の実態も丹念に調べ、その危機的な状況を幕府へ提出した調査報告書に記している。

武四郎は、六度の調査成果をまとめた一五〇冊を超える日誌（調査記録）を完成させる一方で、一般の人びとへ向けて、蝦夷地の様子を紹介するための紀行本などを出版したほか、アイヌ文化をわかりやすく世に紹介するため、自ら絵を描いた『蝦夷漫画』、アイヌの人びとが置かれていた状況を克明に記録し、その人間性をありのままに紹介した『近世蝦夷人物誌』を著す。

『近世蝦夷人物誌』は、アイヌ民族の優れた姿とともに、役人や商人による非道な行為も実名をあげて世に出そうとしたため、幕府は出版を認めなかった。のちに近世ルポルタージュの最高峰とも評されるこの本は、独自の文化を育んできたアイヌ民族が、和人によって過酷な状況に置かれている実態を明らかにし、それはアイヌの人びとに非があるのではなく、和人の側に問題があるということを、何も知ることのない江戸の人びとへ訴えようとするものであった。こうした武四郎の活動は、松前藩の役人や、その下で漁業経営を請け負う商人たちから妨害されることはもちろん、命を狙われることになった。しかし、武四郎は決して筆を止めることなく、時には馬小屋に隠れて執筆を続けたのである。

旅そのものだった生涯

今第一にやるべきことは、明日の開拓よりもまずアイヌ民族の生命と文化を守ることであると、調査報告書を通して幕府に訴えた武四郎は、明治維新を迎えると、大久保利通から蝦夷地に詳しい人物と評価され、政府へ登用されることとなった。

武四郎は蝦夷地を松前藩に二度と支配させないこと、非道な商人を排除することなどを条件に政府の役人になることを引き受ける。そこにはアイヌの人びとが安心して暮らすことができる社会を目指そうとする強い意志があった。政府では「蝦夷地」という名を改称することとなり、その撰定に武四郎が携わった。そして六案を提案したが、最も思いを込めたのが「北加伊道」であった。

武四郎は五回目の蝦夷地探査で天塩川を調査していたところ、アイヌの長老から「カイ」とはこの国に生まれた者を指すことを聞いた。それをもとに、「北にあるアイヌ民族が暮らす大地」という思いを込めたのが「北加伊道」であり、政府で検討された結果、「北加伊道」は「北海道」と字を改め、一八六九年（明治二）八月十五日、「蝦夷地」が「北海道」に改称された。北海道の国名（のちの支庁名）、郡名も武四郎がアイヌ語地名に基づいて撰定に携わっており、「北海道の名付け親」と呼ばれる所以がここにある。

武四郎の訴えは商人たちにとって大きな問題であった。これまでの利権を失うことを恐れた商人たちは、開拓使の長官に取り入り、武四郎の意見が聞き入れられることはなかった。アイヌ民族を尊重する立場を貫く武四郎は、開拓使の中で長官・次官に継ぐ開拓判官に就いていたが、その官職や、これまでの功績が認められて叙された従五位という位階もなげうって野に下った。大きな政治の流れの中で、自分一人の力ではどうすることもできない無念さは、その後に用いた「馬角斎《ばかくさい》」という雅号からも伝わってくる。

晩年の武四郎は、珍しい石や古銭、古物の収集をおこない、同好の士と展覧会を開き、収集した珍品の図録を「撥雲余興」と題して出版したほか、天神信仰にも篤く、菅原道真にゆかりのある西日本各地の二五の天満宮を聖跡二十五霊社と定め、神鏡を奉納するなどした。さらに各地を旅して小型の紀行本を出版し、六十八歳から大台ケ原に登り、七十歳で富士山にも登っている。これまでの旅の生涯を振り返る思い出の場所として、東京神田五軒町にあった自宅に畳一畳の書斎を建てるが、全国の知人から贈られた古材を組み合わせたもので、日本で最も小さい部屋とされる。一八八八年二月十日、七十一歳でこの世を去ったが、その生涯はまさに旅そのものであった。

さまざまな価値観を受け入れる広い心、偏見を持たない眼、常に先を切り拓く力――道なき道を歩いた武四郎の足跡は、大きな道（業績）となって、今も色あせることなく輝きを放っている。

（山本 命）

日本の探偵小説の創始者

江戸川乱歩

（一八九四―一九六五）

パノラマ館やお化け屋敷、幻灯機に恋こがれた名古屋の少年時代

江戸川乱歩

江戸川乱歩《らんぽ》が三重県名張に生まれ、のちに多感な少年時代のほぼすべてを名古屋で過ごし、青年期の一時期を鳥羽で送ったことについては、昨今よく知られるようになってきた。とかく乱歩は物語の舞台を東京に設定することが多かったため、東京の作家とみなされがちだが、そしてそれは或る意味当然でもあるわけだが、その一方で彼は放浪癖があり、東京、名古屋、大阪にとどまらず新潟、京都、神戸などなど、気の向くまま足の赴くままに彷徨い歩いた履歴を持っている。通常の作家なら、そうした放浪の旅で接した風景をダイレクトに物語に取り込みそうなものだが、こと乱歩においてはそうした予測を裏切って、地方都市の特色を描き込んだテクストは少ない。

どだい、乱歩が描く作品世界は、胎内願望の象徴と見られる閉鎖空間が主たるものである。長屋や下宿館の狭い部屋（『D坂の殺人事件』、『屋根裏の散歩者』など）、孤島の洞窟（『パノラマ島奇談』、『孤島の鬼』など）、妖しげな洋館の密室（『赤い部屋』など）、下町の見世物小屋（『蜘蛛男』、『悪魔の紋章』など）、洋上の船室（『魔術師』など）といった密閉空間の中で事件は起きる。いわば内面の暗

喩のような狭い空間に引きこもる快感を描く乱歩の作品世界においては、外部空間であるところの風景描写への関心はほとんど皆無に近い。したがって、物語の舞台が東京であろうが大阪であろうが名古屋であろうが、実のところはそうたいして違いはあるまいとさえ言える余地が、乱歩テクストには確かにあるのだ。とくに、一九二九年（昭和四）以前に発表された初期短編はその傾向が強い。

見世物興行に魅せられた少年時代

そんな乱歩の作家的特質からすれば、名古屋や鳥羽で幼少年期を過ごした記憶が、後年の彼の作品に何らかの影響を及ぼしているとは言い難いのではと思われるのも当然だろう。しかし、幸運なことに、乱歩が幼少期を送った一八九七年（明治三十）～一九一二年の名古屋は開化の波に乗っており、彼の父親は名古屋財閥の有力者奥田正香と近しく、乱歩の実家である平井家はモダン都市にならんとしていた名古屋の目抜き通りである広小路に店舗を構え、裕福な家内状況であった。ハイカラな文物は坊ちゃんである乱歩少年の身の回りに満ち、現に彼は当時は高級乗り物であった自転車をあてがわれて学校に通っていた。一九〇五年、名古屋市立第三高等学校に進学すると、謄写版雑誌「中央少年」を発行して、作家・編集者としての萌芽を見せ始める。折りから一九一〇年、名古屋市鶴舞公園にて第十回関西府県連合共進会（内国勧業博覧会とほぼ同目的の博覧会）が開催され、ここで十六歳の乱歩は初めて旅順海戦館というキネオラマ装置を使ったパノラマ館を体験し、生涯これに魅せられることになった。パノラマ館と同じく乱歩の作品世界の重要な舞台装置である「八幡の藪知らず」というお化け屋敷に関しても、乱歩はこの連合共進会の会場で初めて出会い、「惜しいことに子供の時分だけで、その後つい見る機会を得なかった」と回顧している。つまりは、名古屋時代にパノラマ館、八幡の藪知らずといった、後年の作品の主要モチーフに既にして出会い、以後ずっとその影響を被り続けたということになる。

そんなにも強い印象を与えた名古屋の見世物のレベルとは、いったいどれほどのものだったのであろうか。乱歩自身の言葉を引いてみよう。

（……）藪知らずで今も私の印象に残っているのは、酒呑童子のいけにえか何かの若い女が赤い腰まき一枚で立っている姿。案内人が見物の顔色を見ながらその腰まきをヒョイとまくると、内部に精巧な細工がほどこしてある。子供心に驚嘆したものである。後に至って人形の歴史みたいなものを知るに及んで、昔元禄時代かに流行した浮世人形なるものは、皆やっぱりこの仕掛けがしてあって、広く愛玩されたということがわかった。

もう一つは、汽車の踏切りの轢死の実況を現したもので、日本の鉄路、藪畳、夜、そこにバラバラにひきちぎられた、首、胴体、手足が、切り口からまっ赤な血のりを、おびただしく流して、芋か大根のように転がっているのだ。その嘔気を催すような、あまりにも強烈な刺激は、今に至っても心の底にこびりついている。

（「旅順海戦館」／「探偵趣味」一九二六年〔大正十五〕八月号）

いわゆる生き人形の系統の見世物であったのだろう。どの地域で開かれた博覧会でもそれぞれに精巧な細工であったろうが、ことに名古屋という土地は江戸時代の頃から見世物興行が華やかな興行としてもてはやされた文化を持つ。尾張藩七代藩主宗春の擁護により、大須観音を中心に盛り上がった名古屋の見世物興行において、生き人形の見世物は巨大籠細工や異国の動物の展示に比較して少なかったようだが、東海圏はカラクリ人形のメッカである。江戸時代の見世物文化とカラクリ人形の伝統とが結びついて、明治時代の博覧会でのお化け屋敷興行に迫力を与えたのかもしれないと考えると楽しい。

創作活動の原点にあった〝名古屋への郷愁〟

以上のように、少年時代の乱歩にイマジネーションの萌芽を与えた名古屋であるが、如何せん冒頭にも記したように、これらパノラマ館や八幡の藪知らずなどは全てやはり閉鎖空間における見世物であった。乱歩は幻灯機とも名古屋で出会っているのだが、これもやはり室内遊戯である。名古屋の街並み、東海の風景についての少年期の記憶を回顧する記述は、ほとんど見られない。このことから、勢い乱歩の嗜好および想像力は無国籍風の色合いを強くしていかざるをえなかったのだろうか。「幻影の城主」(「東京日日新聞」一九三五年十二月三〜五日)に、乱歩は次のように書いている。

少年時代の私は、夜、暗い町を歩きながら長いひとりごとをしゃべる癖があった。その頃は小波山人の「世界お伽噺」の国に住んでいた。遠い昔の異国の世界が、昼間のめんこ遊びなどよりは、グッと真に迫った、好奇に満ちた私の現実であった。私は現実世界よりももっと現実な幻影の国の出来事について、その国のさまざまな人物の声色をまぜて、ひとりごとをしゃべっていたのである。

いつも白昼夢を見ながら歩いているような少年にとっては、自分を取り巻く現実としての名古屋の町の風景が目に入らなかったのかもしれない。当時の乱歩少年は早熟な生存の哀しみを感じていたとはいえ、裕福な家の坊ちゃんというのびのびとした境遇であったことからも、まだ現実の風景に切実な心象風景を重ね合わせて共感する環境ではなかったとも言えるかもしれない。そのような共感の環境に彼が浸るのは、上京して早稲田大学の夜間部に苦学して通い、さまざまな職業を転々とする貧乏暮らしの中で、好んで浅草を放浪するルンペン時代を迎えてからのことである。そうした意味では、名古屋で過ごした時代というのは、乱歩の生涯において、もっとも明るく、のんびりとした、おおらかな時代であった。もし、乱歩の作品世界を〈郷愁の文学〉と呼ぶのであれば、少年期の幸せな時代に出会ったパノラマや八幡の藪知らずや幻灯機に恋いこがれ、執拗にモチーフに用いる乱歩のモチベーションは、とりもなおさず名古屋への郷愁と言い換えることも可能なのではなかろうか。

鳥羽のワカメへの愛着

さて、最後に、「あの人のB面」ということで、乱歩のグルメについて指摘して終わりたいと思う。乱歩は自身のグルメぶりについて、自分は味痴（音痴をもじって）であると述べている。名古屋圏は甘辛く濃い味付けが好みの土地柄だが、どうも乱歩は名古屋圏というよりも三重寄りの味付けが好みだったようだ。妻の実家が三重県鳥羽市であるところから、毎年そこから若いワカメが送られてくる。それを唐辛子と砂糖醤油につけて干してカリカリにした酒の肴や、海の塩の付いたままのワカメを適当の大きさにちぎって、紙ホウロクで炒った料理などが好きだった。「これには東京で市販しているような成長しきったかたいワカメではだめで、私の経験では鳥羽港のワカメの若いのが全国でも最上級の一つだと思う」（「海草美味」／「あじくりげ」一九五六年六月創刊号）とまで褒めたたえ、味噌汁の実などに使っては勿体ないと戒めている。さらには、ワカメの茎も鳥羽産のものが良く、二倍酢にして食べる方法など、実に鳥羽のワカメに対する愛着は深い。そしてまた、コンブも好物だったようで、こちらは大阪産の甘酸っぱい短冊コンブに軍配を上げている。極めつけは、八丁味噌への懐かしみとニボシのダシへのこだわりだ。「東京の人はニボシのにおいを好まぬようだが、関西でニボシに慣れた口には、カツオブシではどうもたよりない」（「週刊朝日」昭和三十一年五月二十七日）のだそうだ。ミステリ作家の食へのこだわりは多々逸話があるのだから、このあたりの乱歩のグルメ嗜好も育った土地との関わりで興味深く読めるだろう。敷浪よせる伊勢の海の海草に寄せる想いはさもあらんところである。ちなみに、乱歩の一番の好物は卵焼きだったようだ。（小松史生子）

世界映画史上のトップワンを得た監督

小津安二郎

（一九〇三―一九六三）

世界的な映画監督の原点は、伊勢の国で過ごした多感な十代にあった

三重に育った十代

小津安二郎《おづやすじろう》は一九〇三年（明治三十六）十二月十二日、東京の深川に生まれた。小学校四年から松阪へ移る。父は松阪出身で、昔流に言うなら伊勢商人・江戸店《だな》の番頭。経営は同じ血筋の本家であり、父は分家の立場だった。両者間に問題が生じてか、妻子を故郷へ。母は津の伊勢商人、中條家に生まれ、結婚時点で上京したのである。

小津安二郎（小津ハマ氏提供）

十代の十年間、安二郎の人格形成期は三重だった。小津本の多くはその辺への注目が不足気味で、現存する宇治山田中校時代の日記二種（公刊されていない）から興味深い例を若干、拾っておこう。

大正七年日記。中学二年の三学期から三年の二学期までだが、例えば二月二十六日、「夕礼後船江上社に参詣した若き男と女が密会してゐた、TとIの如く。本日は満月かな　満月や畳の上に松の影」。寄宿舎での朝礼ならぬ「夕礼」を終えて外出し、未知の現実に遭遇したのである。「TとI」は外国映画の男と女か。中学生は映画館ご法度の時代、映画を見たという記述は日記にない。八月十五日から四日間は米騒動。叙述はわずかで、家に閉じこもっていた緊張感が伝わってくる。

十一月はスペイン風邪で五日間の休校。その間に「天狗クラブの表紙を画く」（三日）とあるのは、兄らを含む松阪勢の回覧同人誌のためで、映画以前に発揮された創造の一例と言えよう。

大正十年日記。五年三学期から浪人期に当たる。五年の一学期末、稚児さん事件に連座して寄宿舎を追われ、汽車通学となったが、その間や自宅中心の日々が手にとれる。三学期、例えば学校側の目が届かないのをいいことに受験前とはいえ、松阪や津の映画館へ出かけている。

三月七日が卒業式。「ニウの服着て」登校というのも驚きだが、「田中先生、橋本先生、槌賀の所に行きお礼を申して」の部分、寄宿舎から追放した師には「先生」を付けていない。『秋刀魚の味』（六二年）の恩師、東野英治郎役にまで恨みは持続していく。

三月中・下旬の神戸高商、名古屋高商受験時に見た映画の件もあるが、浪人期に入って、やや暗い日常ながら自転車を借りて山田（四月十四日）や津（同二十四日）の映画館行きには、なお驚かされる。今日、車でそれぞれ四十分以上を要する遠さ、しかも未舗装の伊勢街道往復なのである。

一浪の後、三重師範（現三重大教育学部）も不合格となって松阪のはるか西、飯高の宮前で代用教員の一年間。小学校五年の担任、教え子たちの聞き書きを小津没後に私は試みた（「代用教員小津安二郎」）が、高齢の彼らは口々に「面白い先生やった」。小津自ら後にAUDZUと表記したのは、飯高の地元でのオーヅという発音に由来する。小津映画における子どもの活躍や、ローアングルの視角などもそんな体験と切り離せない。

初恋。宮前の芝居小屋で「青い蜜柑《みかん》」を「むいて貰《もら》ひながら喰べた」と後に同級生宛ての手紙にしるしたが、その相手は「煙草屋の娘」糸枝さん。三通の手紙に登場する。松阪第二小学校の女子クラスには原節子そっくりの子がいたという証言も耳にしたが、山村の方に確かな存在はあった。

伊勢の国での多感な十代があったればこそ一家の上京とも相まって松竹蒲田へ向かったのである。

サイレント映画の時代

入社後すぐ関東大震災。撮影助手や助監督の後、時代劇『懺悔《ざんげ》の刃《やいば》』（一九二七年）が第一作だった。完成手前で演習召集となり、本籍の関係から津の南、久居の陸軍三十三聯隊へ入隊した。蒲田時代、『大学よいとこ』（三六年）までの三十四本はサイレント作品である。

学生ものが意外に多い。上の学校へは行かなかったが、進学した同級生との交友や、アメリカ喜劇の摂取なども背景にあった。

女優との噂も数々。モガ（モダンガール）役の伊達里子。『朗かに歩め』（三〇年）『淑女と髯』（三一年）でその姿は今も見られる。オランダ人を父に持つ井上雪子。彼女が薄命の女に扮した『美人哀愁』（三一年）のフィルムは現存していない。熱を上げたこの二人、どちらも小津映画でおなじみの斎藤達雄にさらわれたが。

斎藤としばしばコンビを組んだ吉川満子にも好意を寄せた。蛇の目傘で現れた小津、「今晩は帰らなくてもいいよ」。没後の女優座談会で吉川は語っている（『小津安二郎 人と仕事』所収）。出演回数の多かった田中絹代もその中で「小津先生って…自分の組に出ているスター女優には全部ラブですね」とか、「私だって一時はき違えて、結婚してもいいという気持ちになりました」と。

だが結局、好きになっても距離を保ち、エネルギーは仕事の方へ、という構図。撮影所関係ではその姿勢を終生、保った（艶なる女性は小田原にいた。森栄。公刊されている日記、殊に三五年二、三月には芸者として彼女のいた「清風」行きが頻出。句の一例、明そめし鐘かぞへつゝ二人かな）。

サイレント期の代表作は『東京の合唱』（三一年）『生れてはみたけれど』（三二年）と、よく挙げられるが、後者と同じ年の『また逢ふ日まで』はフィルムが失われているものの脚本やスチール写真は現存する。原題「娼婦と兵隊」。上海事変が背景で、出征部隊の行進場面は木下恵介『陸軍』（四四年）の有名なシーンのルーツ。軍服姿の小津映画はないという説は誤りで、岡田嘉子の娼婦と岡譲二の軍服姿という写真も裏づけとなろう（拙著『平野の思想 小津安二郎私論』三〇六ページ）。

続く『東京の女』『出来ごころ』（ともに三三年）も社会的関心を見せる。前者の岡田嘉子役には左派教授とのかかわりを想像させる面があるし、後者のラスト近くには同じ年に殺された小林多喜二、その「蟹工船」のイメージが影を落とす。深川を舞台にした「喜八もの」の第一作などと言われるが、実はその東隣り、荒涼とした砂町に場を設定した点こそ重要だろう。

『出来ごころ』公開が九月七日。十六日から月末まで久居聯隊。日記はその間の「イベリット」訓練を皮肉まじりにしるす。救いは日曜外出で津の祖母の家、除隊後の松阪・山田・京都行きだった。

小津の戦争体験

『一人息子』（三六年）で遅ればせながらトーキーに踏みきる。撮影所も大船へ移った（トーキーの小津作品は計二十本。すべて現存するが、不完全な二例を含む）。三七年七月、日中戦争へと拡大、映画監督にも手は及び、八月の山中貞雄に続き、九月には小津も召集された。

戦地からの手紙に慰安所の記述が目につく。三八年四月一日付、定遠から野田高梧宛にもあるが、五月三日付、蚌頭から中学の同級四人宛には慰安所心得の数項目を紹介した後、「大阪で買つて貰《もら》つた防具は雲煙万里、その効用を発揮してゐると云爾」と煙に巻いた。中学で同級だった置塩高は小津が大阪から出港する前にかけつけ、ウィスキーや「さる品…防具」を手渡したと回想している（『小津安二郎君の手紙』）。小津らの部隊は徐州戦、武漢戦へ向かったのだが、日記は三八年末に再開された。その中にも「半島人二名支那人十二名」（三九年一月十二日、応城）と人数や、値段。また「女たちも転々と九江まで来た」（二月九日）云々とある。記録魔と見ていい。

九江から南昌へ向かう作戦では修水河を渡る必要があった。渡河の際、陸軍は日中戦争最大の化学戦を敢行したが、三月二十日の記述は発射実態など詳細。記録的価値も高い。二〇一二年三月、全国小津安二郎ネットワークの知友らと私も現地を訪れたが、例えば木曽三川や宮川の下流域の静けさそっくりで、戦闘の苛酷を逆に思ったものである。

行軍の路上で泣く赤ん坊への目。中国側の抗日的宣伝文句の一字一句をメモしていく姿勢。そのような三月末から四月初めにかけての記録ぶりは、ネオリアリズムの先駆でもあった。

一方では南京の中国人僧侶に揮毫してもらった「無」。山中貞雄との再会、また戦病死の報。大陸での二年近い体験は、帰還して以降の死生観を伴う作風に深く影響した。

四三年六月、シンガポールへ派遣された。四六年一月までの日々は大陸とは異なる体験となった。

戦後の十八年間

戦後の小津についても、その人生や作風の低音部に耳を傾け、終楽章アレグロのテンポで――。

①『麦秋』（五一年）のあと野田高梧と三重や京へ。志摩で日記に「原節子との噂しきりなり」。『東京物語』（五三年）の脚本づくりの過程で競輪の車券に熱中。損得の額が日記にはいくつも。

②自らの脚本「月は上りぬ」を田中絹代に撮らせた一九五四年、溝口健二と緊張関係も生じたが、

秋には里見弴、野田と西への旅。その間の交通費、ホテル代、チップ代などしるすノート「旅」は記録魔と合理主義。伊勢商人ゆずりのそんな面は共同脚本づくりの綿密さにもつながっていく。

③『早春』（五六年）『東京暮色』（五七年）における男女の危機。日記にその辺と関係する例はどうなのだろう。片や森栄、彼女は小津の鎌倉移居の世話もした。原節子の件とともになぞは残る。

④『東京暮色』で野田高梧との葛藤。助け舟は里見弴。『彼岸花』（五八年）『秋日和』（六〇年）を小説、映画で競作した。その二作や最後の『秋刀魚の味』に見られる猥談すれすれの男たちの会話。

⑤カラー作品になっても物干しが登場。『お早よう』（五九年）のオナラ、『浮草』（同年）で賀原夏子のシミーズ姿。例えばグルメ志向は有名になったが、作中におけるこうした面への執着にも注目。小津作品は社会性が希薄と論難したジャーナリズムへの一矢、流行よりも不易と。

⑥『浮草』や『小早川家の秋』（六一年）の中村鴈治郎役は、いわゆる小津調を突き崩す側面を抱える。関西的なにおいも、小津映画の別の可能性を暗示していた。そう言えば、家族重視と映る作品系列も、終生、単身者だった地点からの所産ではあった。

⑦『秋刀魚の味』の軍艦マーチ。伍長・軍曹という下士官だった体験からくる複眼的心境の結実と見ていい。また東野英治郎役。同級生仲間やクラス会を重視した小津だが、中学での師・槌賀安平を会へ招くことには抵抗し続けた。証拠の書簡も現存する（前掲拙著五二〇ページの注9）。そんな粘りは伊勢人的。東京の要素を殊更に強調する小津論では解き明かせない一例と言えよう。

⑧六十歳の一九六三年十二月十二日に没した。生没が同じ日というめぐり合わせ。死生観を見え隠れさせたいくつもの作は、自らのB面をも見事にA面へ包み込んだ。時を経て、十年ごとの「サイト・アンド・サウンド」誌による世界映画史上のトップテンが待ち受けたのである。

（藤田　明）

天才童話作家

新美南吉 （一九一三―一九四三）

強過ぎる自意識を抱えていた作家のラブレターが証言するもの

半田中学卒業の頃の南吉（右端）と級友（1931年）

一人だけそっぽを向いている記念写真と言うと、H_2Oの「想い出がいっぱい」の一節が思い浮かぶ。思い当たられた読者も多いだろう。オリジナルの発売は三十年ほど前だが、あだち充原作のテレビアニメ『みゆき』のエンディングテーマに起用されてヒットし、その後もカバーが繰り返されている。

さて、まさにその歌詞通りの一葉をここに掲げる（上写真）。写っているのは男ばかり五人。若者らしい気負いは伝わってくるが、甘酸っぱい初恋の思い出などとはおよそ縁遠い情景だ。誰もが精いっぱいのポーズをキメている中で、右端できっぱり横を向いている一人が否応なく目立つ。記念写真の雰囲気などまったく無視して「己は己だ」とでも言いたげな、この中学生こそ十七歳の新美正八《にいみしょうはち》、のちの童話作家新美南吉《にいみなんきち》である。

南吉は一九一三年（大正二）七月三十日、現在の半田市に生まれた。今年が生誕百年に当たる。伝記読物『良寛物語　手毬と鉢の子』（一九四一年）と童話集『おぢいさんのランプ』（一九四二年）の二冊を遺して、三十歳の誕生日を迎える前に世を去った。死因は喉頭結核。編集を終えていた『花のき村と盗人たち』『牛をつないだ椿の木』の二冊が、没後に刊行される。

「北の賢治、南の南吉」と併称される二人の国民的童話作家は共に短命であった。しかし、宮沢賢治の享年は三十七歳。南吉はまさに夭折の童話作家であり、その一生には病弱なイメージがつきまとう。前ページの写真に象徴される他人より目立ちたいという強い思い、明らかに過剰な自己主張や自意識こそが、そんな南吉を支え、多くの傑作童話を世に残す原動力となったのではあるまいか。

進路をめぐる葛藤

四月から半田中学（現在の半田高校）四年生に進級する一九二九年（昭和四）。年明けの早い内から南吉の進路が話題にされていたようだ。家の経済状態は思わしくなく、旧制中学には四年修了で上級学校へ進学する道もあった。南吉は首席を争う秀才である。にも関わらず、父・多蔵にとって進学などもってのほか、「貴様は小学教員で了れば好い」「小説を止めろ！」と頑に繰り返す。この父の言葉を録した二月九日の日記には、

新聞広告欄に「家庭教師に雇はれたし」と求職し、東京の某金満家に雇はれ、早稲田大学予科に入り、文科を卒へて新聞記者になり、自分の作品を発表する

という自らの夢を「はかない空想」として記している。

父への反発をバネにするかのように、南吉は童謡・童話を盛んに創作、諸雑誌に投稿した。「赤い鳥」は残念ながら三月号で休刊していたが、投稿作品はしばしば掲載の栄誉を勝ち取る。中でも、

四月から五月にかけて執筆された「古井戸に落ちた少佐」(後出「張紅倫」)は自信作だったらしい。

その頃の魂のうめきは、五月十九日の日記の一節、

俺はやはり、一度も芽を出さずに亡びる男だらうか。/そんなばかな/そんなばかなことは無い筈だ!

に象徴されている。世に出ずに終るものか、という南吉の強い思いもうかがわれよう。九月には家族の反対を知りながら、自ら中心となって同人誌「オリオン」を復刊。諸雑誌への投稿や同人誌の発行は、当時の作家志望者が世に認められる道である。葛藤の中で南吉の文学への思いはいよいよ強まっていた。しかし、そんな南吉の健康状態に注意しておきたい。

午後、身体検査があつた。栄養が甲だつたので吃驚して了つた。今まで、乙斗りだつたから。(四月二十二日)

「空想」が現実になったとして、新聞記者のような激職に耐えられるかどうか。現実を置き去りにしたまま、常に理想へと突っ走ってしまう南吉なのである。

戦争の影/失意の二年間

一九三一年九月、満洲事変が勃発する。日中一五年戦争の戦端が開かれたわけだ。未だ遠かった砲声は、しかし、南吉の進路に微妙な影響を及ぼした。

この年、南吉は岡崎師範(現在の愛知教育大)の受験に失敗、母校半田第二尋常小学校(現在の岩滑小学校)での代用教員勤めを余儀なくされる。不合格の理由は体格虚弱。「栄養が」「乙斗りだつた」南吉は、とくに胸囲が狭く、体重も軽過ぎたようだ。戦争が意識される時代の空気は、強壮な

男子＝強い兵士を求める。合格基準ギリギリの体格だった南吉は不利だったに違いない。

南吉の性格からして、不合格という現実を突きつけられた衝撃はどれほど大きかったことか。この失敗体験は、言わば南吉の退路を断ち、負けじ魂が創作への思いを加速させた。雨で体育の授業ができなくなると、児童に童話を語って聞かせ、その中には「ごん狐」の原型もあったと言う。事実、「赤い鳥に投ず」と注記された草稿「権狐」が、十月の日記に録されている。「赤い鳥」はこの年の一月に復刊、「正坊とクロ」（八月）や「張紅倫」（十一月）が「南吉」のペンネームで掲載され、「ごん狐」も翌年一月号の誌面を飾った。童話作家新美南吉が産声を挙げたのである。

その一九三二年四月、南吉は東京外国語学校（現在の東京外語大）英語部文科に入学、上京を果たす。南吉の希望が認められたように見えるが、そう単純ではない。体格と学力は違う。浪人しても岡崎師範に進学できる可能性は高まるまい。しかし、中等教員の免許なら外国語学校で取得できる。進路をめぐる父と子の葛藤は、こんな理由で妥協を見た。いささか皮肉な結論と言えよう。

しかし翌年、「赤い鳥」の両輪・北原白秋と鈴木三重吉が訣別、童謡詩人巽聖歌に兄事していた南吉は投稿の場を失う。さらに喀血も経験、「空想」の実現に近づくような東京生活ではなかった。四年後、卒業にあたって、止めを刺すような現実が南吉を見舞う。軍事教練の単位が不足で、教員免許を取得できなかったのだ。前年度まで必修ではなかったと言うから、これも戦時色の影響に他なるまい。いずれにせよ、これが失意の二年間の始まりとなった。南吉が童話作家として活動した期間は、すべて日中十五年戦争の戦時下であり、このように戦争の影がしばしば差す。

東京土産品協会に就職したものの、意に染まぬ就職は南吉の健康を蝕み、十月には再び喀血、帰郷のやむなきに至る。しかし、帰郷しても安息は訪れない。病床にあって、学歴相応どころか、そもそも仕事すらできない息子。プライドの高さは、そんな自己像となって南吉を苛む。何とか職を得たのは、翌一九三七年四月、河和第一尋常高等小学校（現在の河和小学校）の代用教員であった。

ラブレター

代用教員という地位が南吉のプライドを満足させたはずはない。上京を果たし、外語卒の学歴を手にしたからには、なおさらであろう。しかし、その勤めは南吉に一つの出会いをもたらした。

拝復／シヨパンをきかざる幾日コ、アをすすらざる幾日窓前の水蓮未だ花たもてるや否や何と気取った、気障で鼻持ちならない書き出しであることか。これは、そこで出会った女性教師・山田梅子に南吉が送ったラブレターである（書簡番号37　以下番号のみ記す）。九通発見されている彼女宛ての書簡のうち、最も早い一九三七年八月十六日の日付を持つ。

従って正確な来歴はわからないが、「シヨパン」と「コ、ア」は二人にとって暗黙の了解、愛情の記号だったらしい。同じ年の一一月八日付書簡にも「されどかのシヨパンぞ忘じ難しコ、アの熱き一匙も亦」（44）と登場する。河和に訪ねたいと書いた後に続けて「あの部屋が懐しい」（42）とも記しているから、それらは南吉をもてなす梅子の心尽くしだったのだろう。不遇を託っていた南吉にとって、自分を理解し、都会的な雰囲気を味わわせてくれる梅子は、忘れがたい貴重な存在だったに違いない。そんな文脈なら、ラブレターにありがちな甘い文句として免罪できよう。

そんな梅子に、南吉はずいぶんと甘えている。「名古屋では外語卒業は尊ばれる」から「体は大丈夫」と嘘を吐いても名古屋で働きたい（38）とか、「中学の先生といふ地位はうらやましい」が「アテが全然ない」（41）とか、プライドを満足させられる職に就けない不満を漏らす一方で、「岩

安城高女時代の南吉(1931 年?の遠足時)

滑のコクトオ」(37)などの気取った署名。そして、「結婚しよう」(43)とまで書き送りながら、一九三八年四月一日消印の書簡(45)で、南吉は一方的に別れを告げる。「家にて縁談起り我が侭一切容れられず」「何卒御海容下されたし」と言うのだが……。

代用教員をやめた南吉は、九月から杉治商会に就職、一九三八年三月六日には、安城高等女学校(現在の安城高校)採用内定を告げられる。辞令は三月三十一日付、当時、同校校長の職にあった恩師佐治克巳の奔走の賜物であった。南吉は着任早々、五月十日から十六日まで、四年生の修学旅行を引率して東京・日光・善光寺を回る。憧れの中等教員となり、以後三年間、健康にも恵まれた(写真)。充実した教員生活の傍ら、童話作家としても次第に認められてゆく。晩年、再び健康を害するが、そんな中でも優れた作品を書き続けたことは前に述べた通りである。

着任以後のエピソードや作品については、すでに多くの言及があるから、今は贅さない。しかし、南吉がこうした活躍を示す直前、失意の南吉を支えた心の交流があった。慌ただしく閉じられた九通の書簡は、その記念として「忘じ難」い輝きをいつまでも放っているのである。(酒井敏)

*新美南吉の日記と書簡の引用は『校定新美南吉全集』第十巻、第十二巻(大日本図書、一九八一年)に拠り、漢字を現行の字体に改め、仮名遣いは原文通りとした。ルビ等は適宜省略している。

異色の表現者 2

春山行夫（一九〇二―一九九四）

詩人、編集者、ラジオ名回答者まで

春山行夫《はるやまゆきお》は詩人の他に三つの顔をもっていた。一つは広範な知識を生かした雑誌や書籍の編集者。一つは西洋文化の研究者。そして三つ目はNHKラジオの人気番組「話の泉」の名回答者であった。

春山行夫

春山の生家は名古屋市東区主税町（現 白壁）、本名は市橋渉、白壁一帯は尾張藩の家老から下級武士の屋敷のあった町。春山の生まれた頃は竹藪の多い淋しいところであった。父親は西洋への輸出陶器の絵付け業をやっていた。周囲はいち早く西洋文化を取り入れた雰囲気のある町であったようだ。

いいとこのぼっちゃまだった春山が、名古屋市立商業学校に入学して間もなく、父親が病に倒れたので、春山が家を継ぐことになったため退学、そして家族は岐阜県の土岐に移り、彼一人名古屋に残って、株式取引所に就職した。

一方小学校卒業の頃から、井口蕉花《しょうか》を知り、文学に興味をもつようになった。やがて二人で同人雑誌「赤い花」を創刊（一九二一年〔大正十〕）、また夜学の英語学校に学んだ。さらに仏語も独学でマスターした。詩への関心は佐藤一英、高木斐瑳雄、斉藤光二郎（のち光次郎）等と名古屋詩話会を結成、一九二二年、詩雑誌「青騎士」を創刊した。「青騎士」は名古屋からでた本格的な詩の雑誌であり、また日本で出された最初のモダニズムの詩雑誌である。残念ながら井口蕉花の死により一九二四年に廃刊となった。

この時期、春山は佐藤一英と親しくなり、毎日のように会い、詩論をたたかわしたという。春山は一英の影響か東洋の文化に関心をもった。しかしその後はま

すます西洋の文物に惹かれていく。一方、一英は深く東洋に向かい、両者は相反する詩人となった。

一九二四年七月、第一詩集『月の出る町』を出すと、画家松下春雄に誘われて上京したことが一つの転機となって、一九二九年（昭和四）、第二詩集『植物の断面』ではモダニズム詩人の先頭をきるようになる。代表作「白い少女」という作品では、「白い少女 白い少女 白い少女　白い少女」と、六×一四＝八四の「白い少女」という語が並ぶというもの。それが一篇の詩として、違和感なく完成したものと感じられる。

一方、厚生閣書店に入社すると、季刊雑誌「詩と詩論」を編集発行（一九二八年五月創刊、のち「文学」と改題し全二十冊刊行）、西欧の新しい文学を積極的に取り入れ、日本文学の前衛として成果を上げた。また同社より「現代の芸術と批評叢書」を編集刊行した。第一書房にも招かれ、雑誌「セルパン」の編集にあたり、その博識を生かして、海外文化の紹介に貢献した。

しかし、軍国主義が強くなると、文学を離れて西洋文化の研究に打ち込み、戦後はその面での活動が主となった。「話の泉」出演もその一面である。著書に『春山行夫の博物誌』（一九八六―一九九一年）などがある。（斎藤 亮）

北園克衛（一九〇二―一九七八）
山中散生（一九〇五―一九七七）
日本モダニズムの礎を築き、世界水準で活動

日本のモダニズムの豊饒さを体現した、東海地方に縁あるふたりの人物がいる。北園克衛《きたぞのかつえ》と山中散生《やまなかちるう》である。北園は比較的名が通るが、山中は知る人ぞ知るという知名度であろうか。ふたりは詩人だが、それを超えて日本のモダニズムの礎となる活動を展開した。バイタリティー溢れる彼らは、モダニズム芸術の象牙の塔に籠もることなく、堅気の仕事を持った。北園は図書館員、山中はNHK職員として身過ぎしつつ、芸術活動に邁進したのである。ただ高尚な芸術に溺れるのではなく、世間一般に経済的基盤を求めて交わった彼らの処世は、端的に彼らのバランス感覚の良さを示しているように思わ

北園克衛

れる（山中の処世やバランス感覚については、黒沢義輝「生誕百年 山中散生――シュルレアリスム紹介のパイオニア」「三田文学」第三期、八五巻八四号、二〇〇六年で紹介されたエピソードも参照）。

　北園の生まれは、現在の三重県伊勢市である。一九一九年に中央大学に入学後、一九二三年頃より詩作をスタートする。その後、未来派・立体派・ダダなどの影響を受け、雑誌「GE《ゲエ》・GJMGJGAM《ギムガム》・PRRR《プルル》・GJMGEM《ギムゲム》」に与する。更に、句作やステファン・マラルメやポール・エリュアールなどの訳詩、評論を発表、そして、一九三五年（昭和十）には日本モダニズムの達成と述べてよかろう、伝説的な雑誌「VOU」を創刊した。戦前・戦中の北園は、このような多様な表現手段・媒体を駆使しつつ、世界的な水準において表現活動を展開した。

　無論、戦後の北園もまた、新たな表現の獲得を目指した。その逢着が「プラスティックポエム」である。北園が提唱したプラスティックポエムとは、その名の通り詩なのだが、我々がよく知るところの国語教科書に載るようなタイプの詩ではない。それは、造形詩と呼ばれるもので、写真を表現の基盤とした詩である。彼は、「室内の身近なところにあるもの」である「海外の雑誌・新聞の切り抜き、針金、厚紙の切り抜き、荷造り用のひも、石、粘土」を被写体とした（金澤一志「詩としての写真、写真としての詩」『カバンのなかの月夜――北園克衛の造型詩』国書刊行会、二〇〇二年、六三～六四ページ）。そして、それら撮影した写真を「詩」として世に問うたのである。

　とは言え、このような前衛的作品に北園の本領のすべてがあったわけではない。北園はデザイナーとしても抜きんでた才能を発揮している。最も多くの人々が目にしたのは、ハヤカワ・ミステリ文庫のエラリー・クイーンの一連の作品の表紙ではなかろうか。舶来のミステリーをスタイリッシュなデザインでパッケージした仕事に、見覚えのある人は多いはずだ。商品として消費されることを拒む間口の狭い作品だけではなく、誰もが触れ得る商品の瀟洒なデザインに自らの芸術を刻みつけた北園の作品は、大衆文化のただ中でも光り輝いた。このことは、二〇〇五年にあのオシャレな雑誌「Casa BRUTUS」が、デザイナー北園を特集した記事を掲載したことからもよく理解されよう。

　一方、名古屋に生まれた山中散生は、「日本におけるシュルレアリスム紹介の草分け的存在」（黒沢義輝「山中散生ノート（一）」「名古屋近代文学史研究」一四〇号、二〇〇二年、二ページ）と高く評価されている。名古屋中学校（現 名古屋学院中高校）を卒業後、名古屋高等商業学校（現 名古屋大学経済学部）に進学、在学中から詩人としてのキャリアを歩み始めた。一九二九年に同人誌「Ciné《シネ》」を創刊、地方誌でありながら日本シュルレアリスムの先鋒となった。一九三三年のエリュアールとの文通をきっかけに、やがて欧州等のシュルレアリストたちと直に交流を深め、ボン書店などからブルトンやエリュアールの作品を翻訳出版したのみならず、瀧口修造と共に『海外超現実主義作品展』（一九三七年）を開催するに至った。このような山中の惜しみない尽力は、一九三八年フランスで出版された『シュルレアリスム簡約辞典』において山中の名前が記され、日本シュルレアリスムの推進者として紹介されることにより、正当な評価を得た。

瀧口修造／山中散生編
『アルバム・シュルレアリスト』表紙、1937 年

　山中が著した『シュルレアリスム 資料と回想』（一九七一年）には、書簡などが紹介されており、具体的に彼の世界的交流をうかがうことができるが、その中に興味深い名前が登場する。ハンス・ベルメールである。ベルメールといえば、シュルレアリストというのみならず、球体関節人形作家としても有名であり、現代日本の大衆文化にもその影響を強く残している。例えば、押井守監督のアニメ映画『イノセンス』（二〇〇四年公開）に登場するサイボーグの意匠はベルメール人形そのままであり、また、ベルメールの作品が日本のゴシック・ロリータ文化とも密接な関係を持っていることは一目瞭然である。このような日本のサブカルチャーにおけるベルメール受容の立役者として、一番に名前が挙がるのは澁澤龍彥であるが、それ以前にベルメールと交流を持ち、日本と彼を結びつけたのは山中であった（山中とベルメールの関係についてはウェブサイト「ハンス・ベルメール：日本への紹介と影響」からも教わった）。

　北園がブックデザインで我々の身近に芸術家としての生の痕跡を残したのだとすれば、山中は現代日本のサブカルチャーの遙か基層に自らの活動の痕跡を残したのだと言えよう。（水川敬章）

山本悍右

戦時下にも瀟洒な前衛詩誌を発刊

（一九一四―一九八七）

山本悍右《かんすけ》はシュルレアリスムの写真家、画家でありまた詩人でもあった。一九一四年（大正三）三月、名古屋の生まれ。本名勘助（あの戦国の軍師と同姓同名なり）。父は写真機材商の草分けで山本五郎商店を経営した。

名古屋市立第二商業学校を卒業、上京してアテネ・フランセでフランス語を習得する一方、明治大学仏文科ではフランス詩を学び、詩を通じてシュルレアリスムに近づいた。一九三〇年、山中散生編集発行の詩誌「Ciné」を通じて山中散生、亀山巌、春山行夫を知った。

一九三一年秋、十七歳、独立写真研究会の会員となり、一九三六年、名古屋の丸善画廊で最初の個展を開催。翌年、この丸善画廊で開催の「海外超現実主義作品展」に日参し多くを学んだ。そして、一九三九年二月、山中散生、下郷羊雄、坂田稔らの「ナゴヤ・フォトアバンガルド」結成に参加した。

その間、一九三八年十一月にシュルレアリスム詩誌「夜の噴水」を創刊。のちに人間国宝となった安部栄四郎の手漉出雲和紙を用いた実に瀟洒な詩誌であった。あるとき、山本は同誌について次のように私に語った。

「当時、あまり理解されていなかったシュルレアリスムをもっと皆さんに紹介していこうと思ったのですね。しかし、第五号を刷っているとき、このような雑誌は国民の士気を弱めるものだという警察の弾圧がありまして、結局、第五号は世に出ませんでした」

同誌には、エリュアール、カルダン、マルグリット、タンギー、アルプ、エルンスト、キリコ、クレー、マン・レイらの作品が紹介され、山中散生、江間章子、北園克衛、村野四郎、野田宇太郎らの作品が掲載された。

二・二六事件、盧溝橋事件、国家総動員法公布と軍国主義化が急激に強化され、言論統制が断行され、用

山本悍右

紙不足も激しく、雑誌などの出版物が激減し、名古屋地方における文学活動も沈滞の淵に低迷していた時代に、このような瀟洒な「夜の噴水」が少部数ながらも発刊されていたという事実は一つの驚異といってよいだろう。

　戦後、一九四七年、後藤敬一郎らと写真集団VIVI社結成。一九五五年には、後藤敬一郎、近藤龍夫らと東海写真家集団「炎」を設立。一九五六年、銀座と名古屋において個展を開催。また一九五八年には前衛詩人協会の結成に参加した。一九七〇年刊行の名古屋豆本『バタフライ』は山本唯一の本でストリップの世界を美しい詩の言葉で描出、評価は高い。

　一九八三年、名古屋の新フランス学院にて「山本悍右絵展」開催。一九八七年四月、肺がんにて逝去。七十三歳であった。

　歿後十四年の二〇〇一年八月、東京ステーションギャラリーにて「シュルレアリスト　山本悍右展」が開催され、その前衛的で硬質な美が大きく評価された。

（木下信三）

下郷羊雄　（一九〇七―一九八一）

『シュルレアリスム簡約辞典』にも作品が収録

下郷羊雄《しもざとよしお》は一九〇七年（明治四十）十二月、芭蕉にゆかりの深い鳴海の旧家、千代倉本家の次男として生まれた。愛知県立第五中学校時代にドイツ表現派の影響を受け、静岡高等学校（旧制）時代は社会科学の理論と実践に深入りし中退。一九二八年の秋、京都の津田青楓洋画塾に入塾し初歩より習練を開始した。

　その後、キュビスムを研究、一九三〇年にはシュルレアリスムに深く影響され、翌年、半年ほど東京に在住して修業を重ね、一九三二年、名古屋市瑞穂区菊園町にアトリエをかまえ、二科展に入選した。

　その翌々年には独立展にも入選。一九三五年秋、名古屋と東京銀座において前衛的個展を開催し、翌年、新造形型美術家協会の会員となり、瀧口修造、山中散生を知った。

　一九三八年、アンドレ・ブルトンとポール・エリュアールの共編によりパリで出版された『シュルレアリスム簡約辞典』には、下郷の作品「夜の験証」の写真が収録された。同辞典には日本人としては下郷ら四人の作品の写真掲載とともに瀧口修造、山中散生についての簡単な記事が掲載されている。

ところで、一九七三年のある日、下郷の回想談を録音テープにとったことがある。そのとき彼は次のように語りはじめた。

「そうだな、わたしが影響を受けた人ということになれば、やはりアンドレ・ブルトンだと思うなあ。まあ、わたしの一生を左右した人としてブルトンがあるといっても過言ではないと思うねえ」

一九六三年五月、愛知県美術館において「下郷羊雄に於ける前衛画の展開」と題する下郷の回顧展が開催され、三十点の絵画が展示されたが、そのほとんどが超現実主義の絵画であった。すなわち、ブルトンの影響をうけて制作された作品であった。

さらに一九三八年から四一年にかけての下郷は前衛写真に熱中し、「ナゴヤ・フォトアバンガルド」を坂田稔、田島二男、山本悍右らと結成。また一九四〇年には超現実主義写真集『メセム属』を刊行した。

メセム属とはツルナ科の矮小多肉植物で南西アフリカの稀雨地帯の乾燥原にのみ原生する。写真集は縦十八センチ横十三センチの螺旋綴じ。下郷の好意で私は三カ月ほど机辺において毎日のようにその写真集を眺めたことがあった。超現実主義の純芸術目的のためと同時にサボテン趣味家の喝采をも期待した写真集であった。

晩年、下郷は遠祖知足にならい耳足と号して俳句の世界に没頭した。〈リビドー論にぴくぴくと眠る山／足引の山桜戸を蹴る音す／火口原の花ならば菜の流し雛〉など十句ほど、私の個人誌に寄稿してくれた。一九八一年四月病逝。七十三歳であった。（木下信三）

下郷羊雄（左）と亀山巌

「異色の仕事人2」

高田金七

生没年は不明

名古屋の本格的ホテル営業の元祖

一八九五年（明治二十八）、名古屋市西区三ツ蔵町一丁目八番地（現 中区錦一丁目）に、名古屋で二番目のホテル、名古屋ホテルが開業した。一番早く開業したのは志那忠ホテル・ド・プログレスで、一八八七年に営業している。名古屋ホテルを建設したのは、同じ敷地内に旅館「大賓館」を経営していた高田金七である。彼は、旅館の開業当時から外国人を宿泊させるためのホテル建設を目論んでいた。もともと高田は、名古屋・大須の観音堂裏にあった旭遊郭の「金波楼」を経営しており、そこで儲けた金をホテルにつぎ込んだのである。

ホテルを手がける前に彼は、箱根宮ノ下・富士屋ホテルの創業者である山口仙之助（一八五一―一九一五）を訪ね、教えを乞うている。富士屋ホテルの創業は、一八一八年だが、仙之助の考えと同じく、ホテルをつくり外国人からの金を儲けることは外貨の獲得になり、日本の財政にも寄与すると考えたのだ。彼は建築に関してはうるさく、金に糸目をつけずに良材を求め独力で建設した。

名古屋ホテル

ところで名古屋電燈が設立されたのは、一八八七年九月、一部地区に送電を開始したのは二年後の一八八九年十二月である。点灯戸数四〇〇戸余であった。多くの家庭が石油ランプで生活をしていた時代だから、ホテルといっても一般的には理解されにくい存在であった。

名古屋には、手本になるような様式の建造物はなかった。このため出入りの棟梁格の大工二名を数日間に渡って神戸に派遣し、外人居留地の商館や外人たちの生活様式をつぶさに観察させた。こうして立面図ができあがったが、木造ゆえの苦労も多かった。木材は、長年の使用に耐えうるためにすべて欅《けやき》を使用した。基礎工事も大変だったが、ようやく英国式ゴチック風の木造五階建てのホテルが完成した。一階は、食堂、酒場、事務室、二階から四階は客室二十六室、五階は欄干付の展望台をしつらえた。

当時の外国人客は、日本を訪れた際は神戸から入り、西コースは京都、奈良を経て東京、箱根、日光を観て横浜から離日した。東コースはこの逆コースを取るのが一般的で、名古屋は通過地点に過ぎなかった。名古屋の観光する場所は、熱田神宮、お城、大須観音、犬山城、瀬戸の陶器町の見学が定番であった。のちに日本ライン下りや長良川の鵜飼い見物、中山道の新緑、紅葉などが好評を得た。

一九〇四年には、いずれも二階建ての別館と日本館を建てており、客室をそれぞれ八室、一二室備えていた。なかでも日本館には、三〇畳敷きの日本座敷を上段の間とし桃山御殿式の控え室二室を備え内外の人たちから重宝がられた。

ちなみにカゴメの創業者、蟹江一太郎は、一九〇二年、懇意にしていた西洋料理店勝利亭の主人、平野仲三郎から教えられ名古屋ホテルを訪れた。彼は、ここの厨房で料理長の好意でトマトソースを手に入れることができた。これを参考にして翌年からトマトソース（現在のトマトピューレ）の生産が始まるのである。

名古屋ホテルの経営は、金七の息子の鐵次郎に受け継がれるが、その後経営不振になり一九二一年（大正十）に大阪ホテルの傘下になり、姿を消すのである。

（安保邦彦）

鈴木政吉

日本で初めてバイオリンを量産した男

（一八五九―一九四四）

鈴木政吉《まさきち》は、一八五九年（安政六）、現在の名古屋市東区宮出町に生まれた。父正春は、百姓の出であったが士族株を買い、尾張藩の七石二人扶持の軽輩《けいはい》であった。もともと細工好きで琴や三味線づくりの内職に腕をふるい、家族六人を養っていた。政吉は、十四

鈴木政吉

歳の時に従姉の嫁ぎ先である東京・浅草の塗り物商・飛騨屋の奉公人となった。三年間の厳しい手仕事に耐えて覚えた塗りの感覚が、のちのバイオリンづくりに役立つのである。

　帰郷後は家業を手伝っていたが、一八八四年（明治十七）に父が病死。鹿鳴館時代に象徴されるように、西洋化の波で和楽器の斜陽は避けられない見通しになった。彼には長唄の素養があった。当時、学校教育には唱歌が採用されており、教師になれば高給が見込まれることもあって、長唄の稽古仲間のつてを頼って愛知県師範学校音楽教師、恒川鐐之助《りょうのすけ》の門をたたく。

　そこで同門の甘利鉄吉から観せてもらったのが和製バイオリンである。すっかりバイオリンに魅せられてしまった政吉は、徹夜で寸法を取って一週間でつくりあげた。苦心作を甘利に見せたところ、ほめられた。一八八七年十一月のことである。

　一八八八年初めには、これに勢いを得て第二号の製作を始め、助手数名を雇うようになった。名古屋商工会議所『名古屋商工会議所工場要覧』（一九三五年）によれば、鈴木バイオリンの創業は、一八八八年とされる。第二作は売れて注文も増えてきたが、数カ月後に岐阜県師範学校に舶来品があることを聞き、自分の作品を持って比較する一騎打ちを挑んだ。ところが惨敗。彼は将来バイオリンの需要が増えてきた場合、外国品に占められてしまうこと、したがって国益のためにも国産化が至上命令に思えた。そのためには、本業の傍らではだめだと、琴や三味線の製造業をやめて、バイオリン製造に徹することを決めた。当然ながら家族、親戚一同は、大反対であった。

　政吉の優れたところは、一八九〇年代に大量生産が可能な設備を自分で開発したことである。バイオリン頭部の渦巻き状の部分を成形する鉋《かんな》削り機械がそれである。彼は輸入機械を見てその必要性を感じ、六カ月をかけて自分の力でものにした。その二年後には、バイオリンの表板（腹板）や裏板（背板）に丸みを持たせる鉋削り機を発明している。彼が独自に考案し特許を得たこうした専用機械は、従来の職人仕事の手作業から工場における大量生産方式を可能にした。

一九一四年（大正三）七月に第一次世界大戦が欧州で始まり、一九一八年十一月に終わった。ヨーロッパの戦乱は、ドイツ、フランス、チェコなどの弦楽器メーカーに壊滅的な打撃を与えた。反対に鈴木バイオリンは、一九一四年頃までに従業員千名を超える大企業に発展しており、バイオリンに加えてマンドリン、ギター、ウクレレ、ヴィオラおよび弓、チェロおよび弓、ダブルバスおよび弓などにまで手を広げ世界的な楽器メーカーになっていた。一九三〇年、鈴木バイオリン製造株式会社と改めるが、昭和初期の恐慌時代に激動の嵐に巻き込まれる。不況のため一九三二年（昭和七）に和議破産に追い込まれる。

一九三四年三月には、政吉と仲がよかった下出義雄を社長に迎え、再建に成功する。義雄の父・民義は、電力王と呼ばれた福沢桃介の片腕として、明治時代に東海地区で活躍した。第二次世界大戦中は、岐阜県恵那郡に疎開していたが、一九四六年に現在の所在地、名古屋市中川区広川に工場を移し、鈴木一族による経営が続いている。（安保邦彦）

盛田善平

本格的な製パン業の草分け

（一八六三―一九三七）

盛田善平《もりたぜんぺい》は、一八六三年（文久三）十二月、愛知県知多郡小鈴谷村（現 常滑市小鈴谷）で生まれた。生家の盛田家は代々酒造りを営んでおり、当主は盛田太助名を世襲していた。父橋本儀助は、知多郡大野村の橋本家からひとり娘「ふ志」の婿養子として入り、第五代目当主に当たる。善平の盛田家とは別に、小鈴谷には、酒、味噌、たまりを製造している盛田久左エ門家がある。商標は、ヤマイズミで善平の本家にあたる。善平の妹、ウタがヤマイズミの一三代目盛田久左エ門に嫁いでいる。ソニーの創業者である盛田昭夫は、そ

盛田善平

の孫で第一五代目当主となる。しかし、昭夫は、家督を弟の和明に譲りソニーの発展に尽くした。善平の叔父（母ふ志の弟）の小吉や善平の弟良吉が、酢の大手メーカー、ミツカングループ本社（旧中埜酢店、半田市）へ養子にいっており、小鈴谷の両盛田家と中埜家とはそれぞれ親戚まわりとなる。

さて、盛田太助は、酒の売行きがかんばしくなく、一八八三年（明治十六）に酒屋の廃業を決めた。その二年後に中埜家の四代目中埜又左衛門から「ビールをつくりたいから手伝ってほしい」という依頼があった。善平は、失業中だったので喜んで手伝いをし、市場調査も含め試作まで苦労してこぎつけた。一八九二年には、「丸三ビール」と銘うって大量生産に踏み切り、一八九八年には、半田市榎下にドイツ式のビール工場を建設し「加冨登麦酒」の本格生産を始めた。商標の加冨登は、武士の防護用具である兜をもじったもので、日清、日露戦争に勝ってわいていた戦勝機運に乗ろうとしたものだ。

才智にたけた善平は、東京での宣伝に力を入れた。チンドン屋を雇い入れ銀座や浅草界隈を練り歩かせるという奇策を使い人目を集めた。一方、関西では、がらりと方策を替えて幇間《たいこもち》を利用した。たいこもちは、宴席に出て客の機嫌をうかがいながらその場を賑わしくするのを仕事にした男のことをいう。「勝って兜のビールを飲め」とビールを高くかざしながら、大見得を切ったところ、これが大いに受けた。こんな影響もあってか関西地方では、現在の銘柄でいえばキリン、アサヒ、サッポロを上回るほどの売れ行きを見せた。しかし、このビールの歴史は、日露戦争後の不況で一九〇六年、大日本麦酒に吸収され幕を閉じた。

職を失った善平は、未知の商品開発に情熱を燃やす。戦争になった場合に兵隊が、戦地ですぐに食べられる食料品がないものかと干しウドンの開発もしていた。善平のビール工場が閉じた頃、知多半島では綿の織布業が盛んになり綿糸の糊付けに使う糊の需要が増えた。そこで「敷島屋製粉工場」をつくり、英国式の製粉機械を買い入れて生産を始めると良く売れた。その後、以前、神戸や横浜で食べたことのあるマカロニづくりにも挑戦したことがある。

一九一四年（大正三）には、五年間にわたる第一世界大戦が始まり、これが縁で敷島製パンの誕生につながるのである。この戦争で日本は、日英同盟協約を名目に参戦、ドイツ支配下にあった中国・青島を占領しドイツ人の捕虜四九九名が同年十一月に名古屋へ送られてきた。日独の休戦協定ができた後、陸軍から捕虜を利用することがあったら申し出るようにとの要請があった。「捕虜収容所のパンは、捕虜自身が焼くので大変に美味しい」と聞いていた善平は、マカロニの替わりにパンの製造を思い立ったのである。こうして収容所の技師の手助けを得て一九一九年十二月二十七日、名古屋市東区で敷島製パン株式会社の創立総会が開かれた。

一九四一年（昭和十六）には、善平の長男、秀平が社長になり一九六四年に秀平の長男、慶吉が社長に就任、現在は慶吉の長男、淳夫が後を継いでいる。（安保邦彦）

石田退三

（一八八八―一九七九）

トヨタ自動車中興の祖

石田退三《たいぞう》は、一八八八年（明治二十一）十一月十六日、愛知県知多郡小鈴谷村大谷に沢田徳三郎の五男として生まれた。父親を早く亡くし丁稚奉公に出されるところだったが、親戚の児玉一造の支援で滋賀県立第一中学校（現滋賀県立彦根東高等学校）を卒業し、しばらく代用教員として働いていた。教員を経て京都の西洋家具屋「合資会社河瀬商店」に勤めるが、養子縁組の結婚をし姓を石田に改める。夫人を紹介したのは児玉である。児玉は、三井物産に勤めており豊田自動織機製作所を創立した豊田佐吉と良く知り合う仲だった。のちに三井物産名古屋支店長になり商社トーメンの創立者にもなる。彼は、サラリーマンながら佐吉の自動織機の発明に理解を示し、今日で言うベンチャー企業に対する個人の投資家を意味するエンジェルであった。

石田退三

一九一五年（大正四）十一月十八日、豊田家は、児玉一造の弟、利三郎（一八八四年生まれ）を長女、愛子の婿養子に迎えた。愛子は、佐吉の長男豊田喜一郎の妹であった。利三郎は、神戸高等学校、東京高等商業学校（現一橋大学）専攻科を卒業し、伊藤忠合名に入社し、マニラ支店の支配人代理をしており三十一歳だった。彼は、のちにトヨタ自動車工業の初代社長になる。石田は、児玉一造の紹介で名古屋の服部商店（現興和）に入社、一九二七年（昭和二）まで働いている。石田は、入社してすぐに上海駐在を命ぜられる。彼は、上海に二年、香港に一年勤務し綿布を売りまくり、上海で豊田佐吉に出会い一九二七年に豊田紡織（現トヨタ紡織）へ移る。

喜一郎は、一九二〇年、東京帝国大学工学部機械科を卒業し豊田紡織に入りその後豊田自動織機に入った。彼は、父親の佐吉と織機開発をしながら織機後の新規部門として乗用車への進出を目論んでいた。一九三三年のある日に開かれた、豊田自動織機の重役会は喜一郎の自動車の製造計画に対する賛否で紛糾した。反対の急先鋒に立ったのは、取締役支配人だった石田だった。『中京自動車夜話』によれば、「喜一郎君は、自動車のために五〇〇〇万円も注ぎ込んでいるのに、此の上六〇〇〇万円出せと云ったものだから、利三郎さんも怒ってしまうし、会社の台所を預かる私も喜一郎君についていて行ったのでは、会社がつぶれるだけでなく、折角先代が築き上げた豊田家はすってんてんになると思ったので、会社と豊田家を守るために私は（注―石田のこと）反対せねばならなかった」。

しかし喜一郎の強い自動車づくりへの思いが利三郎の同意を取り付け一九三三年九月一日、豊田自動織機製作所内に「自動車部」が設置され一九三七年のトヨタ自動車工業の誕生に繋がるのである。喜一郎の夢は、乗用車づくりであったが、太平洋戦争のためにトラックの生産を余儀なくされ、生前に夢の実現はかなわなかった。一九四五年八月の終戦後、トヨタは、トラックの生産が主だったが、四九年の年末に資金不足になり「二億円の融資がなければ倒産する」事態に追い込まれた。結局、日本銀行名古屋支店長の仲介で帝国銀行（のちの三井銀）、東海銀行など二四行の協調融資で乗り切った。

ところが翌年の春からは、争議が拡大し一九五〇年四月二十二日におこなわれた労働組合との第八回団体交渉で会社側は、一六〇〇名の希望退職者を募る合理化案を発表した。これに先立つ四九年十二月の組合交渉では、「人員整理はおこなわない」旨の覚書を交わしていた。このため一九五〇年六月五日、社長の喜一郎が経営不振の責任を取って辞任、七月十七日に開かれた臨時取締役会で石田退三を豊田自動織機社長兼務のまま社長に選んだ。五〇年六月二十五日に勃発した朝鮮戦争は、〝朝鮮特需〟でわが国の産業界に大きな影響を与えた。トラックの需要は、拡大し在庫の一掃につながった。トヨタは、五〇年七月から五一年三月までの二回にわたる契約で米第八軍調達部からトラック四六七九台、三六億六四四万円を受注し、息を吹き返した。

ちなみに同社の一九五二年五月一日付けの増資目論見書によれば、第二二期（五〇年四月―九月）の損益は一億三七二三万円の赤字で無配。これに対して二三期（同十月―五一年三月）は、二億四九三〇万円の黒字で二割配当となっている。倒産寸前という苦境を味わった石田はそれ以降、内部留保を増やし設備投資は自前でおこなうという自立精神を貫いた。（安保邦彦）

七代目中埜又左エ門　（一九二二―二〇〇二）

伝統の中で創意・工夫を凝らした男

ミツカングループ本社（愛知県半田市）は、初代中《なか》野《の》又左衛門《またざえもん》が一八〇四年（文化元）、酒造りのかたわら酒粕から酢の生産を手がけたのに始まる。又左衛門は、この年に本家から分家したが、江戸へ出る機会も同時に訪れた。その頃は、酒造業界の将来に不安をもって新しい事業を始めたのではなく、皆が酒造の過程で出る酒粕の処理に困っているのを見たからである。たまたま江戸で見聞した江戸前寿司が人気を呼ぶに違いないという確信から、「粕酢を江戸で〝中野の商標〟で売ろう」と思いついたのである。それ以降、酒蔵とは別に酢蔵も構え、酢専門の職人を雇い入れて自ら酢蔵に入り浸りで粕酢の生産に励んだ。これが今日のミツカングループ本社の発展に繋がるのである。

mizkan
やがて、いのちに変わるもの。

ミツカングループ本社の社長は世襲制で、代々中埜又左衛門を襲名する。このうち、四代目の中野又左衛門は、新規事業に挑戦する精神が旺盛で、一八八八年（明治二十一）、ビールの醸造に成功している（盛田善平の項を参照）。また中野から中埜へと姓を変え、三つの線（三本線）の下に〇の商標「三つ環」を考案した（上図）。この商標は、中埜家の家紋に由来する。また三

７代目中埜又左エ門

本の線は、味、利き、香りを表し、これを天下一円に広めるという意味を込めた。長い間、中埜酢店という社名を守ってきたが、一九九八年（平成十）、グループ名に「ミツカン」を冠した。

　七代目中埜又左衛門《なかのまたざえもん》（本名政一）は一九五二年（昭和二十七）、病弱の六代目に代わって社長に就任した。二十七歳であったが、一九六〇年（昭和三十五）十一月五日におこなわれた七代目襲名披露にあたり、名前にこだわった。彼は創意、工夫を凝らした経営をしたいとの一念から「衛」を「エ」に改めたのである。名前に恥じず七代目は早くから経営に次々と新機軸を打ち出していた。業界では、末端の販売方法が量り売りであった。消費者が、家庭にある壜をもって販売店に行って酢の樽から一合とか五合とか好みの量を売ってもらう仕組みだった。こうした売り方を改めるため一九五三年に瓶詰めにした。翌年には、半田第二工場に瓶詰め工場を完成している。

　壜詰めにこだわったのは、経営の第一線に出て空樽の回収が極端に遅いのに気がついたからである。当時、酢酸が出回り安い合成酢の生産が可能であった。醸造酢のみをつくり、品質を重んじる中埜酢店の信頼性は高かった。これに目をつけた販売店が中埜の空き樽に合成酒を詰めて儲ける商法がまかり通っていたのだ。これを解消するために、銀行に頭を下げて資金を調達し一九五八年十月に東京工場（北足立郡戸田町）を竣工させる。

　ミツカンは、一九六四年、「味付けぽん酢」を発売した。東京オリンピックが開かれた年で、高度成長期の始まりでもあった。この商品誕生のきっかけは、七代目が博多の料亭で食べた鶏の水炊きだった。この料理に合うものとして、ぽん酢しょうゆがひらめいた。それから彼は、しょうゆの延長ではなくて、新しい調味料をつくるんだと部下にげきを飛ばした。ダイダイ、ユズなどの果汁や酢の配合に工夫を重ねて、コクよりも酸味を重視した。名前を短縮して「味ぽん」を発売するが、これが受けて煮汁そのものに味を付けるのが主流だった東日本に、水炊きを普及させる結果となった。「大発明だ」と生涯にわたり誇りにしたという。

七代目は、若い時から「いくら借金をしても土地さえ買っておけば将来必ず大きなメリットを生む」という揺るぎない信念を持っていた。このため昭和三十年代に銀行から金を借り、東京、大阪、福岡に工場を建設し、この積極策がその後の発展に寄与した。

生産量が、戦前の最高時の約六倍に当たる三〇万石（五万四五〇〇キロリットル）を突破した一九六七年、〝脱酢作戦〟を打ち出した。この作戦は、酢の需要拡大をはかりながら、酢以外の製品開発を進め、その割合を五〇対五〇にしようというものであった。一九八二年に超酢作戦と名称変更されたが、ふりかけ、ぽん酢、つゆ、みりん、納豆、五目ちらしなどの販売に次々と踏み切った。

一方、一九七一年、ハンバーガー、飲料、カップサラダにも進出した。しかし、安定した野菜の確保が難しかったりルートセールスの確立に時間がかかるなどの障害に気づくと将来の出血を予想し、十年後には全面撤退している。こうした点では、昭和三十年代の借金で土地を買い、工場建設を次々とおこなったことも合わせ、事業の創出と撤退に対し〝決断の男〟でもあった。

一九七七年、アメリカに進出し、現在、米国、英国、シンガポール、中国などに一一拠点、一九工場を持っている。二〇一二年二月期の海外を含めた売上高は、一六〇一億円、経常利益一六九億円だが、国内の売上高一三三一億円のうちで酢の占める割合は二八％である。（安保邦彦）

Ⅳ このスケールを見よ！

世界にその名を知られた「真珠王」

御木本幸吉

（一八五八―一九五四）

「世界の女性の首を真珠で締める」と豪語した男

御木本幸吉

海産物商から無手勝流の真珠養殖の道へ

御木本幸吉《みきもとこうきち》がはじめて明治天皇に拝謁したのは一九〇五年（明治三十八）十一月十七日のこと。そのとき、幸吉は「世界の女の首を真珠で締めてご覧にいれる」と上奏し、周りの人々はこれを大風呂敷と受け止めた。だが、これは成算があってのことだった。すでに幸吉は広大な真珠養殖場に無数ともいえる真珠貝を育て、その事業は軌道に乗っていたし、ロンドンには卸売りの店を開く手筈も整えていた。各国で開催される博覧会には御木本真珠店独自のブースを設けて、日本発の新商品・養殖真珠のプロモーションを展開し、幸吉の野望ともいえる世界進出は着々と歩を進めていたからだ。

人の手で真珠を作る、という発想は新しいものではない。すでに古代にはアリストテレスが真珠の人工形成について可能性を述べ、近世にはカール・フォン・リンネが淡水の貝を使って実験に成功している。それは――とくに西洋社会では真珠というものが人々の憧れを掻き立ててやまぬ存在であり、得ようとしても得られぬ宝物だったからだ。だが、皮肉なことに真珠養殖という事業を興し、産業までに育て上げ、世界の女性の首を真珠で飾る夢を実現したのは日本の御木本幸吉という人物だった。

日本には真珠で身を飾るという習慣はなかった。たしかに正倉院宝物には真珠を用いた聖武天皇ゆかりの装飾品があるけれど、西洋社会のように幅広い階級にまで真珠の愛好が及んでいたのではない。日本での真珠の用途はもっぱら薬種で、これは中国の本草学の影響が大きい。伊勢志摩は古来、真珠の産地として知られたところだった。その真珠は海女が採取したアコヤガイという真珠貝から取り出されるが、多くは「ケシ」と呼ばれる小粒のもので、しかもまったく偶然の産物だった。御木本幸吉は一八五八年（安政五）、鳥羽の生まれ。家業は代々うどん屋だが事業への志は強く、十代半ばには海産物を扱う商売をおこなっていた。転機が訪れたのは二十歳。元号が明治に改まったその春に幸吉は東京旅行に出かけ、そこで真珠の取引を目撃する。海産物商だから、志摩の海で取れる真珠の価値は知っていたつもりだった。だが横浜での真珠の評価ははるかにそれを上回るもので、宝石として珍重される大きな真珠の価額に幸吉は目をみはる。当時、アコヤガイの資源量は乱獲によって減少しており、真珠の産額も少なくなっていた。幸吉は当初、真珠貝の増殖を試みる。貝がいなくては、そもそも真珠は生まれないからだ。孵化して間もない貝の子どもを集める方法を考案し、一定の成果を上げることはできたが、貝から採れる真珠はやはり偶然に育まれたわずかなものだった。幸吉の脳裏にいつしか、すべての貝に真珠を作らせることはできないか、という考えが浮かぶようになった。海産物商とはいえ真珠の生成までを理解しているわけではない。幸吉は商人としての基本的な教養と知識は身に付けていたが、生物科学の分野は専門家に頼るより術はなかった。

一八九〇年、幸吉は機会を得て上京、東京帝国大学の箕作佳吉博士に面会する。箕作佳吉は若くして動物学の教授となった人物で、海外の新しい情報に通暁しており、真珠の生成原理を幸吉に教示した。真珠の中心には芯になるものがあり、それを人為的に貝の体内に挿入することで形成が可能になるかも知れないという。幸吉は鳥羽に戻り、教えに従って貝の体内に真珠の芯となるものを挿入する実験を開始する。鉛の粒、陶器を丸く削ったもの、くずの珊瑚玉やゴムを丸めたものなど、さまざまな材料を試みたが、貝はそれらを吐き出してしまい、真珠となるものはない。実はこの実験には重大な点が抜け落ちていた。本来、真珠は貝の体内組織である外套膜の細胞がカルシウムを含んだ体液を分泌し、それが結晶してできたものである。外套膜の役割は貝殻を形成することだが、侵入した異物の刺激で体内に袋状の組織ができ、その内部に「丸い貝殻」を作ることがある。したがって真珠形成にとって重要なのはその中心になる芯ではなく、貝の外套膜細胞が貝の体内に入り込むことなのだ。

英虞湾に面する入り江を借りて実験を続ける幸吉に悲劇が襲う。赤潮の発生だ。ある種のプランクトンが異常発生して海の環境を悪化させ、生物を死滅させる赤潮は今日でも真珠養殖の大敵だが、この時代はいっそう深刻だった。幸吉はすべてを失ってしまう。だが、幸吉が無手勝流とでもいう方法で取り組んだ実験が実を結ぶ。一八九三年年七月、英虞湾とは別に鳥羽の相島に生かしておいた貝を取り上げて検分したところ、貝殻の内側に半球状に形成された真珠が見つかったのだ。最初の真珠を手にしたのは妻のうめだった。丸い真珠を目指して努力を続けた幸吉にしてみれば、まだ、成功とはいえない段階だろう。だが、ともかく養殖の可能性は実証された。

1926 年米国独立 150 周年記念博覧会に出品された御木本五重塔の展示風景

真珠の「五重塔」「自由の鐘」…国内外の博覧会へ工芸品を出品

幸吉は完全な球形真珠養殖を模索する一方で、このふくらみの部分を切り取り、装身具の素材として商品化する。半分だけの真珠でも素材としては用途があった。というのも、当時、西洋で作られていた装身具には、球体の真珠を半分に切って、ふくらみを上にして取り付けた「ハーフパール」が多く使われていたからだ。幸吉の作り出した養殖真珠は、形の上では天然のハーフパールと差がない。一八九九年、幸吉は銀座並木通りに真珠専門店を開き、一方でアコヤガイの育成に適した英虞湾に養殖基地を置く。当面は半円養殖真珠を生産して、欧米に向けて輸出、事業を着実に展開していった。

その戦略のひとつが博覧会の利用だった。国内外で開催される博覧会の多くに幸吉は自前のブースを持ち、そこで養殖場のジオラマや標本を並べて、養殖真珠のプロモーションを図った。そのときにアイキャッチャーとして中心に据えたのが真珠をふんだんに用いた工芸品である。一九一〇年の日英博覧会に出品した豊臣秀吉旧蔵と伝わる「軍配扇」の精巧な複製を始めとして、一九二六年（大正十五）のフィラデルフィア博覧会には真珠と真珠貝でできた五重の塔を出品、一九三五年（昭和十）のシカゴ博覧会に真珠貝製のワシントン生家、一九三七年にはパリ万博に多機能の帯留「矢車」、一九三九年のニューヨーク博覧会に合衆国独立の象徴である「自由の鐘」の模型を出品して大きな反響を得ている。これらの工芸品に使われた真珠は養殖という技術なくしては揃えることのできないもので、おそらくそれまで誰も目にすることのなかった量と質の真珠だったといえる。一九三五年の時点で養殖場は国内外に一三カ所、九八三万坪（三二四四万平方メートル：東京ドーム六九四個分の広さに相当）を擁し、最盛時には年間養殖貝一〇〇〇万個、作業員も一〇〇〇名を超えた。

幸吉は養殖場を訪れた外国客を歓迎し、食事時には真珠貝のフライでもてなすのを常としていた。一九三〇年に来訪したアメリカの若い新聞記者夫妻にも一皿を供したところ、夫人が誤って真珠の入った貝肉をそのまま飲み込んだらしい。蒼くなった夫妻を見た幸吉は、心配は無用、立派な男の子ができるでしょう、といって安堵させた。珠を呑んで男の子とはいささかきわどいジョークだが、戦後、その記者夫妻が予言のどおり男の子を連れて再訪し、その子がパールと呼ばれていたので幸吉は大喜びした、という後日談がついている。

日本の戦後賠償はおれが払う！

実際に幸吉の夢が実現に向かったのは皮肉にも戦争のおかげだった。もちろん、幸吉は終始一貫して戦争に反対だった。そもそも装身具産業は平和時でないと成り立たない仕事だ。事実、日本が太平洋戦争に突入する前年の一九四〇年に真珠養殖業は停止の命令を受けている。終戦後、日本に駐留兵士の姿が溢れた。彼らは戦後処理のために派遣されてきたので、任務を終えて帰国の際には妻や恋人、あるいは母親に渡す土産が必要となる。そしてそのもっともふさわしい品が御木本の養殖真珠だった。天然真珠には手が届かないクラスの兵士にも求めることができる最適の土産として、御木本の真珠に人気が集まった。米軍将校たちは志摩詣でさながらに、当時、多徳養殖場内の屋敷に住まいしていた御木本幸吉のもとを頻繁に訪れた。週に三回、進駐軍の将兵とその家族たちとの面会日があった。真珠王に会うことが彼らのステイタスともなっていたのである。敗戦国となった日本で、アメリカ人に憧憬と拍手をもって迎えられた日本人がどれだけいただろうか。しかもこの時、幸吉はすでに九十歳を越えた老翁だった。

志摩まで来ることのできない多くの兵士は専用の購買で養殖真珠のネックレスを求めた。それらはどれほど多くのアメリカ人女性の首を飾ったことだろう。御木本真珠店が一九五六年、戦後一番に再開した海外支店はニューヨークの店だったが、このことは兵士たちが持ち帰った日本産の真珠の評判を裏付けているのではないか。

米元大統領ウィルソン夫人と御木本幸吉
(1932年10月13日)

幸吉は、日本の戦後賠償はおれの真珠で払うと豪語した。これは養殖真珠を景品とした宝くじを外国人向けに販売し、その収益を充てようというもので、これも「世界の女性の首を真珠で締める」ためのひとつの戦略だったかも知れない。また幸吉は外国からの観光客を直接志摩に呼び込んで、富裕客を相手に商売することを考えた。実際にノースウェスト航空から、八〇人乗りの大型飛行艇を毎週アメリカ本土から飛ばして志摩の英虞湾に着水させる、という企画が提案され、幸吉は乗り気だったという。伊勢志摩の美しい景色や新鮮な海の幸でもてなし、さらに真珠のネックレスで夢見心地にさせて年間一〇〇億ほどの売り上げを得ようという、まさに一石二鳥のアイディアだった。航空機の発達とともに飛行艇自体が役目を終えて、残念ながらこのプランは頓挫したが、その後の伊勢志摩が、幸吉の描いた青写真のように真珠の魅力を大きく訴求して発展してきたことを思えば、その慧眼には驚かざるをえない。(松月清郎)

世界一周無銭旅行を果たした初めての日本人

中村直吉

（一八六五—一九三二）

時代の寵児となった明治の快男児の心揺さぶる冒険心

中村直吉

娘の誕生も知らず海外放浪生活

地元でさえ、いまその名を知る人は少ないが、明治時代に世界一周無銭旅行を果たした初めての日本人がいる。中村直吉《なおきち》は一八六五年（慶応元）、現在の豊橋市に生まれた。かつての城下町の門前にあたる呉服町で帽子屋を営んでいたが、自らを旅行狂、風船玉と称した直吉は、家業についてはほとんどその責を果たしていない。二十二歳の時、結婚間もない新妻を置いて単身渡米、アメリカ、カナダ各地を転々とする十年間の放浪生活を送っている。その間に娘ができていたことさえ知らず、「帰朝を指折り数えて待ち侘びた妻の膝には、愛らしき或物が抱かれてあったが、驚くべし此愛らしい或物は吾輩を呼んでお父さまと言った。あゝ吾輩は何時の間にか人の子の父となって居たのだ」と自著に記している。

その帰国後も、僅かに四年をともに過ごしただけで、三十六歳の年に今度は世界一周旅行を思い立つ。

「不肖今回世界一周旅行を企てまさに発程せんとするに望み、親愛なる知友諸彦に一言を述べて告別の意を表す…」

直吉は一九〇一年（明治三十四）八月十三日、地元の新聞に、世界一周旅行を敢行する決意表明と告別の辞を掲載した。参陽社交倶楽部員だった直吉は、出発前夜の十五日に会員たちによって盛大な壮行会を開いてもらい、翌朝、花火の合図で華やかに見送られながら、汽車で送り出されたという。

〝サラバ愛する日本帝国よ！〟

大勢に見送られて豊橋駅を旅立つと、すぐに西へは向かわず、日本帝国に向かって意味深長なる訣別がしたいがためと、まずは富士登山をおこなっている。「世界一周旅行」と書いた襷を掛け、富士山頂で帽子を振り、サラバ愛する日本帝国よと、「訣別（フェアウェル）！」と叫んで世界旅行のスタートを切る姿はまさに明治の快男児である。帽子屋の店主として仕事をしたかは疑わしいが、三百年以上にわたる鎖国主義を終えた日本で、世界の大勢を見据えようと、一人日本国を背負う志を持って大旅行に出た気概が感じられるエピソードだ。

長崎まで汽車で乗り継ぎ、船で朝鮮半島に渡り、清国、ビルマ、タイ、ジャワなどアジアを周遊し、インドから中央アジアを経てギリシャ、イタリアを通り、一九〇二年の年の瀬にパリへ到着。その後アフリカ大陸へ渡り、アラビア半島、東欧諸国、ロシア、北欧、大西洋を渡ってさらに南北アメリカを巡り、最後にオーストラリアを探検して、一九〇七年六月二十五日に帰郷した。六年以上をかけて五大陸六十カ国を踏破。距離にして十五万マイルの壮大な旅である。

熱帯を通ってマラリヤ熱に苦しみ、虎に遭遇して退却したり、寒帯の気候では凍傷になりかけたりと、交通手段が発達した現代であっても困難なルートを、直吉はたった一人で旅を続けた。一つには各地にいる在留邦人を頼りに。もう一つ、直吉にとって命の次に大事だったのが、一冊の証明簿だ。今日のパスポートに近いもので、まず直吉のポートレートが貼り付けられ、貴族院議員の伊沢修二が英文で直吉の人物紹介と、世界一周旅行に出る旅の主旨を伝え、豊橋町長が記載事実に証明を与えている。このノートに行く先々で政治家や高官たちに署名をもらい、それを次の土地への足掛かりとしながら、カンパや寄付を受けて旅を進めた。

旅の浪漫伝える証明簿

この「世界各国旅行証明簿」の実物は、豊橋市の中央図書館に保管されている。署名数は国内外の四百人にのぼり、帰国後には大隈重信や乃木希典、西園寺公望など明治政府中枢の指導者たちも署名と祝辞を寄せた。直吉は自らの体験を「五大州探検記」として五巻にわたって出版しているが、その冒頭で、「国王大統領各国官憲及び知名の紳士が、親しく我輩の旅行に証明を与えたもので、今ではこの証明簿そのものが正しく我輩の旅行に裏書きするもので、何物にも代え難い宝物であると同時に、吾輩の子々孫々に奮闘的活動的精神を鼓吹する中村宗の大経典（コーラン）だ」と綴った。正式な書類ではなく、手製のノートに書き込まれた署名やスタンプだけを頼りに、直吉は各地で無賃乗車、無賃乗船を願い出ては、多くの場合は快く許されている。その大らかさと、世界一周旅行が大いなる浪漫であった時代を、百年の時を経て今にも紙が崩れそうな一冊の証明簿は伝えている。

一躍時代の寵児となった明治の快男児も、夢想家気質や若き日のフーテンぶりが祟ったのか、晩年は不遇だったといわれ、五十八歳の時、豊橋市会議員に立候補するも僅か五票で落選、六十六歳で永眠した。しかしながら、知らない世界を自分の足で見て回り、心の欲するままに冒険を続けた彼の足跡は今も私たちの心を揺さぶる力を失っていない。豊橋市中央図書館では証明簿をはじめ、著作物を手に取って読むことができる。持ち出し禁止なのでその場に行かなければならないが、一読する値打ちは十分だ。（北川裕子）

福沢桃介（一八六八―一九三八）

福沢諭吉の娘婿殿は、当代きっての色男にして電力王

福沢桃介

明治のシンデレラ・ボーイ

日本で唯一の超宗派のお寺として知られる覚王山日泰寺（名古屋市千種区）には仏舎利（釈迦の遺骨）を収める奉安塔がある。塔のある敷地に入るとすぐ右に、「福沢桃介先生之碑」が見える。石垣を積んだ上に置かれた大きな碑石には、桃介の旧友である竹越三叉による、次のような文が刻まれている。

福沢桃介君は天縦の奇才にして、其国家社会に貢献したる事実は卓抜広大、明治大正の経済史に特筆大書せらるべきものなり。君は埼玉県人にして慶應義塾に学び、その前半生は東京を舞台として飛揚したるに係らず、後半生の気力精神は全く中部日本に向つて費され、君の遺業により恵沢を受くること最も多きは中部日本なるは不思議の遭遇と云わざるべからず（後略）。

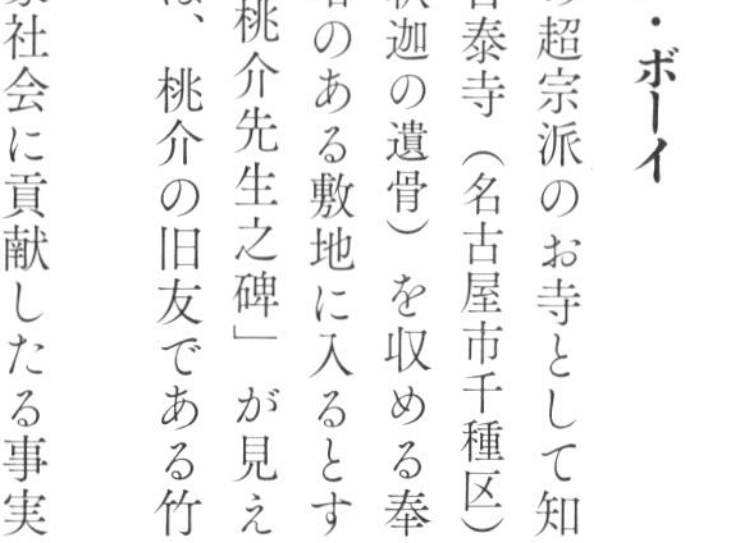

福沢桃介先生之碑（覚王山日泰寺）

「天縦の奇才」にして、経営設立に関わった会社は百以上。明治大正の経済界に大きな足跡を残した福沢桃介。埼玉の農村出身の桃介が、福沢諭吉家の婿養子となり、海外留学、そして、株屋から「電力王」となってゆくまでの軌跡を見てみよう。

福沢桃介《ふくざわももすけ》は一八六八年（慶応四）、埼玉県の農家岩崎家の次男として生まれた。川越中学から福沢諭吉の設立した慶應義塾に進学する。運動会のときに着ていたライオンの絵を書いた派手なシャツが諭吉の妻の目にとまり、次女・ふさの婿となる。その時の条件は、養子ではあるが結婚後は別家をなすこと、結婚前に留学をさせてもらうというものだった。桃介一つ目の転機、明治のシンデレラ・ボーイの誕生である。

アメリカ留学から帰国した桃介は、北海道炭鉱鉄道会社に就職するが、まもなく肺結核に倒れてしまう。しかし、これが桃介、二つ目の転機であった。結核療養中、寝ている間に始めた株式投資が桃介に大きな資金をもたらす。さらに、日露戦後のバブルも幸いして、一気に経済界の風雲児となる。相場師、山師と揶揄されることもあったが、株式投資に天才的な才覚を発揮した桃介であった。

さて、桃介三つ目の転機は一九〇七年である。桃介は相場からあっさり手をひき、実業界へと乗り出す。彼が目をつけた事業は、鉄道事業と電力事業である。アメリカ留学時にこれから日本経済の要となるのは鉄道と電力だということを見抜いていたのだ。

桃介は活動の拠点を東京から名古屋へと移す。その理由は、すでに大財閥が幅をきかせている東京よりも将来性のある地方を選んだとも、偉人福沢諭吉の呪縛からのがれるためだとも言われている。

一九一〇年、名古屋電燈会社（現在の中部電力）の常務取締役に就任する。このときは半年で辞任するが、一九〇三年（大正二）に再び常務に復帰。翌年、社長に就任する。一つの会社が一水系を計画的に開発する「一河川一会社主義」を掲げた桃介は木曽川の水力発電開発に乗り出す。

鉄道事業のほうは、一九一四年、名古屋鉄道（名鉄）の源流の一つである愛知電気鉄道の社長として就任する。桃介の夢は、東京と名古屋の間に高速電気鉄道を走らせることだった。しかし、出資者であった安田善次郎が暗殺されてしまい、鉄道事業からは手をひいてしまう。

桃介橋（長野県木曽郡南木曽町）

「電力王」対「名古屋財界」

火力発電よりも初期投資は莫大な金がかかるが、一度作れば電力は自然の力が生み出してくれる水力発電のほうが結果的に得だと考えた桃介は、木曽川の水力発電事業に乗り出す。桃介が「電力王」と呼ばれるゆえんはこの木曽川にはじまる電源開発にある。

桃介がその拠点としたのは、長野県木曽郡南木曽町であった。JR南木曽駅から少し歩くと木曽川にかかる大きな吊り橋がある。通称「桃介橋」。南木曽の観光名所となっているこの橋は、一九二二年、発電所の建築資材を運ぶために作られた。桃介はこの川の対岸に、「大洞山荘」（大同電力一号社宅、現・福沢桃介記念館）という洋館を建築し、桃介と公私とものパートナーとなった川上貞奴と住んだ。この場所を足がかりに、賤母発電所をはじめとして、木曽谷とその下流に七つの水力発電所を建設した。

桃介が木曽川に注目したのは、水量が豊富で、名古屋・大阪という電力の消費地が近いためであったが、開発事業には木曽にすむ人々の反対が大きかった。

桃介は地元の反対派を寄付金などで懐柔し、水利権を手に入れてゆく。また、桃介の指示かどうかはわからないが、会社の回し者が暴力をふるって人々を脅したということもあったという。そうした会社側の横暴に立ち向かい、交渉にあたったのが、吾妻村の戸長であった島崎広助であった。広助は小説家・島崎藤村の兄である。一九一九年、島崎広助は電力会社と公益保護に関する交渉をはじめる。前年には、弟の藤村が、広助の次女・こま子を妊娠させ、フランスへと逃げた経緯を書いた『新生』が発表されている。島崎広助にとっては公私ともに困難な時期であった。いずれにせよ、当時の木曽の人々にとってのヒーローは島崎広助、悪役は福沢桃介だった。

さて、福沢桃介に戻ろう。木曽川の電力開発に至るまで、桃介には戦わなければならなかった敵がもう一つあった。それは名古屋財界人である。

先に、桃介は、名古屋電燈会社の常務に就任したが、半年で辞任したと紹介した。この時、桃介の経営に反対したのが名古屋財界である。名古屋電燈は、もともと名古屋財界が中心となって設立した会社であった。東京からやってきた成り上がりの株屋に会社を乗っ取られるという危機感からか、名古屋の財界人たちが桃介を追い出してしまった。しかし、桃介が辞任した後、名古屋電燈の営業成績は下降する。人件費が経営を圧迫していたのだ。再び社長に就任した桃介は、一人もリストラすることなく、経営立て直しに成功する。一九二〇年には大同電力（関西電力の前身）を設立した。以後も発電事業に力を注ぎ、東海・関西の電力網の基盤を作った。

桃介は後年、名古屋が自分をもっと素直に受け入れてくれれば、名古屋ももっと繁栄しただろうというようなことを言っている。

なぜ、名古屋財界人から桃介は嫌われたのか。東京での株屋としての強引な手法が悪い噂として流れていたということもあろう。また、名古屋の排他的な風土にもよろう。しかし、電力事業をおしすすめる一方、川上貞奴との艶聞が人々の興味をひいたことも大きかった。

桃介は、彼がまだ学生時代だった十七歳の時、当時、日本橋葭町の芸者で小奴と名乗っていた十四歳の貞奴に出会う。お互い惹かれあうものがありながらも、桃介は福沢ふさ、貞奴は川上音二郎と結婚し、実業界、演劇界でそれぞれ活躍する。そして、そんな二人の人生がまた重なりあう。一九一八年、女優を引退した貞奴と桃介は、公私両面のパートナーになる。

貞奴は、時に、木曽川開発の拠点として南木曽町に建てた大洞山荘にバイクに乗って現れ、桃介とともに発電所の建築現場の視察へも同行する。また、名古屋の拠点となった名古屋市東区双葉町の洋館、通称「二葉御殿」では、芸者として、女優として培ったコミュニケーション能力をフルに発揮して、名古屋の経済界人をもてなすことで、桃介の事業の手助けをした。しかし、世間では、株屋あがりの成金社長・桃介と、芸者あがりの妾・貞奴という、スキャンダラスな関係だけが一人歩きする。こうした醜聞が名古屋のお堅い財界人から嫌われた理由の一つかもしれない。

そうした醜聞を引き寄せる理由も桃介にはあった。生涯で泣かせた女は三千人だとか、その美男ぶりでアメリカの富豪の未亡人から外債を出させたなど、色っぽい話に事欠かない桃介である。

そんな桃介の遊びの席でのエピソードがある。株で大儲けをした頃の桃介は、新橋の料亭に入りびたって豪遊を始めた。あるとき、桃介は、当時内閣総理大臣だった西園寺公望の気に入りの芸者を連日連夜呼び出して遊ぶ。気に入りの芸者がちっともやってこない西園寺は、不思議に思い、理由を聞いてみると、福沢桃介という若者が芸者を買い切っているのだという。さらに西園寺の遊びの代金までも桃介が先払いしていた。西園寺は怒りもせず、桃介を自分の座敷に客として招いた。そこから桃介と西園寺の付き合いが始まったという。

後年、桃介が名古屋に拠点を置き、木曽川の水力発電開発に力を注いでいたころ、西園寺公望は政界を引退して、静岡県興津の坐漁荘に隠棲していた。そこへしばしば訪れた桃介が、手土産に持っていったのが、名古屋の名産「宮重大根」だったという。高価なものを持ってゆけば、その人の卑しい心根が透けて見える。たかが大根でも、本当に美味しいものであれば、わかる相手はわかってくれる、それが桃介式の交際術だった。（光石亜由美）

名古屋初の百貨店を創設

伊藤次郎左衛門祐民（一八七八—一九四〇）

進取の気性で明治の名古屋に新しい風を吹き込んだ

伊藤次郎左衛門祐民

企業人としての祐民

一九一〇年（明治四十三）年二月二十五日から三月五日にかけて全国二九の新聞に、「栄町新店舗略落成致候に付、店内の設備をデパートメントストアー式に相革め、三月五日より開店披露大売出し仕候　名古屋栄町　株式会社いとう呉服店」と謳った一頁大の開店披露広告が掲載された。

名古屋で初、わが国では一九〇四年開店の三越呉服店に次ぐ「いとう呉服店」の〝デパートメントストア〟宣言であった。

この新業態であるデパートメントストア（百貨店）化を推進したのが、のちに伊藤家十五代当主となる祐民《すけたみ》である。

祐民は一八七八年、十四代祐昌《すけまさ》の四男として、名古屋の茶屋町（現 中区丸の内二丁目）で誕生した。

長男・次男は早世し、三男宮松と祐民が成人したが、その宮松も十八歳で急逝したため、祐民が唯一の嗣子となった。

やがて祐民は、江戸時代から三百年続く家業の呉服店の改革を決意する。そして店舗を茶屋町から新時代のメインストリート広小路の栄町角（現 中区栄三丁目）に移転し、百貨店「いとう呉服店」を開業したのである。

いとう呉服店

百貨店開業より三年前の一九〇七年一月末、金子堅太郎伯爵が、上野で開催される「東京勧業博覧会」に、愛知県の物産の出品と祐民の同会の審査員および幹事を依頼するため来名した。その席で金子から百貨店の開業を勧められた祐民は、市役所のある栄町角でならやってもよいと答えた。一八九八年に路面電車・広小路線が開通し、一九〇八年には熱田線が開通する予定になっていた。この二つの線が交差する南西角に市役所があった。

こうした中、その年の十月、名古屋市役所と市会議事堂が全焼した。市当局は、栄町角の焼け跡地一九〇六平方メートル（約五七七坪）を売却し、その収入で他の地所に市役所を再建することを可決した。

その土地が売りに出され、売却先として茶屋町のいとう呉服店に白羽の矢が立ったのである。

祐民は、この地の利のよい一等地に百貨店建設を思い立ったが、家業革新の主張は当主であり実父でもある祐昌の同意が得られず、一九〇八年八月の重役会でも退けられた。賛同者は鬼頭幸七（三代目）ただ一人であったという。

そこで祐民は、避暑先の舞阪（静岡県）から鬼頭宛て経由で、「（百貨店転業が）否決されれば、自分はいとう呉服店にはとどまらない」「反対論の根拠である伊藤家と伊藤銀行の信用問題は、組織を変更して両者を明確に分離することによって損なわれることはなく、伊藤家の私生活の保障も解決される」という意見書を出し、祐昌に翻意を迫った。

これには祐昌も折れざるを得ず、ここにいたって呉服店から百貨店へと伊藤家の家業が転回した。そして九月八日、百貨店経営の立地戦略の要である市役所の跡地を九万三七八円九五銭で購入。九月二十三日、その場所に槌音が響き始めた。建物は名古屋高等工業学校（現 名古屋工業大学）教授、建築科長・鈴木禎次が設計し、竹中藤右衛門（現 株式会社竹中工務店）が施工した。

祐民は、建物の竣工に先だち、一九〇九年八月から十二月にかけて、渋沢栄一を団長とする渡米実業団の一行としてアメリカへ渡り、経営の参考にすべく本場の流通事情をつぶさに視察した。

渡米実業団は、各地の商業会議所を代表する実業家約三〇名を正賓とし、ほかに米国側の希望もあって、生糸、農業、教育、貿易関係などの専門家に、医師、新聞関係者、随員などが加わった五十数名の大世帯であった。

祐民が重点的に視察した百貨店は、一八五二年にフランスで芽生え、アメリカにおいて繚乱の花を咲かせていた。

一九一〇年二月一日、「株式会社いとう呉服店」の創立総会が、茶屋町の伊藤家で開催された。

資本金は五〇万円。社長に伊藤祐民を選任。さらに同月二十五日の取締役会で、本店支配人に鬼頭幸七を任命した。

同年同月、約一年有半の年月を費やして新店舗が完成（建築費は約三〇万円）。三月一日から内覧をおこない、五日に開店した。

屋上にドームをもつ三階建てルネサンス風の洋館、ホール・食堂などの最新設備、斬新な品揃えは、「行灯《あんどん》より電灯に変わりし以上の進歩」と人々を驚嘆させた。

とりわけホール（クレハ倶楽部）は、百貨店はもとより名古屋でも初めてとあって、人々から熱狂的に迎え入れられ、催事や講演、芸事の発表会などに利用された。

祐民は、このホールでおこなう催し物を盛り上げるため、一九一一年三月に「いとう呉服店少年音楽隊」を創設した。現在の「東京フィルハーモニー交響楽団」である。

ちなみに名古屋に公会堂が出来るのはこれより二十年後の一九三〇（昭和五）年のことである（祐民は公会堂の建設にあたって、建築費用の一割にあたる二二万円余の寄付をおこなっている）。

以後も祐民は、上野店の新店舗建築、大阪店の再開、銀座店の開店、名古屋店の南大津町への移転、静岡店の開店と、新築、増築、多店舗化を進め、百貨店の経営基盤を磐石なものとした。

また、伊藤銀行（のちの東海銀行、現三菱東京ＵＦＪ銀行）頭取、名古屋製陶所社長、千年殖産社長、愛知銀行役員などを兼ね、これらの経営にも辣腕をふるった。

公共人としての祐民

一九二七年に名古屋商業会議所（現 名古屋商工会議所）第九代会頭となった祐民は、名古屋を国際都市にすべく、街づくりにおいてもその力量を遺憾なく発揮した。

その結果、一九三四年に築港埋立地に飛行場が設置され、一九三七年には市の玄関たる新名古屋駅が竣工した。また一九三六年には観光政策の一環として推し進めた国際観光ホテルが完成した。

一九三三年、自ら定めた五五歳定年制に基づいて社長を退くと、私財一〇〇万円を投じて財団法人「衆善会」を設立した。当初は社会事業の助成、災害の救助などが主な活動であったが、一九三七年に託児室、授産室などを備えた衆善館を建設して、隣保事業にも乗り出した。

千種区覚王山にある「揚輝荘」は、一九一九（大正八）年に一万坪の丘陵を開発し、各地の民家を移築した祐民の別邸である。ここで政財界の関係者や文化人をもてなすとともに、アジアの留学生を積極的に受け入れ、支援もおこなった。

揚輝荘

晩年を社会事業に捧げた祐民は、一九四〇年一月二十五日に永眠。六十一歳であった。同月三十日、その功により従五位に叙された。
「着実穏健なかかわり、ともすれば消極的に陥りがちな名古屋の旧家の随一でありながら、祐民の進取の気性と積極的な体当たりの商法とは、古い明治の名古屋に清新の気と積極的な活動性とを吹きこんだ。その大きな功績は何人も認めないわけにはいくまい」
一九六九年に名古屋市教育委員会が発行した『明治の名古屋人』「伊藤祐民」は、このように締めくくっている。至言であろう。（菊池満雄）

熊狩り・虎狩りで知られる〈最後の殿様〉

徳川義親

（一八八六―一九七六）

保存のために国宝源氏物語絵巻を場面ごとに切り離すという柔軟な感性と感覚

徳川義親肖像
（徳川黎明会蔵）

熊狩り殿様から虎狩りの殿様に

尾張徳川家十九代当主徳川義親《よしちか》は、華族でありながらとらわれのない自由な発想をもち、庶民感覚を身につけていた人だった。その人間形成の源は幼年時代に求められる。

徳川義親は、一八八六年（明治十九）、元越前藩主松平慶永《よしなが》（春嶽）の五男として生まれた。学習院初等科時代は学習に身が入らず、一年生から二年生に進級できずに落第した。そのため、学習院の教師である宇川真三に預けられて特訓を受けることになったが、この宇川の家が紀尾井町の長屋の一角にあった。車夫や植木屋など庶民の子どもたちと交わり遊ぶ中で、義親の庶民感覚は養われたといえるだろう。彼の行動の随所に見られる鷹揚さとたくましさは、この原体験によるものが大きい。

のちに義親は、「熊狩りの殿様」として世間に名を知られるようになる。明治維新後、尾張藩一七代藩主徳川慶勝が北海道八雲町に旧尾張藩士を移住させて開いた徳川農場で、熊の被害を防ぐ目的で熊狩りをおこなったのである。自伝『最後の殿様』には、アイヌに案内させ、毎年熊狩りをおこない、十二頭の熊を仕留めたと記している。

アイデアマンでもあった。北海道の土産品として有名な木彫りの熊。実はこれ、義親の発案である。義親は一九二一年（大正十）、洋行の際にスイスで熊の彫り物の土産と出会い、これを八雲の土産品として取り入れようと思いつく。いくつもの彫り物を持ち帰り、同じようなものを作るよう村人や近くのアイヌに薦め、盛んに彫らせたのである。これが北海道全域に広がっていった。

この頃、義親はじんま疹に悩まされていた。医師に転地療養を勧められると、先の洋行の前に、シンガポールに出かける決意をする。マレー・ジャワへ旅行することを聞きつけた新聞記者が「徳川義親侯爵、シンガポールへ虎狩りに」という記事を書き、この記事をさらに香港の英字紙が転載。その記事を読んだジョホール（マレー最南部）のスルタン（国王）が、義親を虎狩りと象狩りに招待した。義親は、ここで首尾良く大きな雌虎を一頭射止めており、以後「虎狩りの殿様」の通称を奉られることになる。

さて、前後するが、義親の人生を追ってみよう。義親は一九〇八年、尾張徳川家徳川義礼《よしあきら》の養子となり、同年、養父の後を受けて侯爵の爵位を受けている。翌年、義礼の長女米子と結婚するとともに学習院を卒業。東京帝国大学史学科に入学した。歴史は嫌いな科目であったが、無試験だったのでこの学科を選んだと述懐している。入学後も史学科の講義には魅力を感じなかったが、卒論には、尾張徳川家の領地であった木曽山林を対象にした林政史を選んだ。しかし、政治史中心の担当教授から研究テーマを酷評され、まったく評価されなかったという。

一九一一年、ビリで史学科を卒業後、同大学生物学科に学士入学する。植物学を専攻。顕微鏡を覗く日々が続く。ここでの卒論は「花粉の生理学」。こちらは高く評価され、今度はトップの成績で卒業した。卒業すると自邸内に研究室を設けて研究を続け、一九一八年には徳川生物学研究所を設立した。所長には、恩師服部広太郎教授を迎え、気鋭の学徒を集めた。ここから多くの優秀な植物学者を輩出している。戦後、田宮博東大教授が所長に就任し、研究所でおこなわれたクロレラの培養は、徳川生物学研究所の名を高からしめた。

一方で史学科で手がけた林政史研究も継続。一九二三年には徳川林政史研究室を開設し、自ら『木曽の村方の研究』『尾張藩石高考』などの著作を上梓している。この研究室は戦後、徳川林政史研究所となり現在に至っている。

義親の社会的貢献

義親は、一九一一年から貴族院議員に就任していたが、一九二五年に成立した治安維持法の採決では、貴族院議員で唯一の反対票を投じた。その後、貴族院を発展的に解消し、華族代表と労働組織の代表からなる職業別議会制の導入を訴えるが黙殺され、一九二七年（昭和二）に貴族院議員を辞任している。

一九三一年、橋本欣五郎や大川周明らによる昭和期最初の革命事件・三月事件（未遂に終わった）には、主義の違いを越えて資金を出資したというエピソードもある。

尾張徳川家に伝わる、現在では国宝になっている源氏物語絵巻。この絵巻をめぐっても、義親の人間性を表すようなエピソードが残っている。この絵巻を、大胆にも場面ごとに切り離し、ケースに入れて公開にも耐えうる保存方法を考案したのは彼なのである。自伝『最後の殿様』で、「絵巻は色あざやかだが、八百年ものあいだ、開いたり巻いたりしたので顔料が浮き、色彩のはげ落ちたところもある。詞書の部分は金銀の箔を散らしているが、はげたり銀がさびて黒くなったりしている。現状では開巻のたびに痛むので身を切られるような思いであった」と、当時の心境を述懐している。悩んだ末に、周囲の猛反対を押し切り、絵巻を切断するにいたる。

一九三一年、こうした尾張徳川家が受け継いできた宝物を後世に伝えるべく、独立組織である財団法人尾張徳川黎明会を設立。宝物を寄付した。そして、尾張徳川家の屋敷跡（一万四〇〇〇坪）の大半を名古屋市に寄付し、残り三二〇〇坪に徳川美術館を建設、一九三五年に自ら初代館長となった。このことで、「投げ出しの殿様」とも批判されるが、貴重な文化財の散逸を防いだ功績は大きいだろう。

徳川美術館

現在、徳川美術館では、源氏物語絵巻を含む国宝九件をはじめとして、尾張徳川家の代々の遺品一万数千件を一般公開するに至っている。また、一九三二年には東京に蓬左文庫を設立し、一〇万冊の蔵書の保存にあたった（戦後、名古屋市に委譲され今日に至っている）。

義親は、多くの人々や組織に支援をおこなった人でもあった。たとえば、アイヌ語辞典の編纂やアイヌとその文化の保護に尽くし、「アイヌの父」と呼ばれたイギリス人宣教師ジョン・バチュラーの活動の支援、済生会や聾教育振興会への寄付、八雲中学校や名古屋市公会堂の建設費の支援、関東大震災に際しては、震災救護局へ多額の寄付をしている。

また、国産マンドリン第一号製作者鈴木政吉の次男・鎮一の才能を見出し、東京の自邸に寄宿させ、バイオリンを習わせたりもしている。さらに一九二一年の洋行に際し、鎮一を同行させてドイツに留学させてもいる。鎮一は帰国後、鈴木メソードと呼ばれる音楽の才能教育運動を始め、のちに信州松本で才能教育研究会を組織した。義親は名誉会長を引き受け、物心両面から鎮一を助け、終生親交を結んだ。

一九四一年十二月、太平洋戦争の勃発と同時に、義親は、マレー方面派遣を願い出る。翌年一月、陸軍省より陸軍事務嘱託（マレー軍政顧問）に発令され、二月にシンガポール入り。ジョホール国王等の安全確保に奔走した。その後、田中舘秀三が個人の資格で戦時の混乱による略奪から守り抜いていた昭南博物館（現在のシンガポール歴史博物館、美術館、アジア文明博物館）と植物園の館長に就任し、一九四四年八月まで務めた。

戦後は、全国聾唖連盟総裁、全日本精神薄弱者育成会理事長、文化服装学院短期大学長、才能教育研究会名誉会長、愛知文化会館館長、日ソ交流協会会長など、多くの協会や団体の役員・会長を務めた。

一九五六年の名古屋市長選挙に自民党から担ぎ出されるが、小林橘川《きっせん》に破れている。

一九七六年九月六日死去。享年九十歳。（中山正秋）

経済界の風雲児にして教育者

下出義雄

（一八九〇―一九五八）

〝幻の出版社〟も創業した名古屋発 国際的経営者の素顔

下出義雄

下出書店と東邦商業

戦前の東京・神田に、下出《しもいで》書店という〝幻の出版社〟が実在したのをご存じだろうか？「哲学の岩波」（岩波書店）と同時期の創業で、「社会科学の下出」と呼ばれた。神近市子の『島の夫人』『村の反逆者』、小泉信三の『社会組織の経済理論的批評』、穂積重遠の『国際心のあらはれ』、辻潤の『浮浪漫語』や島崎藤村の『三つの感想』など第二次大戦後著名になる人々と並んで、H・G・ウエルズの『文明の救済』、G・シュモラーの『企業論』、F・T・マリネッティの戯曲『電気人形』など、翻訳物も含めて広い意味で社会性が強い著作や小説、外国作品を網羅して、一九〇〇年代に活躍した研究者らに発表の場を提供し、当時の評価では採算度外視の、いっぷう変わった出版社であった。同社が〝幻〟呼ばわりされるのは、登場後あっという間に消えてしまったからである。一九二一年（大正十）から二二年にかけて五〇冊近い本を出した直後に、関東大震災に遭って壊滅してしまった。執筆者の多くも被災して再起できず、残った本は研究者の間でひっぱりだこになったとされる。現在でも東邦学園の下出文庫には本表装や簡易表装の三十四冊が所蔵されている。

この幻の書店を創業したのが名古屋出身の下出義雄《しもいでよしお》である。愛知一中から神戸高等商業学校（現神戸大学）を経て東京高等商業学校（現 一橋大学）専修科を卒業し、研究者への道を準備し始めていた時期にあたる。当時三十四歳。出版社を興し、ましてやそれほど部数の見込めない本を出すには相当の資金が必要であったが、その点は父親の下出民義がバックアップした。同じころ民義は次男の隼吉を通じて日本社会学会の設立にも多額の資金援助をしており、こうした活動を一種の社会貢献活動と考えていた様子である。その下出民義は、のちに名古屋株式取引所（現 名古屋証券取引所）理事長に就任するなど、当時すでに名古屋財界の重鎮の一人であった。経済活動の後継を望んでいた民義は、関東大震災以前に長男義雄を名古屋に呼び戻して、いずれも当時の大企業であった名古屋紡績の常務や木曽川電力の支配人などに就かせていた。

一九二三年には、より多くの後継者の育成を目指して東邦商業学校を創設。運営は義雄に任された。同校は「真に信頼して事を任せうる人格の育成」を標榜。健康こそが人格の基礎になるという考えのもと、野球などスポーツが奨励された。東邦商業のチームが第一一回選抜中学野球大会（現在の選抜高校野球）で初出場初優勝を飾ったことにもその成果が現れた。イギリスのボーイスカウトに倣って、東邦建児団という学校版のボーイスカウト活動もはじめている。これは当時、全国的に組織され始めた健児団活動のさきがけとなった。前記の下出書店の出版物にも『英国少年団「ボーイスカウト」』という、わが国ボーイスカウト活動のさきがけと思われる本が含まれている。

それだけではない。東邦商業学校は珠算や弁論活動でもしばしば全国優勝。少し時代は下るが、戦後何度も大臣をつとめた江崎真澄らを輩出した。文芸部の雑誌も中学生レベルを超えるとの評価を受けていた。新聞部活動も盛んで、第二次大戦で機関紙発行禁止命令を受けるまで発行し続けた本格的な新聞の一つでもあった。いわば文武両道の学校だったといってよいだろう。こうした教育方針はいずれも下出義雄理事長の指導の下でおこなわれ、義雄自身も少年団や合唱団の役員として活躍した。

彼は、一九二六年に一人で約六カ月間イギリス、ドイツ、フランス、イタリアの教育事情を視察している。そのうち三カ月間はロンドン大学のうち社会科学の研究・教育機関であるロンドン・スクール・オブ・エコノミクス校に留学。専門の社会科学研究のほか英国式の学校経営や教育法、青少年活動、経済人活動、生協活動などの新知識を得て帰国した。その成果は、イギリス式の学校教育のほか、ボーイスカウト活動や東邦商業学校での厚生施設の創設にも生かされた。貧しい家の生徒らに授業外の時間に売店を経営させて校内の福利厚生に資するほか、収入も得させる活動で、実践を重視した商業学校らしい試みであった。

日本の鋼生産をリード

下出義雄の経済人としての側面はまさに「風雲児」であった。名古屋紡績を任された直後の一九二〇年二月二十三日、綿糸の大暴落が起きた。名古屋紡績でも巨額の損失を出し、「学者経営者では駄目だ」という噂が立った。しかし、義雄は少なくとも表面的にはこの損失にも動じず、かえって経営者としての評価を上げることにもなった。

ただ、本人はこの状況に相当こたえていたようだ。意気消沈ぶりを見て、父親が東邦商業学校を創設したという下世話も流布された。不思議なことに、この学校経営と両立して活動し始めたころから義雄の経済界の活動も順調に転じた。次々と投資先を拡大して、三〇を超える会社や団体の経営に関わるようになった。そのなかには伊藤祐民《すけたみ》（松坂屋）らと洋画（映画）専門館「八重垣劇場」を創設したり、名古屋合唱団の創設、名古屋ボーイスカウト、名古屋ロータリークラブ、経営難に陥った鈴木バイオリンの経営など、文化面での貢献も大きかった。

義雄を一気に全国レベルの経営者に高めたのは、大同電気製鋼所（現 大同製鋼株式会社）の社長就任だった。同社は下出民義も関わった福沢桃介の木曽川水系水力発電所（四カ所）の電力消費事業として、電気鉄道（現 名古屋鉄道など）と並んで電気による製鋼が企画され、発電所の一隅で研究していた成果が実ったものである。日本最初の電気製鋼所と電気炉メーカーの誕生であった。

同社創設時に関わっていたのは父親の民義であった。間もなく義雄が取締役として入社し、初代社長（経営実務は下出民義）であった福沢桃介が短期で引退した後を、一人おいて義雄が継いだ。ちょうどその頃からわが国は満州への進出を本格化させ始め、軍備増強が重視されるようになった。そのため、これまでの輸入ハガネに替わる国産品として注目され、海軍、陸軍が競って発注してくるようになった。昭和十年代になると生産増強の要請がさらに強まり、義雄は日本のトップ製鋼会社としてこれに積極的に応えるべきだと考えた。当時の経済記者の質問に答えて、「経営的に考えれば工場拡大は得策ではないが、今はそれよりも国家の必要に応えるのが経営者のあるべき姿勢だ」と語っており、こうした考え方が軍部にも歓迎されたと想像される。

そのさなか、一九三七年（昭和十二）四月から九月へかけて、財界が欧米へ経済視察日本代表団を派遣。名古屋地区からは義雄が参加した。この視察は、帰国後に日本文・英文それぞれの報告書が作成され、各地で報告会が開催されるなど、大きな反響を呼んだ。旅行中、ロンドンで英国財界人と懇談中に「盧溝橋事件」の第一報が入ったが、その時には双方ともこれが日中戦争のきっかけになるほどの大事件だとは認識せず、会議の空気が変わったり視察が中断されたりすることはなかったという。

一九四〇年には大同工業学校（現　大同大学付属高校）も設立。皮肉にもその直後から学徒動員が始まり、学校自体が軍需・兵役予備軍視されるようになった。物資の配給制普及とともに「商業学校不要論」が強まって、東邦商業学校の方は一九四五年には生徒募集ができない事態にも追い込まれた。ただ、工場動員や飛行場（現　県営名古屋空港）整備などで勉強どころではなかったとはいえ、学校そのものは存続して終戦を迎えた。当時大政翼賛会に推されて衆議院議員に当選し、学校経営からは引退していたが、その心中は穏やかではなかったと察せられる。

ただ、戦前・戦中の時代を疾走した下出義雄は、一九四四年十一月に体調を崩し、経営の第一線を引退した。五十五歳であった。引退した翌月には、現在のナゴヤドームや大幸住宅一帯にあった三菱重工株式会社名古屋発動機製作所大幸工場に学徒動員されていた東邦商業学校の生徒と教員二十人が空襲で爆死した。戦後は公職追放を受けたが、自身の暮らしには変化はなく、一九五八年一月に波乱の生涯をとじた。（森　靖雄）

金子光晴

（一八九五―一九七五）

抵抗詩人？　エロ爺さん？　レッテル貼りをすり抜けた破天荒な生

「なんの用があって、この世に僕が生をうけたのか、よく考えてみると、いまだによくわからない」。金子光晴は『詩人　金子光晴自伝』（一九七三年）の冒頭をこのように書き起こしている。生の始まりは偶然に委ねられている。そのことは「よく考えてみる」までもなく自明なことであるのに、金子はあえてこのように書いてみせる。「わからない」ことを「わからない」として閉じてしまうのではなく、「わからない」ままに言葉に載せる。金子光晴の文学も、また瘋狂なその生涯も、この一行に凝縮されているように思われる。

金子光晴

〈場所〉に執着しない生き方

金子光晴《みつはる》は一八九五年（明治二十八）、大鹿安和として現在の愛知県津島市に生まれたが、津島という生地は、二歳の時に転居して数年暮らした名古屋市と同様、金子本人にとっては特段の意味を持ってはいなかった。津島生まれの近代詩人ということでいえば、金子よりちょうど二十年先輩になる野口米次郎（ヨネ・ノグチ）がいる。金子が生まれたのと同じ年にその前身（凱旋紀念書籍館）がつくられた津島市立図書館は愛知県下でも最も古い歴史を誇る図書館だが、同館には一九三九年には野口を顕彰することを目的とした「野口文庫」が設けられ、その著作の収集が始められており、戦後の没後間もなくには同館敷地内に銅像まで建てられた（その後、同市天王川公園中之島に移設）。国際的詩人にして慶応義塾大学教授であり郷土の偉人として早くから顕彰されてきた野口米次郎と比べると金子光晴の郷土の風土との距離感がよくわかるというものだ。

そもそも金子光晴は場所というものに執着しない。彼は詩集『こがね蟲』を出した後に遭遇した関東大震災の後しばらく、友人の牧野勝彦を頼って牧野の生家のあった名古屋に滞在している（『どくろ杯』によれば滞在中に野口米次郎の講演会の前座を務めたりしている）。だが、幼い時代ゆえそこに暮らした記憶がなかっただろうとはいえ、「名古屋という土地は、殆どなじみのない土地であった」と、まことにつれないものだった。それは長く住み続けた東京であっても同じことであったろう。この、土地に対して「なじまない」という姿勢こそ、金子光晴の文学的生涯を性格づけるものではなかったろうか。定住生活の自己規律をきらって実践され、またことあるごとに言語化された彼の生活感覚は、対幻想の領域にある人間関係をも色濃く規定するものであった。

金子は一九一九―二〇年の二年ほど、二十代半ばでヨーロッパに旅して以来、しばしば日本の外部への脱出を繰り返した。一九二〇年代には上海に数度滞在し、日中文人の中継地であった内山書店なども介して魯迅や郁達夫らとも交流している。金子光晴にとって最も決定的だった旅は、一九二八年から三二年にかけての、上海、シンガポール、インドネシアを経てのパリを中心とするヨーロッパ、およびマレーをめぐる長い旅であった。しかし、その旅は、妻の森三千代が土方定一と恋愛事件を起こした、その清算を兼ねての、幼い子どもを日本に預けての旅でもあった。

「僕にとって、東京は不義理のために住みづらい所になっていたし、そのうえ、面子《メンツ》も失ったので、いっそ、海外に二、三年も遊んで、ほとぼりをさますことで、他にもっと活路をさがし出すとい う、一石二鳥をおもいつくにいたったのだ。けちのついた僕は、「女をとられるような男はどうせ……」ということになりそうで、是が非でも、一度は取戻さねば駄目になるという感が強かったのだ」（『詩人』）

当時の日本の文壇は「アナかボルか」という選択を迫るような状況にあり、プロレタリア文学と新感覚派、それに詩ではアナーキズムが力を振るっていた。今日の目からみれば彼ほどアナーキスト詩人の冠称が相応しい人物は少ないようにも思われるのだが、金子の自意識は、日本のどの文壇勢力にも受け入れられず、また彼らと交わることをも拒否して、孤立していたのである。一方、姦通罪という圧倒的に男女不平等な刑法が存在していた当時の日本の法的状況のことも頭に入れておかなければならない。金子は日本の外部に出ることで妻の三千代の姦通罪を免れる配慮を示したとも言えるし、あるいは三千代を土方から取り戻すために海外へ逃避したとも言いうるだろう。

ここからわかることは、一九三〇年前後の五年に及んだ金子光晴の旅が、場所に執着しない自由な志向とは裏腹に、彼の一人のコキュ（寝取られ男）としての深く、そしてあまりに屈折した執着を抱え込んでいたことである。パリでは武林無想庵のような、金子よりもさらに程度の深刻な、コキュを現在形で演じ続ける日本人作家と出会うことになる。しかし、同じコキュでも、金子光晴が武林とは決定的に違うのは、金子が体験し回想的作品の中で言語化した、いびつに歪んだ対幻想の領域が、帝国主義の外力によってやはりいびつに歪んだ植民地アジアの猥雑かつ悲惨な姿と、まるで同心円の関係のように相似的に重なり合っていたということではないだろうか。国家と国家、資本と資本の外力同士の衝突が戦争の時代を用意していく、そのような動乱の、種々のエネルギーが渦を巻いてぶつかり合うアジアの時空に飛び込んでいった金子光晴の旅の記録は『マレー蘭印紀行』（一九四〇年）に結実する。

アジア放浪によって受け取ったもの

金子はこの時の旅の体験を戦後にも『どくろ杯』（一九七一年）や『ねむれ巴里』（一九七三年）、『西ひがし』（一九七四年）などと書き継いでいく。だが、『上海』を書き『欧州紀行』を書いた横光利一などのように、同じような時代に中国に滞在しヨーロッパを旅した作家の作品はそれほど珍しくない中で、東南アジアの熱帯地域での体験をいち早く描いた『マレー蘭印紀行』は、近代日本の紀行文学の中でも特別無比の存在である。

「軌道のむこうにある奈落のように、私は、南の海のことを永らくそう考えていたものであった」——シンガポールからジャワに船で渡る場面で、金子はこのように述懐する。その海では「他人の血液が突如、私の血管に流れはじめ、他人の内臓がこっそりと、私のからだにとりつけられて活動しはじめたように、急にいっさいが勝手ちがいになって、方角の見当一つつかなくなってしまった」というような状況が起こる。そして、そんな経験したこともないような南の海と島々で、跳梁する植民地主義の権力によって活力を奪われ奴隷となることを強いられた部族たちとすれ違う。「くらやみのなかにいりまじったそれらの悲しい音楽、わけのわからない華やかさは、すべてみな、潰滅にいそぐ美くしさなのだ。／狩られ、蹂躙され、抽出され、亡ぼされてゆく命たちの挽歌なのだ。耳をそばたてよ。きこえるものは船側に流れてゆく海水のひびきだけだというのか。」

もとより金子とても、三五公司という手広くゴム園を開発経営する巨大資本をはじめ、南の島々で覇権を握った日本人たちのコミュニティを頼った旅人の一人だったわけだが、彼の耳にこのような挽歌のひびきが、自らの主体が「勝手ちがい」の混沌の中に放り込まれる異空間の中で聞き届けられていたことは、記憶しておくに値することだろう。少し後の、「大東亜共栄圏」の理念の末端を担うかたちでこれらの島々にやってくる、いわゆる南方徴用作家との違いが、ここには見られるはずである。戦争の時間と空間に居合わせることから巧みにすれ違う金子の身の振り方は、多くの偶然によって規定されていたとはいえ、見事な軌跡を描いたと言ってよい。金子は戦争末期に長男乾の召集を免れるべく家族三人で山中湖畔に疎開した際の思いを「三点」(『蛾』所収。「昭和二〇・二月」の日付の記載あり)にうたったが、その詩の中で乾を置いて旅した東南アジアやパリの風土を想起しながら、そんな時空を経て、離ればなれの「三つの点」が縮まって「小さな一つのかくれ家」に収斂していく図を、まるで聖画《イコン》をまなざすような祈りをもって描いた。

このように世間の時空とすれ違うことに賭けられた金子光晴の文学と生は、戦後に祭り上げられたような「抵抗詩人」などという、そんなみみっちいレッテルで語れるようなものではなかった。詩人にして画家、「モンココ洗粉本舗」の化粧品デザイナー、妻森三千代との、そして「ウサギ」と呼んで愛した晩年の愛人との間をさまよう奇異な生活、孫娘・若葉の溺愛、エロ爺さんとしてのメディアへの露出等々、金子光晴をめぐる破天荒ないくつもの物語は、畸人変人の物語を見失った二十一世紀の私たちにとって、いまだあきらめることの出来ない「忘れ物」でありつづけている。

(坪井秀人)

レストランシアター「ミカド」創業者・キャバレー王

山田泰吉（一九〇一—一九八八）

経営破綻もなんのその、世界一の野望を持ち続けた男

山田泰吉

世界一夢見るも経営破綻

一九六一年（昭和三十六）十月十日、東京赤坂にレストランシアター「ミカド」が開店した。地上六階建て延床面積二〇〇〇余坪、収容能力一五〇〇人。内装には棟方志功の版画大屏風などをしつらえ、テーブルの小物なども超一流品ばかりをそろえた高級社交場である。そして国際社交場にふさわしい大噴水ショー、レヴューなど世界の一流ショーを売り物とした。

一九六四年に開かれる東京オリンピックを見込み、当時の金額で一五億円の巨費を投じてこの国際社交場をつくったのは、名古屋に拠点を持つ「中部観光」の創業者でキャバレー王と呼ばれた山田泰吉《たいきち》であった。

「中部観光」社長の泰吉は観光の新規事業のヒントを得るため、三度欧米へ視察旅行に出かけている。なかでもアメリカのニューオルリンズのホテル「ルーズベルト」のナイトクラブ、パリの「リド」というキャバレーなどに触発され、ニューオルリンズやロサンジェルス、パリやロンドンにもない世界一の観光施設をつくることを目指した。

ショーには、ブルーベル・ガールズと名づけられたパリの「リド」から招いた八〇人のライン・ダンサーをそろえた。しかし、一日一〇〇万円の高額なギャラを払い続ける必要があり、経営を圧迫した。年間二〇万人を見込んだ外国人客が半分にも満たなく、ドイツ人興行師と三年の契約を結んでいたので売り物のショーを途中で止めるわけにもいかなかった。外国人客の穴を埋めるはずの日本人客にはホステスがいないことが不評で、これも経営の足を引っ張る。とうとう「ミカド」を維持するために、街金から借りつなぎながらの綱渡り経営に陥り、高利の借金が三年間で一三億円、積もり積もった利子が四〇億円にもなった。一九六四年、東京オリンピック開幕前に「ミカド」の経営は破綻し、オリンピック中はかろうじて営業は続けるも翌年にはついに閉鎖に追い込まれた。

カフェ赤玉からキャバレー赤玉へ、そして赤玉パチンコ・鯱バス・鯱タク

山田泰吉は、一九〇一年(明治三十四)、岐阜県安八郡墨俣の農家に一二人兄弟の六番目の子どもとして生まれた。小学校六年生で学校に通うのをやめ、銀行の給仕、魚の行商、映画の弁士など多くの職業を経て、一九二一年(大正十)、岐阜の柳ヶ瀬に大衆食堂「世界長」を開店した。一九二四年には、大衆食堂を兄弟に譲り、今度はレストラン「世界長」をつくり、カツやテキを客に出し大繁盛した。その後、水商売の金回りのよさに注目、翌年には、レストランを女給の接待するカフェに作り替えオープンした。さらにこのカフェの経営を弟に譲り、一九二六年には、名古屋に進出し、名古屋最初のカフェ「赤玉」を開店した。この店も大繁盛したが、泰吉の金使いの荒さや支配人の売上金の着服などによりあえなく破産した。

振り出しに戻った泰吉は、東京に転進することを決意。一九三一年、泰吉、二十九歳。東京では、

まず皇太子誕生を記念した皇室一家の写真を訪問販売する仕事につき、かなりの販売実績を残した。その後、泰吉は「富国徴兵保険」の外交員となり、全国の外交員の中で最高の契約高を誇るようになる。満州事変の直後に徴兵され、中国上海に赴き二年余り輜重兵として参戦したが、兵役終了後も再び「富国徴兵保険」の外交員となり、一九四四年には外交員から抜擢され名古屋支店長、次いで広島支店長となった。たまたま原爆の被害を免れた泰吉は名古屋に戻った。

戦後まもなく泰吉は、進駐軍を相手にしたキャバレーを名古屋で始めることを思いつく。泰吉は上京し、「富国生命保険」（「富国徴兵保険」から改称）本社を訪れ、社長に直談判する。会社を辞めること、退職金の代わりに名古屋広小路の「富国生命館」（現在の「名古屋栄東急イン」の場所）の地下を借りることを交渉し、見事に成功する。キャバレー「赤玉」と名づけられ、泰吉の目論みどおり、店は大繁盛した。

一九四八年には「中部観光」を設立。幅広くレジャー産業に参入することを目指した。翌年、パチンコ・ホールの経営に乗り出し、機械千台をそろえ、スタッフも百人を超える巨大ホール「赤玉パチンコ」を開店させ、これも大繁盛した。さらに、人の動員をサポートするならバス会社だということで、一九五三年には、観光バスとタクシー事業を運営する「中部観光自動車」を創業。「鯱バス」「鯱タク」を走らせた。飲食事業も観光事業も順調で、泰吉も、一躍名古屋の名士になる。

それより先の一九五一年、泰吉は「愛知県商店街連盟（愛商連）」の第一代会長に就任。翌年十月に実施された第二五回衆議院議員総選挙に大野伴睦の推挙で自由党から立候補している。しかし、この時当選したのは、赤松勇・辻寛一・春日一幸ら五名で、泰吉は一一番目の得票で惨敗している。

一九六〇年、泰吉は愛商連会長の立場で池田勇人総理大臣宛てに「中小商業育成に関する要望書」を提出。翌年には「全日本商店街連合会」の第四代会長に就任している。「商店街組合振興法」の成立にむけて、泰吉は自ら先頭に立って積極的に取り組み、法制定の運動を大きく進展させた。

順風満帆、事業にも成功し、社会的地位と名声を手に入れた泰吉であったが、その野望は限りなかった。それが、世界一のレストランシアター「ミカド」であった。

「ミカド」の経営の失敗後、資産の大部分を負債の返済に充てざるをえなくなる。また、「中部観光」グループも経営が行き詰まり、ちょうど東名高速道路の開通を見据えて名古屋進出を目論んでいた「東急」に一九六五年四月買収された。泰吉は、名古屋の東山御殿と呼ばれた自らの邸宅を「ベルサイユ」という高級レストランにして再起をはかるが、これもうまくいかず人手に渡り、「東山会館」という結婚式場となった。

事業に失敗した泰吉ではあるが、『敗軍の将　兵を語る』（光文社）では、「おれの最後の目標はもっと大衆的なものだ。日本の過半数の人にきてもらえるような観光施設をつくりあげたい。それは浜名湖の開発だ」と述べ、アメリカの観光地マイアミを手本に、浜名湖を埋め立てそこに世界一のレジャーランドをつくるという夢を語っている。

一九七二年、七十歳の泰吉は、東京に現れ、新宿歌舞伎町で「ジャンボ」という焼肉店を始め再起を図るが、四年で閉店している。さらに十一年後の一九八三年、八十一歳の泰吉は、茨城県の大子《だいご》金山を借金して手に入れ、金の採掘に着手する。泰吉は、「金が出たら、東京中のビルを買いとってやる」とうそぶいたというが、結局、少量の金しか産出されず失敗に終わった。

その五年後の一九八八年九月十五日、泰吉は埼玉の老人施設で孤独のうちに亡くなった。享年八十七歳。（中山正秋）

異色の仕事人3

　ここでは、東海の戦後史にひっそりと、それでいてしっかりと刻まれている庶民の生活の中の異貌、異才にスポットを当ててみたい。三つのエピソードを合わせ読むことで堅実な商人の歩みと大須《おおす》の芸人や大道売りの間には生活者としてのたくましさしたたかさが共通していることが感じられるはずである。

大須演芸場

ゆかりの芸人たち

　名古屋は古くから東西の芸人が集うところとして知られ、納屋橋の富士劇場は三代目三遊亭金馬、柳家三亀松などの著名な芸人の出演で有名だった。金馬は富士劇場出演の際に趣味の釣りを楽しみ、一度は四日市でキティ台風に巻き込まれたというエピソードも残る。金馬の弟子であった二代目桂小南も終戦直後に秦豊吉のお供で訪れた（当時の）名古屋宝塚劇場での修業時代のことを書き残している。名古屋は大阪の芸人にとっては東京進出の前のテストの場という意味合いもあった。

大須演芸場

　神社の境内ではさまざまな見世物芸や大道芸がおこなわれ、そこからいわゆる大衆芸が育まれたケースが多いが、大須観音のお膝元にある大須演芸場もまた例外ではない。戦後は湊座という劇場があり、森川信一や清水金一などの軽演劇が盛んであり、若き日の渥美清もまたこの地を踏んだ。一九六三年（昭和三十八）閉館の湊座の後に翌年誕生したのが大須演芸場で若き日の漫画トリオ、コント55号、やすしきよしもこの舞台で研鑽を積んだ。やすしがコント55号を強烈に意識した当時のことを小林信彦が記している。

七〇年代に入って経営が厳しくなり、席亭が樋口君子から、かつて富士劇場に足しげく通ったという足立秀夫に代わったのが、一九七三年の十一月。森卓也が称賛した六代目笑福亭松鶴の口演は一九七四年一月のことである。この当時はツービート、泉ピン子、明石家さんまら後年のスターたちの修業の場でもあった。明石家さんまは小林繁の形態模写を演じ、またビートたけしがしばしば披露する「大須演芸場ネタ」には幾分かの〈事実〉が含まれているという。たけしも修業時代に雑魚寝し、TVでコント55号の活躍を見てハングリー精神を燃やした楽屋は、今もそのまま残る。

「落語界のシーラカンス」として後年名をはせた雷門福助も大須の舞台を踏んだ一人だが、中日新聞記者の黒川光弘が、その大正期の古風な演出を残した福助の口調を称賛したのが、そのブレイクのきっかけとなった。

大須演芸場は八〇年前後の漫才ブームで一時持ち直したものの、その後家賃滞納などで一九八五年八月にはあわや強制執行寸前という事態になった。一九九〇年四月十七日には「待てど暮らせど、お客が一人も来なかった」という事態にまで陥った。この前後の経緯は足立秀夫『えー泣き笑いを一席…』に詳しく述べられている。

古き良き時代のたたずまいを残す大須の寄席を愛し、その窮地を救ったのが、正司敏江・玲児、ミヤコ蝶々、六代目松鶴、古今亭志ん朝といった名人上手たちである。志ん朝が一九七八年ごろ突然大須を訪れて飛び入りで演じた逸話は語り草だが、その後、名古屋市民芸術祭の協賛で一九九〇年より十年間、志ん朝独演会が毎年開催されることとなった。最初まさか志ん朝が来ると思わなかった地元の客が、「中日新聞」の紹介記事で一変、「あっという間に完売」になった逸話は足立の著書に詳しい。小林信彦や中野翠も通ったという、今や伝説になった志ん朝の大須での独演会は、現在『古今亭志ん朝大須演芸場CDブック』でそのリラックスした高座を楽しむことができる。

総じて、大須の顔付けは商売より友誼を重んじたものので、それもまた一つの見識である。かつての芸人の「匂い」を感じさせる立ち振る舞いに惚れた足立席亭の心意気がその根底にある。この地をよく訪れた三笑亭夢楽、春風亭柳朝らも粋な、そして友誼を重んじる芸人であった。やすしや松鶴も含め彼らは皆、歓楽街で弟子や通行人をからかって遊んだりして、洒落のきつい遊びをしながらも、そのなかで周りを楽しませるサービス精神と芸人としての人間観察は怠らない粋人であった。あえて破天荒を演じてみせる意気地とそこから発散する「匂い」を志ん朝も足立も大須の客も愛したのであり、それが現在の芸界に失われた最大のものであろう。

　大須に常駐した芸人としては、柳家小三亀松、伊東かおる、ガンダム紙切りで知られる大東両などの練達の芸人がおり、彼らが大須の芸の灯を守った。現在も快楽亭ブラックなど東西の芸人が定期的に出演し、名古屋唯一の常駐の寄席として活況を呈している。〔執筆協力＝足立秀夫氏〕（柳瀬善治）

原子力ダルマ

香具師の経営学と不謹慎な想像力

「原子力ダルマ」というものをご存じだろうか？　終戦直後大須の縁日において「アメリカで学んだ工学博士」が売る「原子力の動力で動くダルマ」という触れ込みで販売していた怪しげなダルマのことである。

　この原子力ダルマを小学生の時に購入した民俗学者の飯尾恭之氏が「原子力ダルマを売った「おっちゃん」大須の露店で学んだ偉大なる香具師の知恵」と題した一文を書いている（「自然と文化」七七号、二〇〇五年）。氏によれば、「ニワトリの卵」より少し大きめの「真っ赤な」ダルマで数十個が「それぞれ自由に動いている」、それを「これからは原子力の時代だよ!!　原子力!!　私シこう見えても　工学博士の卵だよ!!　イイカイ!　見てのとーり　電気もイラナイ!電池もイラン!　では、どうして動ックテ⁇　そりゃ〜言えないネ!」という軽妙かつ強引な口上で売りさばくのである。これを聞いた飯尾氏のような子どもが大喜びで買って帰って、やがて動かなくなったので開けてみると、中から「一匹のコガネ虫」が出てくるわけである。

「原子力ダルマ」を考案した頃（昭和28年11月）の桑原達雄氏（「自然と文化」77号から）

見事にだまされた？　飯尾氏はその後、ダルマを売っていたご本人、桑原達雄氏のご家族にインタビューをおこない、その制作の秘密なるものを聞き出している。それによると、一九五一年ごろに岐阜の長良川で屋台を出していたとき、金華山麓にある名和昆虫博物館を見学。商品のアイデアをひらめいたという。量産可能な材料を研究の末吟味し、ダルマは似顔絵書きの老夫婦に委託し、愛知・岐阜のお祭りや縁日で出店した。むろん同じ地域には二度行かないようにマーケティングも怠らない。

最近、自分の父親が縁日でこれを購入したことがあるという人がツイッターに投稿しているのを読んだことがある。やはり中身はカナブンだったとのこと。この商売、手広くおこなわれたようである。飯尾氏は「二十一世紀のマネジメント、経営学にも通じている」と称賛するが、なるほど見事な「経営」ぶりである。

「ピカトン」のパッケージ

三・一一の原発事故以後の現在からみれば、いやそうでなくても広島・長崎の記憶も冷めやらぬ戦後の時期に、こうした商売をするのは不謹慎だと思われるかもしれない。しかしこのような不謹慎な商売は日本のあちらこちらでおこなわれていた。

富山でかつて販売していた風邪薬として「ピカトン」というものがあった。キノコ雲が薬の箱に印刷された強烈な代物である。かくいう私自身これまで実物を手にしたことはない。インターネットで数年前にその紹介記事をいくつか見かけたのみである。私と原爆文学研究の知人とで調べてみたところ、二〇〇六年ごろに製造元の製薬会社が倒産したので、今では入手できないが、十年ほど前までは駅前などで確かに販売していたとのことであった。

では、こうした商品を生む想像力は、はたしてどれほど不謹慎なのだろうか。かつてのアニメのヒーローはみな「原子炉」で動く設定となっていた。三・一一以後のインターネット上では原子炉爆発を題材にした「ヘーベルハウスAA」なるものが乱舞し、作家高橋源一郎もAV制作を題材とした『恋する原発』という不謹慎な作品を発表している。

戦後の見世物や屋台も含めたサブカルチャーと原子力の想像力はまさに不可分の関係にある。これらが清濁併せのむ性質を持つことは、原子力ダルマの「おっちゃん」の「経営」が示すとおりである。サブカルチャーから笑いという一つの批評が消えてしまったらそれはさびしいことだろう。（柳瀬善治）

駄菓子屋・卸売業

戦後の三重県を例に

駄菓子屋と卸売は不可分の関係がある。東海地区では、名古屋明道町新道の中央菓子卸売市場がその中心であった。そこからかつてはイシダ（三重）や小田商店（愛知）などの各地の卸売に流れ、各小売りへと卸されていた。現在でも大須や円頓寺などで昔懐かしい駄菓子屋が健在であり、「ちゃめっぺ」という新しい駄菓子屋チェーンもつくられている。ここでは三重県を例にその一端を紹介したい。

Q　東海地方の駄菓子屋や問屋について教えてもらえますか。

A　戦後の三重県が中心になりますが、それならいいですよ。

Q　戦時中の駄菓子屋というのはどんな感じだったんですか。

A　戦時中は菓子配給所というのが中心で、当時は今でいう駄菓子屋みたいなものはありませんでした。そもそも庶民の子は菓子など買えない時代ですから。

Q　すると変わるのは戦後ですか。

A　戦後一九四七、八年ごろから駄菓子を売り始めましたが、私が仕事を始めたころは、名古屋の明道町の卸売市場まで近鉄電車で買い出しに行ってましたね。担ぎ屋といってリュックサックを背負っていくんです。まだ尺貫法の時代で一斗缶やリンゴ箱でバラ売りのあられなどを量り売りで小売りに持っていくんです。まだビニール袋なんてない時代ですからみんなネコ瓶と

名古屋市西区明道町の駄菓子卸市場入口

いう小さい瓶に直接入れているんですね。夏は飴が溶けないように中に石灰を入れていましたよ。

Q　売り上げはどのくらいですか。

A　一九五二、三年当時で一日三万円、最高で一カ月一〇〇万、給料が月五〇〇〇円の時代で、住込みの小僧だと月一〇〇〇円なんて場合もありました。

Q　お休みはどんな感じですか。

A　戦前は一日と十五日が休みだったのが、戦後は日曜日が休みになりましたね。

Q　どんなものを売っていたんですか。

「ちゃめっぺ」店内。右がインタビューに答えていただいた石田研一社長

当時の駄菓子配達風景（写真提供：柳瀬欣一）

A　一九五五年ごろまでは八百屋が菓子を置いていました。和菓子屋が当時は売れていました。あと駄菓子屋ではくじが売れましたよ。一個一円で十数種類のくじを引くんです。風船とか宝箱とかが当たりで、金と銀のくじがあって。商品はたんきりあめとかキャラメル、あと前田のクラッカーが出始めたのは一九六〇年くらいでしたか。

Q　車で配達をするのはいつくらいからですか。

A　一九五五年前後ですかね。マツダのオート三輪とかですね。自転車で配達していた時代は坂道で転んで全部あられをぶちまけてしまったり、あの時代の車ですから坂でエンジンが焼切れたなんてこともありましたよ。

Q　伊勢湾台風が来たのはその頃（一九五九年九月）ですね。

A　ええ、一号線が水没してしまったので、多度から養老を経由して名古屋まで仕入れに行きました。でも食べ物がないので売りに行くとお客さんが待っていてくれるんですよ。それで結果的に得意先を増やしたなんてこともありました。

Q　そのあとくらいからスーパーマーケットな

どが出てくるんですね。
A　一九六五年くらいから名古屋の問屋が三重や岐阜に進出してくるんです。そのころから主婦の店やスーパーマーケットができ始めて。価格競争ですから小売店は抵抗しましたよ。当時はそれができるくらい力があったんです。私たちもそれに協力しましたよ。メーカーの人たちも三重の問屋に目をかけてくれましたしね。あと、当時は工場の売店に女性の工員さんがお菓子を買いに来てくれたんです。富田あたりの紡績会社とかカネボウとかですね。
Q　お菓子はまだ同じような感じですか。
A　飴でもあられでももう一個一個包装した袋菓子に代わってますね。いろいろうるさくなってきてますから。もう少し後のことになりますが、小売りで痛かったのは賞味期限の徹底ですよ。あれで在庫管理ができる大手しか残れなくなったんです。
Q　石油ショックやバブルの影響とかは。
A　石油ショックの時は大きな倉庫を持っていた問屋はかえって在庫が値上がりして売れたなんてこともありました。トヨエースに箱を積んで四日市から尾鷲まで行ったりしてね。あと思い出すのはグリコ森永事件の時に、商品引き上げをやったことですね。バブルの時は菓子屋は特になんの恩恵もありません。
Q　コンビニが出てくるのはもう少し後ですか。
A　一九七五年ごろからですねコンビニとの競争は。このころから小売店も多角化を迫られてチルドやアイス、乳製品を置くようになりました。でもこれらは管理が難しくて失敗したところも多かったですよ。コンビニとの取引は全国規模の問屋でないと無理なので、やはり痛かったです。
Q　小売りや問屋のほうで何か新たな展開は？
A　「ちゃめっぺ」という駄菓子のチェーンをつくりました。最盛期は二、三〇軒ありましたが、今は三岐鉄道の暁学園前とかいなべの店とか学校が近くにあるところに数店ですね。
Q　「ちゃめっぺ」にはタバコの形のお菓子とか、私が子どものころ買ったようなお菓子も置いてありましたが。
A　いわゆるメーカー品はありませんが、昔の駄菓子屋とはちょっと違ってますね。人間の顔が見えなくなってきました。でもお客さんと菓子屋の関係は変わらないと思うし、そうあってほしいですね。〔執筆協力＝石田研一氏（元イシダ社長）〕（柳瀬善治）

主要参考文献（掲載順）

▼Ⅰ 逸脱こそ人生である

●本寿院

『名古屋叢書続編 第九～一二巻 鸚鵡籠中記（一）～（四）』名古屋市教委、一九六五～六九年

『名古屋叢書 第一巻 円覚院様御伝十五ケ条』愛知県郷土資料刊行会、一九八二年

『名古屋叢書 第四巻 金府紀較抄、編年大略』愛知県郷土資料刊行会、一九八二年

『名古屋叢書 第二四巻 趨庭雑話』愛知県郷土資料刊行会、一九八三年

市橋鐸『近世なごやの裏話』（「文化財叢書第五八号」）名古屋市教委、一九七三年

市橋鐸『尾藩知名人年譜抄』（三）、市橋鐸、一九七九年

芥子川律治『尾張の元禄人間模様』中日新聞本社、一九七九年

神坂次郎『元禄御畳奉行の日記』中公新書、一九八四年

大野一英『尾張大奥物語 上巻』ひくまの出版、一九九〇年

江崎公朗『尾三の女たち』M&M出版、二〇〇五年

井沢元彦『逆説の日本史 一五巻 近世改革編』小学館、二〇〇八年

千田龍彦『尾張なごや傑物伝』風媒社、二〇一一年

●徳川宗春

『徳川宗春年譜』名古屋市文化財調査保存委、一九五七年

『日本思想大系 第三八巻 近世政道論』岩波書店、一九七六年

舟橋武志『歴史探索・徳川宗春』ブックショップ・マイタウン、一九九五年

安田文吉『「ゆめのあと」諸本考』名古屋市教委、一九八八年

大石学『規制緩和に挑んだ「名君」』小学館、一九九六年

大石学『徳川宗春「温知政要」』海越出版、一九九六年

大石学『尾張宗春失脚に関する一史料』（「東海道四日市宿本陣の基礎的研究」）岩田書院、二〇〇一年

「郷土やながわ」第一〇号、梁川町郷土資料研究会、一九九八年

井沢元彦『逆説の日本史 一五巻 近世改革編』小学館、二〇〇八年

『新修名古屋市史 第三巻』名古屋市、一九九九年

林董一編『近世名古屋享元絵巻の世界』清文堂出版、二〇〇七年

林董一『将軍の座』風媒社、二〇〇八年

岸野俊彦編『尾張藩社会の総合研究』清文堂出版、二〇〇九年

『名古屋市中区誌』中区制施行百周年記念事業実行委、二〇一〇年

千田龍彦『尾張なごや傑物伝』風媒社、二〇一一年

●伊藤萬蔵

「なんでか情報 一―六」ブックショップ・マイタウン、二〇〇四～二〇〇八年

市江政之『石造物寄進の生涯 伊藤萬藏』ブックショップ・マイタウン、二〇一一年

●唐人お吉

ハリス『日本滞在記 上・下巻』坂田精一訳、岩波書店、一九五三～五四年

カール・クロウ『ハリス伝――日本の扉を開いた男』田坂長次郎訳、平凡社、一九六六年

吉田常吉『唐人お吉――幕末外交秘史』中央公論社、一九六六年

ヒュースケン『ヒュースケン日本日記　1855〜1861』青木枝朗訳、岩波書店、一九八九年
山田勝『イギリス紳士の幕末』日本放送出版協会、二〇〇四年
村上文樹（玉泉寺住職）『「唐人お吉物語」その虚構と真実』私家版

●花子

「芸者で洋行し女優で帰る迄の廿年」、「新日本」一九一七年一月
森鷗外の「花子」、「三田文学」一九一〇年七月、『鷗外全集』第七巻、岩波書店、一九七二年
澤田助太郎『ロダンと花子』中日出版社、一九九六年
資延勲『マルセイユのロダンと花子』文芸社、二〇〇一年
古川裕佳「花子をモノにするのは誰？——森鷗外／オーギュスト・ロダン／志賀直哉」、『森鷗外論集　彼より始まる』酒井敏／原國人編、新典社、二〇〇四年
生田良雄「ロダンと花子」、『吐露為版元』中日出版社、二〇〇六年
岐阜県 ロダン&花子の会 http://www.hatelecom.or.jp/rodan&hanako/index.html

●福来友吉

中沢信午『超心理学者福来友吉の生涯』大陸書房、一九八六年
一柳廣孝『〈こっくりさん〉と〈千里眼〉——日本近代と心霊学』講談社選書メチエ、一九九四年
寺沢龍『透視も念写も事実である——福来友吉と千里眼事件』草思社、二〇〇四年
長山靖生『千里眼事件——科学とオカルトの明治日本』平凡社新書、二〇〇五年

●久田吉之助

『西浦町史』西浦町、一九五五年
故水野平吉氏保存『帝国ホテルのスダレ煉瓦』世界のタイル博物館（非売品）、二〇〇六年
『水と風と光のタイル』ＩＮＡＸ、二〇〇七年

●熊沢天皇

秦郁彦『昭和史の謎を追う　下』文藝春秋、一九九三年
藤巻一保『吾輩は天皇なり——熊沢天皇事件』学習研究社、二〇〇七年
河西秀哉『「象徴天皇」の戦後史』講談社、二〇一〇年

▼異色の表現者1

○岡戸武平

岡戸武平『不木・乱歩・私』名古屋豆本、一九七四年

○小酒井不木

岡戸武平『不木・乱歩・私』名古屋豆本、一九七四年
「小酒井不木年譜」『叢書新青年　小酒井不木』博文館新社、一九九四年
ウェブサイト「奈落の井戸」（小酒井不木研究サイト）http://homepage1.nifty.com/mole-uni/

○古畑種基

渡辺孚『法医学のミステリー』中央公論社、一九八四年
松田薫『「血液型と性格」の社会史（改訂第二版）』河出書房新社、一九九四年

▼II　異才・異能の人

●小寺玉晁

「小寺玉晁略伝」『日本史籍協会叢書四八　東西評林』東京大学出版会、一九一六年

小寺玉晁『尾張人物図会』ブックショップ・マイタウン、二〇〇六年

保谷徹「小寺玉晁の風説留」、「歴史読本」四四巻一三号、一九九九年

●世古恪太郎

名古屋大学附属図書館、二〇〇六年春季特別展『「地獄物語」の世界――江戸時代の法と刑罰　図録ガイド』名古屋大学附属図書館編刊、二〇〇六年四月（＊世古恪太郎『地獄物語』の全文と解題を収める）

●山田才吉

『上野町史』上野町、一九四九年

『大正昭和名古屋市史・第二、三、四巻』名古屋市、一九五四年

『総合名古屋市年表（明治、大正編）』一九六一年

林董一「名古屋商人山田才吉」、池田長三郎編『熱田風土記』巻六、熱田久知会、一九七〇年

林董一名古屋商人史話』名古屋市教育委員会、一九七五年

服部鉦太郎『明治・名古屋の事物談』泰文堂、一九七八年

城山三郎『創意に生きる中京財界史』文春文庫、一九九四年

『愛知県史資料編』三二、二〇〇二年

『新修名古屋市史』第五・六巻、二〇〇〇年

田中彰吾『守口漬ものがたり』中日出版社、二〇〇二年

西尾典祐『東区橦木町界隈』健友館、二〇〇三年

加納誠『コンクリート製彫刻・建造物職人、後藤鍬五郎』篠田印刷、二〇〇四年

●名和靖

片岡剛毅「八八　昆虫研究の名和靖」、岐阜県歴史教育研究会『濃飛人物史』濃飛人物史刊行会、一九八〇年

亀嶋聖子「昆虫翁名和靖と建築家武田五一――建設の経緯にみる名和昆虫研究所特別昆虫標本室の重要性について」、「岐阜近代史研究」第三号、一九九二年、二三―三二ページ

黒田隆志「昭和戦前期の名和昆虫研究所」、「岐阜市歴史博物館研究紀要」一七号、二〇〇五年、一―一七ページ

●川上貞奴

山口玲子『女優貞奴』朝日文庫、一九九三年（本文及び大笹吉雄「解説」）

『漱石全集　第十九巻』岩波書店、一九九五年

名古屋市住宅都市局都市景観室監修『登録有形文化財旧貞奴邸復元工事報告書』二〇〇五年

レズリー・ダウナー『マダム貞奴――世界に舞った芸者』木村英明訳、集英社、二〇〇七年

「新愛知」一九一八年十一月二十六、および一九二一年十二月二十日

「中日新聞」夕刊、一九八五年一月十七日

●熊谷守一

熊谷守一『へたも絵のうち』平凡社、二〇〇〇年

熊谷守一『蒼蠅』求龍堂、二〇〇四年

廣江泰孝、勝野浩、金森透編『熊谷守一　守一ののこしたもの』岐阜新聞社、二〇〇四年

展覧会図録「いのちのかたち　熊谷守一展」岐阜県美術館、二〇〇八年

▼異色の仕事人1
○大野屋惣八／永楽屋東四郎
岸雅裕『尾張の書林と出版』一九九九年
○早矢仕有的
善六（内田魯庵）「早矢仕有的氏　丸善の創立者たる」、「学鐙」一九〇八年七月
蛯原八郎「早矢仕有的伝」、「明治文化研究」第五輯、一九三五年五月
鈴木省三『日本の出版界を築いた人びと』柏書房、一九八五年
佐藤孝「新文明の輸入商　早矢仕有的」、『横浜商人とその時代』有隣堂、一九九四年七月
「丸善社史資料　早矢仕有的年譜（早矢仕民治編）」、「學燈」二〇〇三年一月～二〇〇五年九月秋号
丸家稔『丸家善八の生涯』私家版、二〇〇六年三月
早矢仕民治編『早矢仕有的年譜』横浜開港資料館蔵複製参照
○和田篤太郎
浅井為三郎「春陽堂物語」、「書物展望」一九三四年四、六—九月
後藤宙外『明治文壇回顧録』岡倉書房、一九三七年
山崎安雄『春陽堂物語』春陽堂書店、一九六九年
山田賢二「和田篤太郎と春陽堂」、「西美濃わが街」一九八五年十月
——「春陽堂と和田篤太郎」、「郷土研究岐阜」第四四号、一九八六年六月
田中実「近代出版文化——春陽堂を興した和田篤太郎」、『日本の「創造力」近代・現代を開花させた四七〇人』第六巻、日本放送出版協会、一九九二年十月

▼III　あの人のB面
●松浦武四郎
花崎皋平『静かな大地——松浦武四郎とアイヌ民族』岩波書店、二〇〇八年
INAX BOOKLET『幕末の探検家松浦武四郎と一畳敷』INAX出版、二〇一〇年
●小津安二郎
『小津安二郎君の手紙』私家版、一九六五年
佐藤忠男『小津安二郎の芸術』朝日新聞社、一九七一年
『小津安二郎・人と仕事』同刊行会、一九七二年
田中眞澄編『全日記小津安二郎』フィルムアート社、一九九三年
杉山平一『杉山平一全詩集』編集工房ノア、一九九七年
貴田庄『監督小津安二郎入門40のQ&A』朝日文庫、二〇〇三年
中澤千磨夫『小津安二郎・生きる哀しみ』PHP、二〇〇三年
藤田明『平野の思想　小津安二郎私論』ワイズ出版、二〇一〇年
▼異色の表現者2
○春山行夫
春山行夫『月の出る町』名古屋豆本、一九七五年
『春山行夫詩集』吟遊社、一九九〇年
○北園克衛／山中散生
藤富保男『北園克衛』有精堂、一九八三年
金澤一志監修『カバンのなかの月夜——北園克衛の造型詩』国書刊行会、二〇〇二年
金澤一志・文「紙の上のモダニスト北園克衛のハイブロウなデザイン」「Casa BRUTUS」第六五号、二〇〇五年
山中散生『シュルレアリスム　資料と回想』美術出版社、一九七

一年
黒沢義輝「山中散生ノート（一）」『名古屋近代文学史研究』第一四〇号、二〇〇二年
山田諭「山中散生とシュルレアリスムと名古屋」『國文学 解釈と教材の研究』第四八巻第五号、二〇〇三年
黒沢義輝「生誕百年 山中散生――シュルレアリスム紹介のパイオニア」『三田文学』第三期、第八五巻第八四号、二〇〇六年
黒沢義輝 編「山中散生略年譜」『名古屋近代文学史研究会』http://www.geocities.jp/nkbk1970/work/kurosawa/chronol.html
ウェブサイト「ハンス・ベルメール：日本への紹介と影響――球体関節人形を中心に」http://bluecat.vivian.jp/bellmer/index.html

▼異色の仕事人2

○高田金七

下郷市造『ホテルの想い出』大阪ホテル事務所（非売品）、一九三二年
『トマト王蟹江一太郎』愛知県知多郡上野町教育委員会、一九五五年

○鈴木政吉

大野木吉兵衛「楽器産業における世襲経営の一原型」（1）―鈴木バイオリン製造株式会社の沿革」、「浜松短期大学研究論集第二四号、一九八一年（抜刷）

○盛田善平

安保邦彦『敷島製パン八十年の歩み』敷島製パン、二〇〇二年

○石田退三

『創造限りなく　トヨタ自動車』トヨタ自動車社史編纂委員会、一九八七年
安保邦彦『中部の産業』清文堂、二〇〇八年

○七代目中埜又左エ門

『7人の又左衛門――風雪、ミツカン百八十年の跫音』中埜酢店創業百八十周年記念誌編纂委員会、一九八六年

▼Ⅳ　このスケールを見よ！

●御木本幸吉

乙竹岩造『伝記御木本幸吉』講談社、一九五〇年
加藤龍一『真珠王』同書刊行会、一九五〇年

●中村直吉

中村直吉／押川春浪編『五大洲探検記1　亜細亜大陸横行』『五大洲探検記2南洋印度奇観』『五大洲探検記3　鉄脚縦横』『五大洲探検記4亜弗利加一週』『五大洲探検記5　欧洲無銭旅行』（博文館、一九〇八～一九一二年）
中村直吉『世界探検十五万哩　上巻・下巻』啓成社、一九一五年

●福沢桃介

宮寺敏雄『財界の鬼才　福沢桃介の生涯』四季社、一九五三年
堀和久『電力王福沢桃介』ぱる出版、一九八四年
浅利佳一郎『鬼才福沢桃介の生涯』NHK出版、二〇〇〇年

●伊藤次郎左衛門祐民

永井豊太郎『伊藤祐民伝』松坂屋、一九五二年
吉田富夫「伊藤祐民」、『明治の名古屋人』名古屋市教育委員会、一九六九年

●徳川義親

徳川義親『最後の殿様』講談社、一九七三年
徳川義親『ジャガタラ紀行』中公文庫、一九八〇年
小田部雄次『徳川義親の十五年戦争』青木書店、一九八八年

主要参考文献

●下出義雄

愛知東邦大学地域創造研究所『戦時下の中部産業と東邦商業学校――下出義雄の役割』（地域創造研究叢書13）、唯学書房、二〇一〇年

●山田泰吉

光文社カッパ・ビジネス編集部『敗軍の将 兵を語る』光文社、一九六七年

愛知県商店街振興組合連合会『愛商連25年史』一九七四年

阿川弘之『あひる飛びなさい』集英社、一九七八年（＊この小説の主人公「横田大造」のモデルでもある）

沢木耕太郎『馬車は走る』文藝春秋、一九八六年

▼異色の仕事人3

三遊亭金馬『浮世断語』旺文社文庫、一九八一年

桂小南『落語案内』立風書房、一九八二年

足立秀夫『えー泣き笑いを一席…』郷土出版社、一九九三年

小林信彦『天才伝説 横山やすし』文春文庫、二〇〇一年

飯尾恭之「原子力ダルマを売った「おっちゃん」 大須の露店で学んだ大いなる香具師の知恵」、「自然と文化」七七号、二〇〇五年

吉村和真／福間良明『「はだしのゲン」がいた風景――マンガ・戦争・記憶』梓出版社、二〇〇六年

「隔週刊CDつきマガジン 落語昭和の名人決定版 14 三代目三遊亭金馬 弐」小学館、二〇〇九年

川戸貞吉「初代福助楽屋話」冬青社、二〇一〇年

高橋源一郎『恋する原発』講談社、二〇一一年

『古今亭志ん朝 大須演芸場CDブック』河出書房新社、二〇一二年

ウェッブサイト「キャラメル横丁」「全国駄菓子屋さんマップ」https://secsvr.com/carayoko.com/map/index.html

エピローグ

小松史生子

異才・奇人めぐりの旅を終えて、本書のエピローグまでたどり着かれたご感想はいかがだろうか。

呆れるほどに多面にわたるバラエティー豊かな、そしてバイタリティー溢れる異才・奇人の一癖も二癖もある奇抜な生涯の綴れ織りに、少々疲労を覚えた方もいらっしゃるのではなかろうか。東海の異才・奇人たちの生涯とその業績は、日本の風土の歴史そのものである。芸術、芸道、商売、宗教、あらゆる人間の生の営みの縮図がクローズアップとピンポイントで立ち現れてくると同時に、日本という国が歩んできた歴史の過程が、二重写しとなって浮かび上がってくる。

各人を紹介していただいた担当執筆陣の熱意したたる文章から、そうした東海地域の持つ地熱のようなエネルギーを読みとっていただければと思う。地熱は時に地表に噴出し世間を驚かせるが、重要なのはそのエネルギーが常に、不断に、其処に潜在しているということだ。濃尾平野の肥沃な風土の奥底に、しぶとく燻り続ける〈異才育成〉の能力が潜在している。

東にも西にもひらけた開放的な風土は、今や世界に向けてもひらかれている。この現代、発達したメディア環境によって、もはや往年の何が何でも中央志向といった傾向はアナクロニズムとなって久しい。世界中のどこからでも、どんな辺鄙な場所からでも、情報は発信できるのだ。文化もまた然り。そんな時代に、東西文化圏両極からの境界として扱われた歴史を保有している東海地域は、情報吸収と情報発信の双方に関して一歩先んじたセンスを発揮する能力を秘めている。

今後とも、この地域からは異才・奇人が誕生することだろう。彼らは全国的（或いは世界的）知名度を得るかもしれないし、また潔くマイナーに徹底するかもしれない。どちらにせよ、彼ら自身はそのようなレベルにおいて自己の仕事を規定するような輩ではないに違いない。己のやりたい仕事を、信じる道を、驚くほどの独特な発想力でもって、愚直に切り拓いていくパイオニアを、この風土は今後とも養い続けることと思われる。

最後に、本書では取り上げる人物を編集の都合上物故者に絞ったことと、他に挙げられた多くの異才・奇人候補者を残念ながら紙幅の都合で見送ったこととを断っておきたい。とにかく、一冊にまとめあげるのが至難なほど、異才・奇人がオンパレードな風土なのだ、ここ、東海は。また機会があり次第、本書のような企画が再び持ち上がることを祈るものである。

本書の企画立案者である風媒社の林桂吾氏には、最初から最後までたいへんお世話になった。また、お忙しい中を、本書のために原稿を寄せていただいた執筆陣の皆様には、ここに深く御礼申し上げたい。すみやかに原稿依頼を受け入れてくださったことが、本書の充実した紙面となって結実している。

そして、本書をお手にとってくださった読者の皆様には、是非、附録の東海地図をガイド役にして、この魅力的な地域をふらりと散歩しに来ていただきたい。

執筆者一覧（アイウエオ順、＊は編者）

安保邦彦（愛知東邦大学地域創造研究所顧問）
市江政之（伊藤萬藏研究家）
一柳廣孝（横浜国立大学教育人間科学部教授）
大竹敏之（フリーライター）
菊池満雄（J. フロントリテイリング史料館）
北川裕子（フリー編集・ライター）
木下信三（名古屋近代文学史研究会）
黒田隆志（岐阜市歴史博物館館長）
小松史生子（金城学院大学文学部准教授）＊
斎藤亮（名古屋近代文学史研究会）
酒井敏（中京大学文学部・大学院文学研究科教授）
佐々木亜紀子（愛知淑徳大学ほか非常勤講師）
塩村耕（名古屋大学大学院文学研究科教授）
千田龍彦（読売新聞中部支社編集センター記者）
竹内瑞穂（愛知淑徳大学文学部助教）
坪井秀人（名古屋大学大学院文学研究科教授）
服部仁（同朋大学文学部教授）
廣江泰孝（岐阜県美術館学芸員）
中山正秋（名古屋産業大学非常勤講師）
福田眞人（名古屋大学大学院国際言語文化研究科教授）
藤澤茂弘（中日新聞社参与）
藤田明（全国小津安二郎ネットワーク会長）
古川裕佳（都留文科大学文学部准教授）
牧義之（日本学術振興会特別研究員 PD）
松月清郎（ミキモト真珠島真珠博物館館長）
水川敬章（名古屋大学大学院文学研究科博士研究員）
光石亜由美（奈良大学文学部准教授）
森靖雄（愛知東邦大学地域創造研究所顧問）
柳瀬善治（静宜大学助理教授〔台湾〕）
山口俊雄（日本女子大学文学部教授）
山本英二（信州大学人文学部教授）
山本命（松浦武四郎記念館学芸員）
山本祐子（名古屋市博物館学芸員）

カバー画／吉田初三郎「大名古屋名勝交通鳥瞰図」（部分）昭和８年
装幀／三矢千穂

東海の異才・奇人列伝

2013年4月20日　第1刷発行　（定価はカバーに表示してあります）

編著者　小松史生子
発行者　山口　章

発行所　名古屋市中区上前津2-9-14　久野ビル
電話 052-331-0008　FAX052-331-0512
振替 00880-5-5616 http://www.fubaisha.com/
風媒社

乱丁・落丁本はお取り替えいたします。　＊印刷・製本／モリモト印刷
ISBN978-4-8331-0561-3

日本近代文学会東海支部

〈東海〉を読む

近代空間と文学

坪内逍遙から堀田あけみまで、東海地方ゆかりの作家や、この地方を舞台にした小説作品を俎上にのせ、そこに生成した文学空間を読み解く。日本文学・文化研究の次代＝時代を切り開くべく編まれた論集。

三八〇〇円＋税

千田龍彦

尾張なごや傑物伝

宗春がいた、朝日文左衛門がいた

尾張名古屋といえば三英傑。でもちょっと待って。牛に乗った殿様・徳川宗春や、御畳奉行こと朝日文左衛門など、江戸時代の名古屋には魅力ある人物や出来事がまだまだたくさん！

一五〇〇円＋税

小松史生子

乱歩と名古屋

地方都市モダニズムと探偵小説原風景

乱歩が多感な少年時代を長く過ごした名古屋。明治末期の、保守と革新が入り混じった地方都市モダニズムの洗礼を受けたことが、乱歩の感性に何を刻印したのか？　乱歩周辺のミステリ文壇との動向を交え論じる。

一二〇〇円＋税